Werner Heiduczek
Im gewöhnlichen Stalinismus

Werner Heiduczek

Im gewöhnlichen STALINISMUS

Meine unerlaubten Texte
Tagebücher – Briefe – Essays

Kiepenheuer

© 1991 Gustav Kiepenheuer Verlag Leipzig und Weimar

ISBN 3-378-00453-3

Inhalt

Statt eines Vorworts   7

Bitterfelder Tagebuch   11

Briefe an D.   99

Zabrze   155

Der ›Kleine Oktober‹   207

Elegie des Vergehens   227

Zu den Texten   233

Statt eines Vorworts
Statement auf dem Kirchentag Rostock, Sommer 1988

Wir leben inmitten einer umfassenden Inflation. Nicht nur Landeswährungen werden öffentlich abgewertet, Preise schleichend angehoben, auch die Worte verlieren ihren handelsüblichen Kurs. Wahrheit ist gesucht – Lüge wird gegeben.
Das betrifft Marxisten ebenso wie Christen. Es ist ein geringer Trost zu sagen, zu allen Zeiten haben die Mächtigen Wasser gepredigt und Wein getrunken. Wir leben *heute,* und wir haben die Wahl, Zyniker zu werden, demütige Schafe oder wie jenes Kind im Märchen mit dem Finger auf den Kaiser zu zeigen und zu rufen: Der ist ja nackt.
Die Dinge benennen. Wir haben über Jahrzehnte hin verlernt, miteinander zu sprechen. Wir reden nebeneinander her. Wir sitzen in Versammlungen, werden mit Sprechblasen überschüttet, stimmen einer Resolution zu, ohne überhaupt auf ihren Inhalt geachtet zu haben, trauern der verlorenen Zeit nach, laufen in die nette zufriedene Stube daheim und lassen uns wieder einlullen, diesmal vom Fernsehen.
Nehmen Sie das, was ich hier sage, nicht als Publikumsbeschimpfung. Ich weise nur auf einen Zustand hin, in dem wir leben und uns eingerichtet haben.
Sozialistische Demokratie – kaum einer in unserem Land, der sie nicht wünscht, aber gleichfalls kaum einer, der so recht weiß, was das eigentlich ist und wie es zu funktionieren hat. Es wird schwer sein, von einem so lose gefügten Grund aus Brücken zu bauen, über die man auch zum Nutzen aller gehen kann. Trotzdem müssen wir es tun, denn Potemkinsche Brücken werden uns von Marktschreiern überall vorgegaukelt.
Die Wörter sind gewaltig, aber je gewaltiger sie sind, um so genauer sollten wir sie auf ihren wahren Gehalt hin prüfen. ›Lege den Finger auf jeden Posten‹, sagt Brecht. Also legen wir ihn auf die Wörter. Einige Beispiele:
Im Namen der Demokratie haben die USA Vietnam verwüstet,

Cuba bedroht und tun es jetzt auf andere Weise mit Nicaragua.
Im Namen Allahs führen Moslems untereinander einen heiligen Krieg. Im Namen der Souveränität haben wir unsere Landesgrenzen mit Mauern und Stacheldraht zugebaut.
Im Namen Jesus Christus küßt der Papst den Boden Lateinamerikas und droht dortigen Priestern mit der Exkommunikation, weil sie sich an die Seite der revolutionären Volkskirche stellen.
Im Namen des nationalen Rechts auf einen eigenen Staat verwehrt Israel, dessen Menschen im deutschen Faschismus gemordet und geschunden wurden, den Palästinensern eben dieses Recht auf einen eigenen Staat. Die Araber hinwiederum nehmen den Staat Israel als Todfeind und wollen ihn auslöschen.
Im Namen des Sozialismus töteten Sozialisten Sozialisten und geschieht weiterhin Unrecht. Im Namen des Friedens vervollkommnen die Armeen in der Welt ihre Kriegstechnik.
Im Namen von Fortschritt und Zivilisation vergiften wir die Natur. Im Namen des Volkes opfern Regierende das Volk einem erstarrten Prinzip. Ein nahezu unlösbarer Widerspruch. Es wird einem Angst, fängt man erst an, über diese Apokalypse nachzudenken. Die Zeit ist endgültig vorbei, wo wir am warmen Ofen sitzend darüber plaudern konnten, was weitab in der Türkei geschieht. Wir sind uns auf den Leib gerückt: Leipzig und Hannover, Houston und Baikanur – hundert Kilometer oder zehntausend, das spielt keine Rolle mehr. Brücken müssen gebaut werden von Geist zu Geist, von Emotion zu Emotion. Wenn sie aber tragfähig sein sollen und nicht nur ein leuchtender, aber schnell auslöschender Regenbogen, werden wir nicht umhinkommen, morsche Pfeiler einzureißen: die Pfeiler des kollektiven Schweigens, die Pfeiler der Angst vorm öffentlichen Wort, die Pfeiler der Heuchelei, der Korruption, der Bigotterie, der Scholastik und des Machtmißbrauchs.
Ein weiterer Widerspruch besteht darin, daß wir über Frieden und Perestroika reden müssen, zugleich aber wissen, daß häufiger Gebrauch die Wörter verschleißt und mit den Wörtern ihren Inhalt.
Millionen schauen auf Gorbatschow, als wäre er Jesus von Nazareth, aber der ist von Judas verraten, von den Hohen Priestern vor

Gericht gestellt und vom eigenen Volk gekreuzigt worden. Pilatus hingegen, der Recht zu verwalten hatte, ließ Unrecht geschehen und wusch seine Hände in Unschuld.

Das sollten wir bedenken, wenn wir uns anschicken, über Ideologien hinweg Brücken zu bauen, damit sie nicht einstürzen, wenn sie ernsthaft geprüft werden. Niemand weiß, wohin er dann fährt, zum Himmel oder zur Hölle.

Bitterfelder Tagebuch

8. Dezember 1972
Adolf Lübke, politischer Mitarbeiter des Generaldirektors – überraschend für mich seine Sensibilität –, zwanzig Jahre Parteiarbeiter, zuletzt Sekretär für Agitation und Propaganda der Kreisleitung in Dessau, jetzt herzkrank. Für mich taucht die Frage auf: Inwieweit ist Sensibilität vereinbar mit der zumeist flächigen Arbeit, die derartige Funktionen erfordern? Wie empfindsam darf ein Berufsparteiarbeiter sein? Lübke ist gesundheitlich am Ende. Jetzt schreibt er für den General und den Ersten Kreissekretär des Kombinats die Festreden. Schon während unseres ersten Gesprächs fielen mir seine Formulierungen auf:
›Der Weg vom Ich zum Wir ist schwer, noch schwerer der Weg vom Wir zum Ich.‹
›Die Ökonomen laufen den nackten Zahlen hinterher wie den nackten Frauen.‹
›Die Hälfte der Produkte unseres Kombinats ist vergreist. In fünf, sechs Jahren will sie keiner mehr.‹
Lübke meint, das Sekretariat der Partei, überhaupt die Funktionäre im Kombinat stehen vor dem Problem, daß die Arbeiter ihre Sprache nicht mehr verstehen. Sie sind sich dessen bewußt und möchten das gern ändern. Sie wollen ›emotional‹ ankommen. In ihrem Bemühen zeigt sich eine große Hilflosigkeit.
Ausspruch Czogallas, des Ersten Sekretärs: ›Es müßte so etwas wie einen Leitfaden des Redens geben.‹
Darin scheint mir die fast tragische Problematik solcher Genossen zu liegen: Sie sind klug genug, eigene Unzulänglichkeiten zu erkennen, aber in ihrer Denkweise und in ihren Methoden sind sie über die Jahre hin festgefahren. Nun wollen sie Neues mit alten Fragestellungen.
Es ist schwer, auf der Höhe seines Eifers zu leben.

Hans Götze, Sekretär für Agitation und Propaganda, wird allgemein als Trinker angesehen. Inwieweit das stimmt, weiß ich nicht. Zum Tag des Chemiearbeiters lief er mit einem Armverband umher. Ergebnis einer Prügelei im Suff, sagen einige.
Ich fragte Lübke nach Werner Steinberg. Die beiden kamen nicht gut aus miteinander. Bei Steinbergs Verbitterung und Allergie gegen Institutionen und Organisationen verständlich. Lübke erzählte mir die Geschichte von dem Dessauer Maler (den Namen habe ich vergessen), der Steinberg porträtiert hat. Als Lübke das Bild im Atelier sah und verwundert fragte, warum er ausgerechnet Steinberg male, antwortete jener: »Ich kann die Fresse von Steinberg nicht leiden.«

12. Januar 1973
Bitterfeld ist rundum voller Flugasche. Ist es trocken, drückt sie in den Augen; ist es naß, liegt sie als schmieriger, schwarzer Brei auf den Straßen. Alle fluchen auf das Kraftwerk. Es schüttet das Kombinat zu, und doch kann es ohne das Kraftwerk nicht leben. Zum Tag des Chemiearbeiters besuchten Sindermann und der Minister für Chemie Bi 58. Im Kombinat produziert dieser Betrieb 10 Prozent des Gesamtvolumens. Der Gewinnanteil liegt noch höher. 80 Prozent des Pflanzenschutzmittels wird an die Sowjetunion verkauft.
Für den ›hohen Besuch‹ wurden Blumenbeete angelegt, eingefaßt in Betonringe, wohl über einen Meter im Durchmesser. Die Wege vor Bi 58 wurden mit Kehrmaschinen gefegt, mit Wasser gespült. Die Nachtschicht mußte Kies harken und wieder und wieder kehren. (Spöttische Bemerkung der Vorübergehenden: ›Leckt das noch ab!‹) Einen Tag nach der Staatsvisite holten Gärtner die Blumen wieder ab. Zwei Betonringe blieben gefüllt. Die Blumen sind lange tot. Die Flugasche hat sie überdeckt. Geblieben ist das Reden der Kumpel, Sindermann und der Minister mögen kommen, ohne Protokoll, das Kombinat im Dreck sehen und nicht als Potemkinsches Dorf. Ein neu errichtetes Gebäude sollte zu Ehren der Gäste verputzt gezeigt werden. Trotz aller Sonderschichten wurde es nur zur Hälfte fertig. Nun sollte man denken, da einmal das Gerüst stand, die begonnene Arbeit würde nach dem Besuch

zu Ende geführt, aber das Gerüst wurde abgerissen. Man brauchte es wieder an alter Stelle. Halb roh und halb verputzt steht das Gebäude noch heute. Ausspruch Lübkes über die Subalternen: ›Man müßte sie alle zuscheißen.‹
Eine weitere Bemerkung von ihm: Auf meine Frage, wieviel in den Betrieben gestohlen wird, um sich Material für Feierabendarbeit zu besorgen, antwortet er: »Honecker hat auf dem VIII. Parteitag gesagt, aus den Volkseigenen Betrieben läßt sich noch viel mehr herausholen. Danach richten sich die Leute. Manche legen es nur anders aus.«

13. Januar
Schichtführer Bagrowski, Jahrgang 1926, seit zwanzig Jahren fährt er Schicht, erklärt mir immer wieder Funktion und Arbeitsweise der neun Produktionsstufen von Bi 58. Ich finde mich nur schwer zurecht. Was bisher geblieben ist:
der faulige Geruch der Emulgatoren (Hexalon),
die Wasserlachen auf dem Betonboden der Produktionshalle,
ein Reiz in den Augen durch leichtes Ausströmen von Essigsäure,
die Phosphorpentasulfidschuppen für die Stufe drei und ihr Geruch nach faulen Eiern (überhaupt riecht hier das meiste verbraucht, selbst der Wasserdampf),
die klebrigen Hände, man müßte sie jede halbe Stunde waschen,
die Bereitwilligkeit der Menschen, über sich und ihre Arbeit zu erzählen.
Bagrowski tritt dabei dicht an einen heran und schleudert im Eifer Speichel ins Gesicht des Zuhörers.
Mein ehemaliger Deutsch- und Geschichtslehrer machte es ähnlich. Wahrscheinlich spucken viele beim Sprechen, nur tritt nicht jeder so dicht auf einen zu wie Bagrowski und mein Deutschlehrer.

Auch das fehlt nicht: Die Schichtführer schimpfen auf die schlechte Arbeitsmoral der jungen Leute. Auf meine Frage, wo die Ursache läge für Arbeitsbummelei und Schludrigkeit, kommt die Antwort: ›Denen geht's zu gut. Die gehen mit 700 bis 800 Mark nach Haus. Dann machen sie fünf Tage einen drauf. Die folgende Zeit klotzen sie ran, machen die Arbeit der Aussetzer und kommen wieder auf ihr Geld. Das wiederholt sich. Der Schichtleiter ist der Prellbock zwischen Betriebsdirektoren und Kumpel.‹

18. Januar
Die Kohlepumpen taugen nichts. Kaum baut sie die Werkstatt ein, laufen sie wie ein Sieb. Folge: Augenverätzungen. Die Dämpfe wirken wie Tränengas. (›Wir produzieren kein Wasser‹, sagen die Kumpel, ›sondern Phosphoresterverbindungen, und arbeiten mit Essigsäure.‹) Das Problem erregt seit Wochen die Gemüter. Weihnachten war der Generaldirektor in Bi 58. Weihnachtswunsch der Kumpel: die Kohlepumpen.
Die Aussprache zwischen Hauptwerkstatt, Technik, Betriebsleitung und Arbeitern ist nicht mehr aufzuschieben.
Die Hauptwerkstatt wehrt sich gegen die globale Behauptung, sie fabrizierten Murks. Der Leiter will wissen, wann, wo, welche Pumpe defekt war. Nur so ließe sich Genaues sagen.
Die Vertreter von Bi 58 halten dagegen: ›Wenn von 50 Pumpen 40 gleich wieder laufen, wüßte selbst der liebe Gott nicht, wann, wo, was defekt ist.‹
Und die Hauptwerkstatt: ›Es gibt keine Ersatzteile. Habt ihr keinen Rohstoff, könnt ihr nicht produzieren.‹
Der Betriebsleiter von Bi 58 räumt ein: ›Ist keine Monochloressigsäure vorhanden, kümmert sich darum der ökonomische Direktor persönlich; da wird aus Frankreich am nächsten Tag die Monochloressigsäure angefahren, und wenn Frankreich das Zeug von Westdeutschland kaufen muß.‹
Um die Kohlepumpen kümmert sich niemand. Damit die Produktion von Bi 58 überhaupt garantiert ist, bastelt die Hauptwerkstatt selbst Ersatzteile. Die Werkstatt gibt zu, sie sind nicht viel wert, aber dafür noch Prügel zu beziehen wäre nun doch nicht gerecht. Die Kohlepumpen werden aus Polen importiert. Die Dichtungen hauen nicht hin.

13. Februar
Drei Tage Brno. Das dortige Fernsehstudio hat mich eingeladen, ›Semester Zärtlichkeit‹ anzusehen.
Der Film ist sehr sparsam gemacht, aber nicht spröde. Die beiden Hauptdarsteller haben Anziehungskraft.
Yana: herb und zugleich mädchenhaft. Man nimmt ihr Nachdenklichkeit und Sex ab.
Tolja: eben ein Tolja, groß, schlank, intelligent, zärtlich und grob, tief und oberflächlich.
Die ›Erwachsenen‹ ein wenig zu glatt, mehr Ideenträger als Individuen.
Abends im Klosterkeller der Königin Elis schimpft der Komponist über den mangelhaften Einsatz seiner Musik. Die Tonqualität findet er miserabel, damit hat er recht. Der Regisseur, Mitte dreißig, stößt mich an, ich soll die Musik loben. Ich tu's. Der Komponist grinst. Ein kluger Mann, außerdem mit Wein und Cognac getränkt wie wir alle. Er soll in Amerika großen Erfolg gehabt haben, sagte mir Dr. Stritecký. Aber wie mir scheint, doch nicht großen genug, sonst würde er nicht als Musikdramaturg arbeiten. Wer ist schon Dramaturg, wenn er's nicht unbedingt sein muß. Die Kameraleute drehen einen kurzen Streifen von unserer Runde, was den Gaststättenleiter veranlaßt einzuschreiten. Ich verstehe nichts von dem, was er sagt. Dr. Stritecký übersetzt, der Mann mißbillige, daß im Weinkeller gefilmt würde, ohne daß er informiert sei.
»Und jetzt?« frage ich.
»Jetzt dürfen wir drehen. Er weiß es ja nun.«
Welt und Klosterkeller haben wieder ihre Ordnung und zum Kerzenlicht im Gewölbe für wenige Minuten grelles Scheinwerferlicht. Der Kellermeister reicht uns Weinproben, und ich klebe ein Zehn-Heller-Stück an die schwarze Wand. Es soll Glück bringen. Hunderte solcher Stücke kleben hier, viele schon oxidiert und beschmiert.
›Yana‹ tut ein gleiches. Sie hat Geburtstag. Eine junge Schauspielerin, in der vierten Theatersaison auf der Bühne, 1800 Kronen Gage. Ich frage ›Tolja‹ und ›Yana‹, wie sie den sozialen Status des Schauspielers in ihrem Land einschätzen. Sie sind geteilter Mei-

nung. ›Tolja‹ sagt, nicht sehr hoch, andererseits hätten die Herrn Apotheker und wer sonst immer nach einem Theaterabend das Bedürfnis, dem Schauspieler die Hand zu geben – sentimentale Sehnsucht des Spießers nach der Welt des Komödianten. ›Yana‹ sieht es milder. Auch in ihrem Leben außerhalb des Theaters sind beide etwas von dem, was sie im Film spielen.
Die Nächte in solchen Kellern in diesem Land gleichen einander. Ist genug Wein geflossen, beginnt die Drei-Mann-Kapelle durch die Gänge zu wandern. Der Geiger wird zum Artisten auf der E-Saite, zuerst singt man an einem Tisch, gleich darauf an einem zweiten, wenig später singen alle. Zwei Jahre zuvor in Košiće glaubte ich noch, es sei Rührseligkeit, jetzt scheint es mir eher eine sonderbare Art von Traurigkeit zu sein, in die man flüchtet. Vergessen wollen und schmerzliche Sehnsucht, auch ein wenig Selbstmitleid.
»Die Welt wird frei sein, wenn die Tschechen frei sein werden«, sagt der Regisseur.
»Von wem?« frage ich.
Er lacht und demonstriert mit zwei Weingläsern die zwei Prinzipien in der Welt:
Asien – das weibliche
Europa – das männliche.
»Das männliche ist impotent«, sagt er, »es kann kein Kind zeugen. England war 400 Jahre mit Indien verbunden, und es kam kein Kind.« Und plötzlich, ohne jeden Zusammenhang: »Alle Völker Europas waren schon bei uns, nur die Finnen nicht.«
Er weiß, daß er betrunken ist, und er lacht, umarmt mich und meint, ich sei eigentlich ein Slave. »Du hast was in den Augen«, sagt er, »ich weiß nicht was.« Und ich sage: »Die Spirkova sitzt da wie eine Königin.« – »Nicht wie Königin«, erwidert er, »wie Zarewin.« Auf dieses Wort kommt er, weil die Musikanten Melodien aus dem ›Zarewitsch‹ spielen. ›Hast du da droben vergessen auf mich.‹ Ich fühle eine herrliche Wehmut in mir. Ich könnte jetzt schreiben.

»Die Tschechen sind feige«, sagt Stritecký während eines Spaziergangs durch die Stadt und verweist auf die ›Ereignisse‹ von 1968

(er spricht immer von den ›Ereignissen‹). »Sie kommen schnell in Bewegung, ereifern sich und ziehen sich ebenso schnell wieder zurück.«
Ich glaube nicht, daß er seinem Land und seinem Volk gerecht wird. Über Jahrhunderte in sich zerrissen, von anderen unterdrückt, nicht stark genug, den Fremden die Freiheit allein abzutrotzen, schaffen sich die Menschen hier ihre Helden auf die absurdeste Art: Die Eishockey-Nationalmannschaft schlägt die Russen 4:3, und Tausende laufen aus den Wohnungen auf die Straße, großen Doggen hängen sie Schilder um, auf denen steht 4:3. Ein Mann schafft es in seiner Emphase, auf die Säule am Freiheitsplatz zu klettern. Niemand weiß, wie er da hochgekommen ist. Er selbst weiß es nicht. Gestern die Sportler – heute ein Schlagersänger: Karel Gott. In jedem Musikgeschäft Plakate. Fotos in jeder Größe. Er bringt dem Land eine Menge Devisen, und so bekomme ich als Ausländer beim Kauf einer Karel-Gott-Platte ein riesengroßes Plakat mit dem Konterfei des jungen Mannes.
Von hier führt ein gerader Weg zum Gesang nachts in den Weinkellern und zum Zehn-Heller-Stück, das man mit weichem Wachs betupft und an die Wand klebt.
Zehn Heller für das Glück!

Brno ist voller Geschichten. Stritecký würde sagen: Legenden. Die Glocke des Domes läutet täglich um 11 Uhr mittags. Der Grund: Als im Dreißigjährigen Krieg die Schweden Brünn belagerten und die Stadt nicht nehmen konnten, stellten sie sich eine Frist: Wenn Brünn bis zu einem bestimmten Tag um 12 Uhr nicht erobert ist, ziehen wir ab. Es kam zur Schlacht. Das Kriegsglück neigte sich auf die Seite der Schweden. Da läuteten – keiner weiß, wodurch – um 11 Uhr die Glocken. Auf solche Art getäuscht, räumten die Schweden das Feld. So überlistete die Mutter Gottes die Eindringlinge. Ihr zum Dank läuten auch heute noch die Glocken um 11, statt um 12 Uhr.
Am zweiten Fenster der Kirche des heiligen Jakob ist ein Engel zu sehen. Er zeigt sein Gesäß in Richtung des Domes, auf den Bischofssitz also. Die reichen Bürger der Stadt demonstrierten ihr

Selbstbewußtsein gegenüber dem Kardinal: ›Wir haben unsere eigene Kirche.‹

»Dubček«, sagt Dr. Stritecký (die Spirkova ruft ihn Pana Professor, er ist Oberassistent an der Philosophischen Fakultät, Hegel-Spezialist, war während seiner Promotionsarbeit längere Zeit in Westdeutschland, in ›Semester Zärtlichkeit‹ spielt er den Staatsbürgerkundelehrer), »Dubček war im Grunde genommen ein ängstlicher Mann, scheu und gehemmt. Zuerst konnte er nicht reden. Später ist er als Persönlichkeit gewachsen.« Der eigentliche Mann sei Smirkowski gewesen. Als er zurücktreten mußte, wollten die Metallarbeiter den Generalstreik ausrufen. Es wäre schlimm geworden, aber Smirkowski erklärte öffentlich, er träte aus freiem Willen zurück. Dubček und er besaßen eine derartige Autorität, daß man Ruhe bewahrte. Wenn sie sagten: ›Keine Demonstrationen‹, dann gab es keine Demonstrationen. Nach dem Eishockeyskandal wußte die damalige Parteiführung, das war ihr Ende. Dubček, so Dr. Stritecký, war eigentlich ein Mann der zweiten Reihe. Aber die Rede, die er gegen Novotny hielt, zwang ihm eine Verantwortung auf, die für ihn zu groß war. Jetzt ginge die Legende, er sei in einem slowakischen Betrieb als Einkäufer tätig. Das Werk stünde wirtschaftlich glänzend da, denn Dubček bekäme im Ausland alles, was er nur wollte. So entstehen moderne Märchen.

»Am besten gelebt haben wir von 62 bis 68«, sagt Stritecký. »Novotny hat immer gedroht ›Jetzt schlage ich zu‹, aber er hat nicht zugeschlagen. Zuletzt hat niemand seine Ankündigungen mehr für voll genommen. Die Slowaken hat er gehaßt. Mußte er zu einer Veranstaltung nach Bratislava, übernachtete er in Mähren, er aß auch dort.«
Im Klosterkeller fragte ich, ob es tschechischer Wein sei, den wir tranken. »Nein«, antwortete Spirkova, »aus Moravien« (Mähren). Zuerst begriff ich sie nicht. Jetzt weiß ich, daß man dort scharf trennt zwischen Tschechen und Slowaken, Böhmen und Mähren. Ja, der Direktor des Studios erzählte einen Witz von den Mähro-Slowaken. Also auch noch diese Unterteilung.

›Wann ist ein Mähro-Slowake nüchtern?‹ Antwort: ›Wenn er allein kommt. Und wann ist er betrunken?‹ Antwort: ›Wenn ihn zwei führen und ein dritter seine Füße fortbewegt.‹
Direktor Motyčka ist Mähro-Slowake. Dr. Stritecký meint, er sei eine Folklore-Figur. Er könnte glücklich sein, singen und lachen. Von seinem ganzen Wesen her sei er eigentlich Bauer. Aber 68 hat man ihn hier auf den Thron gesetzt, das sei für ihn und für alle traurig. Motyčka wird von den Mitarbeitern des Studios belächelt. Der Regisseur zeigte mit dem Finger an die Stirn, als wir vom Direktor sprachen. Kurz nach meiner Ankunft im Büro, wir saßen gerade mal eine Viertelstunde beisammen, erzählt der ›President of the Czechoslovak TV‹ – so steht es auf Motyčkas Visitenkarte – folgenden Witz, den Dr. Stritecký übersetzen muß: »Ein Sechzigjähriger kommt zum Arzt und sagt: ›Herr Doktor, beim ersten Mal geht's gut, beim zweiten und dritten Mal auch noch, aber dann habe ich Schwierigkeiten.‹ Der Doktor fragt nach seinem Alter und erklärt, daß dies ganz natürlich sei. ›Oh‹, erwidert der Alte, ›ich rede nicht von der Liebe, Herr Doktor, sondern von meinen Zähnen‹.« Oder: Motyčka schenkt mir zum Abschied eine Ledermappe und einen Satz Gläser. Dann trinken wir Kaffee, plaudern. Ich mache eine Bemerkung über die schönen Tassen. Wenig später steht Motyčka auf, geht hinaus und kommt mit einem weiteren Satz Gläser, einer Geldbörse aus feinem Leder, Lesezeichen und Anstecknadeln wieder. Das alles schenkt er mir. Motyčka ist wie ein Kind.
Spirkova, Dr. Stritecký und ich warten vor dem Studio ungeduldig auf den Wolga, der mich zum Bahnhof bringen soll. Es ist 17.50 Uhr. Der Zug fährt 18.17 Uhr. Jemand kommt vorbei und sagt: »Der Chauffeur ist zum Bäcker gefahren, Brot holen.« Ich meinte, es wäre für den Chauffeur selbst. Auf dem Weg zum Bahnhof zeigt er mir das Brot. Es ist für den Direktor.
Motyčka ist an die 50 Jahre alt, klein, füllig, hohe Stirn. Er fragt mich – betont dabei, er wolle mir nicht zu nahe treten –, wie Weimar und Buchenwald zu vereinbaren wären, und als ich von den zwei Kulturen in Deutschland spreche, nickt er. Seine Sekretärin ist jung, schlank, langbeinig.
»Hušak«, sagt Stritecký, »ist ein Pragmatist. Er hat versucht zu

retten, was zu retten war. Sein Tschechisch ist schauderhaft. Er hat es im Gefängnis von den Kapos gelernt.«

21. Februar
Wieder in Bitterfeld. Der Südwest-Wind drückt die Rauchfahnen über Bi 58. Hin und wieder Regen. Die Straßen schwarz, schmierig, dann große Lachen. Immer habe ich hier einen fettigen Geschmack auf den Lippen. Ich suche Lübke in der Generaldirektion auf. Er ist vom ersten in den zweiten Stock umgezogen, sitzt jetzt im Zimmer 56. Wir freuen uns beide, und er redet ununterbrochen. Der Mitteldeutsche Verlag hat einen Brief geschrieben wegen Werner Bräunig. Der hat sich das Bein gebrochen, und man bittet, das Kombinat möge während der 12 Wochen das Geld an ihn weiterzahlen. Begründung: Schriftstellern ginge es während der Krankheit finanziell nicht sehr gut. Lübke will wissen, ob das stimmt. Ihm ist nicht wohl bei diesem Antrag, aber er wird den Brief verschwinden lassen, und das Geld wird gezahlt. Ich habe den Eindruck, Lübke tut es weder aus humanen Gründen noch der Kunst zuliebe, er will keine Auseinandersetzungen. Erstaunlich, wie Werner Bräunig es versteht, über Jahre hin Geld zu machen, ohne etwas zu machen. Er bekommt Krankengeld, tausend Mark Stipendium aus dem Kulturfonds, 600 Mark vom Kombinat, Vorschuß vom Verlag, und auch mit einem gebrochenen Bein könnte er schreiben. Ich bin überzeugt, er säuft und lügt sich unter der Fahne der Parteilichkeit weiterhin durchs Leben. Das 11. Plenum hat ihn vor Jahren in eine Märtyrerrolle gebracht. Jetzt zieht er den Nutzen daraus. Manchen plagt das Gewissen, und er will an Bräunig gutmachen, was er im Eifer an ihm verbrochen hat. Ein Geprügelter wird Schoßkind.

23. Februar
Bi 58 hat das Qualitätszeichen Q – das einzige chemische Produkt aus dem Kombinat mit diesem Etikett. Der Nationalpreis kann nicht ausbleiben. Und doch, meint Lübke, läuft dort nicht alles, wie es sein müßte. Die Kapazität der neuen Anlagen würde nur zu 80% ausgefahren. Er hat insgeheim vom Neuerer-Büro eine Aufstellung anfertigen lassen über die Rationalisierungsmaß-

nahmen (interdisziplinäre Rationalisierung) und Neuerervorschläge seit 1969. Die Betriebsleitung ist immer bei den großen Fischen dabei (Prämien bis zu 11000 Mark). Ist das verdienter Lohn, oder sahnen sie ab?
Die Rationalisierung geht in diesem Betrieb kontinuierlich voran. Lübke schätzt ein: Wenn man wollte, könnte man schon heute mehr produzieren. Aber man läßt die Katze nur allmählich aus dem Sack. Auf diese Weise steht man immer gut da. Ein Spiel, um das jeder weiß, und das jeder mitmacht – vom Betrieb über die Kombinatsleitung zum Minister.
Wenn der Staatsplan für ein Jahr beschlossen wird, weiß jeder, daß kurz darauf eine Übererfüllung verlangt wird, und da er es weiß, behält er sich Reserven zurück.
Beispiel: Bi 58 verteidigte in diesen Tagen den Titel ›Kollektiv der Sozialistischen Arbeit‹. Zur Planübererfüllung 1972 wird gemeldet:
›Anläßlich der Frühjahrsmesse führten wir in Auswertung eines Generaldirektorenbriefes in allen Brigaden Arbeiterberatungen durch, mit dem Ziel der maximalen Übererfüllung des Exportplanes. Ergebnis: Alle Brigaden beschlossen einstimmig, 15 m³ Bi 58 über den Plan hinaus für den Export in die SU zu produzieren.
Ende März (also drei Wochen später!) führten wir in Auswertung der Rede Erich Honeckers auf der Propagandistenkonferenz in Leipzig in allen Brigaden Arbeitsberatungen mit dem Ziel der maximalen Planübererfüllung und der optimalen Verbesserung der Arbeits- und Lebensbedingungen durch. Im Ergebnis dieser Beratungen verpflichteten wir uns zu einer Mehrproduktion von 50 m³ Bi 58.
Als Antwort auf die vom 5. Plenum des ZK der SED beschlossenen bedeutenden sozialpolitischen Maßnahmen haben wir unsere Zusatzverpflichtungen bis zum 31.7.72 auf insgesamt 69 m³ Bi 58 erhöht ... Am 31.7.72 hatten wir dann auch 111 m³ Bi 58 über den Plan produziert.‹
»Natürlich muß eine solche Produktionssteigerung stutzig machen«, sagt Lübke, »aber niemand meldet Zweifel an, auch die Kombinatsleitung ist gezwungen, nach oben hin mit Planübererfüllung aufzuwarten, das bringt nicht zuletzt Prämien.«

Er stellt sich, sagt er, manchmal die Frage, was mit dem Kombinat wäre ohne Leitung. Es fiele zumindest eine Zeit überhaupt nicht auf. Ein Professor hätte ihm einmal geschrieben: ›Ein Leiter muß daran arbeiten, sich in gewissem Maße überflüssig zu machen.‹
Ein System bekommt einen Grad der Selbstregulierung, daß kaum jemand noch kann, wie er will. So auch das Spielen um und mit dem Plan. Der eine hält zurück, weil er um kommende Forderungen weiß. Der andere lockt heraus, weil er um das Versteckte weiß. So gleicht sich zuletzt das Ganze wieder aus. Und jeder ist froh.
Hier hatte ich den Spieltrieb des Menschen nicht vermutet.

24. Februar
Christoph Hamm, Chefdramaturg der Leipziger Bühnen, schrieb mir. Er hat mitbekommen, daß ich seit Dezember in Leipzig wohne. Ich denke an den Mißerfolg der ›Marulas‹ am Deutschen Theater und an das dumme Ende der Zusammenarbeit mit Schönemann in Halle. Es ist sinnlos, mich mit den Theatern einzulassen. Ich bin kein Dramatiker und habe auch nicht den robusten Charakter, um bei den dortigen Wolfsgesetzen bestehen zu können. Und doch komme ich von der Bühne nicht los. Erkenntnis und Zuneigung stehen im Widerspruch. Vielleicht ist es die Einsamkeit des Prosaschreibers, die mich zum Theater treibt. Vielleicht das Lebendigwerden der Figuren auf der Bühne, ihr Reifen während der Probenarbeit. Den ›Jule‹ hat man mir seinerzeit aus der Hand gerissen und dann zu gleicher Zeit auf drei Bühnen in drei verschiedenen Fassungen gespielt. Ilse Rodenberg hat mich behandelt wie einen, der zwar ein Stück geschrieben, aber ansonsten vom Theater keine Ahnung hat. Und von Karl Kayser bekam ich ein Telegramm, in dem alle seine Titel und Preise aufgezählt waren. Hans-Dieter Schmidt ließ den Gärtner nicht im achten Bild hinrichten, sondern schon im fünften auf der Flucht erschießen mit der Begründung, er hätte neben der Regie auch noch kurzfristig die Rolle des Gärtners übernehmen müssen. Das sei für ihn zuviel gewesen.
Am meisten gelernt habe ich von Siegfried Menzel, der sich tot-

gesoffen hat, und von Wolfgang Heinz. Selbst wenn die ›Marulas‹ überhaupt nicht zur Aufführung gelangt wären, die einjährige Zusammenarbeit mit dem alten Komödianten ist aus meinem Leben nicht zu streichen wie jetzt der Aufenthalt im Kombinat und zuvor die drei Jahre in Bulgarien.

Neulich erzählte mir jemand eine Anekdote. Mewis, Intendant der Magdeburger Bühnen, mit dem Staatsapparat in Schwierigkeiten geraten, schmiß kurzerhand seine Arbeit hin und trat von seiner Funktion zurück. Einige Zeit später begegnete er in der Berliner ›Möwe‹ Wolfgang Heinz, der ihm als Begrüßung die Worte zurief: »Na, Michael Kohlhaas.« Worauf Mewis trocken erwiderte: »Na, Galilei.«

Die Geschichte erinnert mich an die Probenarbeit zu den ›Marulas‹. Es gab Schwierigkeiten künstlerischer und ideologischer Art. Letztlich ist ja beides nicht zu trennen. Um das Stück ›durchzubringen‹, drängte Heinz, diese Formulierung zu ändern und jenen Strich zu machen. Es sei das kleinere Übel. Damals sagte ich zu ihm: »Genosse Heinz, wenn Sie mir die kleine Zehe abhauen, sieht es niemand, ich kann noch gehen, wenn auch schlecht. Aber wenn mir alle Zehen fehlen, bin ich ein Krüppel.«

Trotz allem, Wolfgang Heinz hat mich gelehrt, Menschen auf der Bühne als Menschen zu sehen und nicht als bloße Vertreter von Ideen.

Schönemann hat mich mit der Dramatisierung von ›Mark Aurel‹ aufs Kreuz gelegt. Mag sein, daß ich ein schlechtes Stück geschrieben habe. Sechs Wochen vor Probenbeginn gratulierte er mir zu dem ›herrlich rebellischen Stück‹ und schrieb an Hans Jürgen Wenzel, er möge eine gute Musik dazu machen. Dann setzte er es ab, weil es ›künstlerisch nicht ausgereift‹ war. Sagte es mir aber nicht selbst, sondern überließ es Wolfram, dem diese Aufgabe ›dienstlich‹ zukam. Und Armin Stolper als Dramaturg verkroch sich in seiner Wohnung.

Es gibt auch einen Opportunismus des Herzens.

Ich bin überzeugt, Hamm würde lieber einem anderen schreiben als mir. Es steht schlimm um die Gegenwartsdramatik in der DDR.

2. März
Bei Dr. Gebhardt, alias Dr. Triems, alias Dr. Jänicke.
Sie wechselt ihre Namen mit der Farbe des Bi 58. Zuerst sah das Produkt dunkelbraun aus, dann, bei verbesserter Qualität, rötlich, jetzt ist es weiß. Es mag sein, daß sich eine veränderte Qualität der kleinen, dicken Frau, die ein enganliegendes Kleid trägt, auch durch die Veränderung ihres Namens ausdrückt. Als sie von der Universität ins Kombinat kam, so erzählt sie, brach eine Welt zusammen. Sie fuhr täglich von Leipzig nach Bitterfeld. Am Abend nach Leipzig zurückgekehrt, sprang sie aus dem Zug und hatte dabei das Gefühl, ein Stein fiele ihr vom Herzen (Sie sagt: plumpste). Dann übertrug man ihr den kleinen Betrieb – 13 Mann. Sie heiratete den jetzigen Professor Triems, ebenfalls Chemiker an einem Leipziger Institut. Das Kind aus dieser Ehe, Antje, acht Jahre alt, im Wesen heiter wie die Mutter, wächst im Erzgebirge bei der Großmutter auf. Die Kleine will aber zur Mutter und zur 10 Monate alten Schwester Kerstin. Die linke Hand dieses Mädchens ist gelähmt. Sie ist das Kind aus zweiter Ehe mit dem Leiter des Bautrupps vom IMO – Merseburg (Industriemontagebau). Ich frage beide: »Ist es vorteilhaft oder nachteilig, daß die Frau einen Betrieb leitet, dessen Anlagen der Mann baut?« Sie erwidern zuerst spontan: »Nachteilig. Unterschreibt die Frau die Aufmaße, d. h. die Rechnungen, die der Mann als Vertreter des Fremdbetriebes IMO aufstellt, ist man hier mißtrauisch, ob sie nicht den Fremdbetrieb begünstigt.« Der Abteilungsleiter Invest hat ihr geraten, die Aufmaße nicht allein zu unterschreiben, sondern von einem Techniker gegenzeichnen zu lassen. Trotz des Einwandes geben aber beide zu, daß letztendlich das Interesse des Mannes an Bi 58 durch die persönliche Bindung größer ist als sonst. Vielleicht kann er die berufliche Belastung der Frau besser begreifen. Brigadier Gebhardt ist ebenfalls geschieden. Zuerst hatte er in einen Gärtnerbetrieb eingeheiratet und der Frau zuliebe die Herumreiserei als Monteur aufgegeben. Nun arbeitete er wochentags auf dem Bau, Sonnabend und Sonntag im Privatbetrieb seines Schwiegervaters. Als er von der Armee zurückkam, wollte der Schwiegervater, daß er ganz und gar in den Betrieb (Rosenzüchtung) einsteigt. Gebhardt war einverstanden,

stellte aber die Forderung nach Beteiligung am Geschäft. Darauf ging der Alte nicht ein, sondern meinte, er hätte auch warten müssen, bis sein Vater sich zur Ruhe setzte. Die Aufrechnung des Monteurs ergab: Auf dem Bau monatlich 1200 Mark. In der Gärtnerei 300 Mark, Aufzucht eines Schweines, eine Frau, die zu den Eltern hält. (Alle wohnten zusammen.)

Gebhardt entschied sich für die Montage, kam nach Bitterfeld zu Bi 58 und traf Dr. Triems, die in einer Ehekrise steckte wie er. Es lag nahe, daß sie nicht nur in der Arbeit zusammenfanden. (Die Sekretärin von Frau Dr. Gebhardt lebt mit Meister Henze zusammen: Er verlor seine Frau bei der großen Havarie im PVC-Betrieb und sie ihren Mann durch einen Unfall – er stürzte von der Rohrbrücke.)

Bei Dr. Gebhardt beobachte ich eine dauernde Gespaltenheit der Aufmerksamkeit. Im Betrieb liegt das an der Vielfalt der Aufgaben. Sie ist vorwiegend Manager. Dieses Nicht-in-sich-selbst-ruhen-Können zeigt sich aber ebenso zu Haus. Da komme ich zu Besuch. Da ist Antje, die mich neugierig erwartet, denn sie hat tags zuvor ›Jana und der kleine Stern‹ gelesen. Das Kind hat das Bedürfnis zu erzählen. Wenn es spielt, spricht es laut oder ächzt vor Anstrengung. Die Frau will mir zuhören oder selbst erzählen. Die Tochter macht sie nervös. Das Baby muß gefüttert werden. Der Abteilungsleiter Invest kommt, dann ihr Mann aus dem Betrieb. Eigentlich hat Dr. Gebhardt Schwangerenurlaub. Als er vor acht Monaten notwendig war, hat sie ihn nicht voll ausnutzen können, jetzt holt sie ihn nach. Fast ein Jahr ist vergangen.

Ich frage, ob sie glaubt, Beruf, Verpflichtung als Ehefrau und Mutter (die Wohnung muß sie ohne Hilfe sauber halten) gleichermaßen verkraften zu können. Sie gesteht, das eine leide wie das andere. Ob sie schon einmal daran gedacht hat, die Funktion aufgeben zu müssen, möchte ich wissen. »Doch«, sagt sie, »aber es geht noch.«

3. März
Meine Tochter hat Laudses ›Daudedsching‹ gekauft und lernt seine Sprüche auswendig:

wer auf den zehen steht, steht nicht sicher
wer große schritte macht, kommt nicht weit
wer sich gern selbst zeigt, den übersieht man
wer gerne recht behält, den überhört man
wer auf verdienste pocht, schafft nichts verdienstvolles
wer sich hervorhebt, verwirkt den vorrang
im sinn des Dau gesprochen wäre das:
schlemmen – nicht essen, stolzieren – nicht gehen
und das erweckt bei allen wesen abscheu

8. März
Die Frauen im Kombinat werden gefeiert. Zum Teil bemerkt man diesen Tag an der Kleidung der Arbeiterinnen. Ansonsten sieht Bitterfeld aus wie immer, und das Kombinat hat den gleichen Atem.
Meine Frau erzählt mir zum Frühstück folgenden Witz; sie brachte ihn aus der Parteileitungssitzung mit:
Ulbricht möchte das Grab Chrustschows sehen. Er fährt nach Moskau, fragt nach Chrustschow, doch niemand kennt Chrustschow. Schließlich geht Ulbricht zum ZK. Auch dort Kopfschütteln. »Aber jeder Mann in der DDR kennt Chrustschow«, sagt Ulbricht. Also ruft der Genosse aus dem ZK in Moskau das ZK in Berlin an. Bei ihm wäre jemand aus Berlin, sagt er, der nach Chrustschow frage und behaupte, jeder in der DDR kenne Chrustschow. Wer jener sei, der in Moskau solches frage, will der Genosse aus Berlin wissen. »Ulbricht.« – »Ulbricht«, kommt es zurück, »wer ist Ulbricht?«
Ich bin bei Lübke. Er hatte mich gebeten, bei irgendeiner Feier heute ein Gedicht zu rezitieren. Nun braucht er mich aber nicht mehr. Also trinken wir Kaffee und erzählen dabei Witze. Lübke zieht auf dem weißen Rand des ND einen Kreis und sticht einen Punkt hinein.
Frage: ›Ist der Punkt in einem Kreis zu berechnen?‹
Antwort: ›Theoretisch ja, praktisch nicht, denn der zentrale Punkt eines Kreises ist die Kreisleitung, und die ist unberechenbar.‹
Vor nicht langer Zeit war ich auf dem Jungfrauenfriedhof in Moskau. Ich glaube, man kennt Moskau nicht, wenn man diesen

Friedhof nicht kennt: Nazim Hikmet (›Ich habe mich nicht erschlagen lassen von den Trümmern gefallener Götter‹), Majakowski, Kosmonauten, die Alelujewa, Chrustschow. An den Gräbern vorbei geht man in die Geschichte. Glück, Leid, Ruhm, Enttäuschung, alles liegt dicht beieinander unterm Schatten der Bäume und unter Blumen. Gäste aus aller Welt, aber kein lauter Ruf. Jeder, scheint mir, sucht hier seinen Toten. Ob Künstler, ob Politiker, ob General, ob Wissenschaftler. Ich denke an das Lied von den Blumen und den Gräbern und den Soldaten, das Marlene Dietrich gesungen und berühmt gemacht hat und das wir in einer sehr strengen Zeit als pazifistisch verurteilten, obwohl die Dietrich mit dem Song auch in Moskau ihren großen Triumph feierte. Und mir fällt Jessenins Abschiedsgedicht ein: ›Sterben ist in diesem Leben ja nicht neu, Leben freilich, das ist auch nicht neuer.‹ Majakowski hat versucht, mit einem Gegengedicht dem Verführerischen in Jessenins Worten Paroli zu bieten. Und ist ihm schließlich selbst erlegen. Ein eigenartiges Paradoxon, daß Weltgeschichte auf einem Platz begraben liegt, der den Namen ›Jungfrau‹ trägt. Nomen est omen.

Chrustschows Grab ist gepflegt wie alle anderen. Statt eines Grabsteins ein Bild. Eine Gruppe japanischer Touristen steht davor. Seinerzeit sah ich den kurzen Film eines französischen Teams über die Beerdigung Chrustschows. Es berührte mich schon, wie man den Mann, der wenige Jahre zuvor das Gesicht unserer Welt bestimmte, einfach verscharrte. Nur Mikojan hatte einen Kranz geschickt. Eigenartig, als konkrete Erinnerung an Chrustschow ist seine Rede vor der UNO geblieben, während der er einen Schuh auszog und damit auf das Rednerpult schlug, so bekräftigend, daß der Friedensvertrag mit der DDR und der BRD geschlossen werde, auch gegen den Willen der NATO. Selbst als Betrunkener wußte er Eindruck zu hinterlassen, und westliche Journalisten wählten ihn zum Politiker des Jahres.

Kennedy – Chrustschow,
der eine ermordet, der andere dem Vergessen anheimgegeben. Das Leben ging über den ›smarten Jungen‹ ebenso hinweg wie über den schlauen Bauern. Ich werde den Verdacht nicht los, die

beiden mochten einander und nutzten einen Teil ihrer großen Macht zu einem persönlichen Spiel: Wer – Wen.
Daß doch in unserem Gesellschaftssystem die Mächtigen immer nur gestürzt werden können. Sogar nach ihrem Tode. (Stalin, Gomulka, Novotny, Chrustschow, Ulbricht)
Die Geschichte zeigt, daß auf die Dauer kein Charakter stark genug ist, alleinige Macht zu vertragen. Zuletzt ist der Greis nicht nur dem biologischen Verfall ausgesetzt, sondern auch Schmeichlern und Subalternen. Als Revolutionär angetreten, wird er am Ende Opfer seines Ruhms, der hinzukommenden Rechthaberei und Eitelkeit (siehe Muačko: Wie die Macht schmeckt). Vielleicht war es das persönliche Glück Lenins, daß er so früh starb. Die Gefahren einer bürokratischen Macht blieben ihm erspart. So lebt er in der Erinnerung vieler als der weise Tatmensch.
Ich möchte meinen, er hat den Machiavelli ebenso gekannt wie seinen Marx. Ich lese gerade die ›Discorsi‹.
›Überdies sind die menschlichen Wünsche unersättlich, da wir von Natur alles begehren, das Schicksal uns aber nur wenig gewährt. Hieraus entsteht ewige Unzufriedenheit und Überdruß an allem, was man besitzt. So wird die Gegenwart getadelt, die Vergangenheit gelobt und die Zukunft herbeigesehnt, obwohl man keinen vernünftigen Grund dazu hat.‹
›Denn die Größe der Aufgabe macht die Menschen teils befangen, teils hemmt sie sie derart, daß sie schon bei den ersten Anfängen Fehler machen.‹
›Die Macht verschafft sich leicht den entsprechenden Titel, doch nicht der Titel die Macht.‹
›… die Menschen wählen immer den Mittelweg, den schädlichsten von allen; denn sie verstehen weder ganz gut noch ganz böse zu sein.‹
Und Marx: ›Die Größe des Gewinns wetzt die Gier nach noch mehr Gewinn.‹
Kein Mensch weiß heute so recht, was sozialistische Demokratie ist.

2. April
Was Professor Triems (der erste Mann Frau Dr. Gebhardts) zu wenig hatte, hat Brigadier Gebhardt zu viel: das Bedürfnis, mit seiner Frau zusammenzusein. Immerzu ruft er im Dienstzimmer seiner Frau an oder kommt selbst, eifersüchtig auf jeden, der in ›seinen Bereich‹ eindringt. Heute schlug er die Tür, als er mich um 15.30 Uhr immer noch im Büro mit seiner Frau beim Erzählen vorfand. Ich war verdutzt, Dr. Gebhardt peinlich berührt. Sie gebrauchte den Ausdruck ›ungezogen‹, was sich in dieser Umgebung ungewöhnlich anhörte. Manchmal möchte sie für einige Zeit allein sein. Wahrscheinlich versteht er das nicht. Er ist physisch und psychisch robust. Ein Mann mit Gold in den Händen, wie man so sagt: ausgebildeter Kesselschmied, außerdem Schlosser, perfekt in allen Arten des Schweißens, Elektrik als Hobby-Beschäftigung. Professor Triems hingegen ist für praktische Arbeit untauglich. Während der siebenjährigen Ehe hat immer sie die Lampen aufgehängt und angeschlossen, er die Glühbirnen eingeschraubt. Ein Pedant, wie sie meint, der sein geplantes Programm über alles stellte, das Auto putzte, auch wenn sein oder ihr Geburtstag daran glauben mußte, sich erregte, wenn vom Strümpfestopfen ein Faden auf dem Sofa zurückblieb, sensibel bis zum Psychopathischen, ein Hypochonder, der sich seinen Krankheiten hingab, als uneheliches Kind von der Großmutter aufgezogen, über seine Frau und ihre wissenschaftlichen Fähigkeiten spottend. Das Kombinat, soll er gesagt haben, müßten Halbidioten leiten, wenn sie dort als Betriebsleiterin eingesetzt wird.
Mag sein, daß bei ihrer Schilderung manches an Unbewältigtem mitschwingt. Von mir darauf hin angesprochen, räumt sie ein, daß ihr ehemaliger Mann in seiner Stellung an der Leipziger Akademie der Wissenschaften fachlich sehr angesehen ist. Er fährt jährlich mindestens dreimal in die SU, weil er an entscheidenden Forschungsarbeiten beteiligt ist. Mit seiner Pedanterie macht er die Laborantinnen fertig. Aber diese Pedanterie ist die Voraussetzung für seinen Erfolg. Jetzt ist er mit seiner Sekretärin oder Laborantin verheiratet. (Dr. Gebhardt: »Haare bis zu den Füßen, mit zwei großen Kindern, wo er doch immer so auf Ruhe aus war.«) Dr. Gebhardt ist da ganz Weib. Die andere liegt ihr nicht.

(»Er war schrecklich geizig. Mir brauchte er kein Geld zu geben. Ich hatte mein Auto. Jetzt muß er mit 1 200 Mark die Familie versorgen, denn seine Frau arbeitet nicht.«)
Sicher ging die Ehe nicht nur wegen des Unterschieds in ihrer geistigen Haltung auseinander. Sexuelles Unbefriedigtsein der Frau hat zweifellos eine Rolle gespielt. Sie ist vital, Professor Triems, obwohl ein ›Zwei-Zentner-Mann‹, stets in überreizter Verfassung, sprunghaft, besessen von seiner Arbeit bis zur Rücksichtslosigkeit gegen die Frau.
Beispiel: Sie verabreden für abends ein Beisammensein. Sie fährt, müde von der Arbeit, aber gelöst und in freudiger Erwartung mit dem Auto von Bitterfeld nach Leipzig. Zu Haus findet sie den Mann am Schreibtisch sitzend vor. Auf ihre Zärtlichkeit antwortet er grob, sie möge ihn in Ruhe lassen. Nach fünf Stunden kommt er zu ihr ins Bett und will, daß sie ihm Frau ist.
Ich frage, ob er mit ihrer Tätigkeit in Bitterfeld einverstanden war. »Der war froh«, antwortet sie, »er wollte ja allein sein. Und ich war froh, von zu Hause wieder fortfahren zu können.« Sie hauste in einem kleinen Zimmer des Wohnheims. Aber sie fühlte sich wohl hier, im Kombinat wurde sie geachtet und fand Bestätigung in ihrer Arbeit.
Auf den überzüchteten Wissenschaftler nun der Brigadier Gebhardt. Sie betont, nichts zu bereuen, obwohl Dr. Wetzke, eine Freundin, ihr den Rat gegeben hatte, nicht mehr zu heiraten. Dr. Wetzke, Mitte vierzig, Forschungsgruppenleiterin, Spezialgebiet Bi 58 ist unverheiratet, hat eine Tochter von einem verheirateten Mann mit drei Kindern. Als seine Frau an Brustkrebs operiert wurde, fürchtete Dr. Wetzke, die Frau könnte sterben, und sie käme in die mißliche Lage, den Vater ihrer Tochter heiraten zu sollen. Das hätte sie nicht gemacht, dadurch mit Sicherheit den Partner verloren, denn er hätte der Kinder wegen eine andere Frau heiraten müssen. Es ist alles gut gegangen. Die Operierte blieb am Leben.
Eine eigenartige Umkehrung.
Dr. Wetzke ist Mitgied der zentralen ABI in Berlin, Mitglied der Kreisleitung der SED in Bitterfeld. Gleich nach dem Krieg fing sie als Lehrling im Kombinat an. Damals kam sie als schüchter-

nes Mädchen zur Arbeit, mit einem Hut auf dem Kopf. Heute hat sie, wie Dr. Gebhardt sagt, eine scharfe Zunge, ist burschikos und versetzt manchen Direktor in Angst, sie könnte ihm ein Stuhlbein absägen bei ihren Verbindungen. Aber die Story mit dem Hut erzählt man noch immer.
Dr. Wetzke ist mit der Generaldirektorin eines Textilkombinates befreundet. Inge von Wangenheim erzählte mir, auch diese Frau hat sich auf ihren jetzigen Posten hochgeschuftet, schleppt aber einen Komplex gegen die Männer mit sich herum. Ihre Direktoren behandelt sie wie Dreck, ihren Fahrer läßt sie stundenlang im Wagen warten. Sie hockt sechzehn und zwanzig Stunden im Kombinat, weil sie Angst vor der Einsamkeit zu Hause hat. Als Dr. Wetzke das uneheliche Kind erwartete, wohnte sie bei ihr. Auch noch danach. Und die Generaldirektorin, der man Härte nachsagt und Gefühlskälte, überschüttete Dr. Wetzke und das neugeborene Kind mit all ihrer angestauten Liebe.
Wir reden immer nur von dem Recht der Frau auf Emanzipation und Gleichberechtigung. Es ist an der Zeit, nach den Mühen zu fragen, die dergleichen für die Frau mit sich bringt.
In der Bundesrepublik gehen 71% der Ehescheidungen auf die Initiative der Frau zurück. Vermutlich ist es bei uns ähnlich.

4. April
Glossen und Wortspiele:
Was im CKB durch Schwarzarbeit gemacht wird, wird in Schwedt durch Fronarbeit gemacht – (Der Generaldirektor im CKB heißt Schwarz, in Schwedt: Fron)
ORWO-Wolfen hat sich ›rausgekeilt‹ (Generaldirektor Keil)
In Buna holt man den letzten Bären aus der Ecke (Generaldirektor Bär)
Der ›Parzival‹ liegt beim Verlag. Wolfgang Würfel wird ihn illustrieren. Dreimal hat mir Eschenbach geholfen. Das erste Mal 1949 während meines Staatsexamens in Halle. Professor Ferdinand Josef Schneider (wir nannten ihn Fejo) fragte mich nach dem Lustspiel beim ›Jungen Deutschland‹. Ich erzählte etwas von Gutzkow, kam auf seine ›Wally‹, von dort auf Probleme des Romans. Beim ›Wilhelm Meister‹ war mir schon wohler zumute.

Und dann ritt mich der Teufel. Ich fragte Schneider, ob man die Entstehung des Entwicklungsromans nicht schon bis zum ›Parzival‹ zurückverfolgen könne. Ich hatte nicht eine Zeile daraus gelesen. Aber ich brauchte nichts mehr zu sagen. Der alte Mann bestritt den Rest der Prüfung allein. Es folgte das für Germanisten und Philosophen übliche ›Einerseits und Andererseits‹. Mir blieb, eifrig zu nicken. Pädagogen wollen die Aufmerksamkeit des Schülers. Nichts kränkt sie mehr als ein desinteressierter Zuhörer. Diese Erfahrung hatte ich schon während meiner Schulzeit gemacht und verspürte es später am eigenen Leibe. Es ist nicht gelogen, wenn ich sage, ich habe während der Prüfung nicht mehr als fünf Minuten geredet, trotzdem erhielt ich die Note ›sehr gut‹. Mindestens seit jenem Tag weiß ich, daß eine Frage zur rechten Zeit mehr bewirken kann als eine lange Rede.
Das zweite Mal half mir Eschenbach, als ich die Schriftstellerei an den Nagel hängen wollte. Ich hatte den ›Mark Aurel‹ geschrieben, ›Das zwölfte Buch‹ und den ›Kleinen häßlichen Vogel‹. Alle drei Arbeiten wurden von den Verlagen abgelehnt. Ich tröstete mich mit Rimbaud, der mit neunzehn sein Lebenswerk als Dichter abschloß und als Kaufmann nach Äthiopien ging. Ich bewarb mich für den Auslandsdienst nach Syrien, sollte auch nach Aleppo an die Universität, war bereits von Limex ›gekauft‹, vom Ministerium und vom Zentralkomitee bestätigt. Dann kam jener merkwürdige Brief mit der noch merkwürdigeren Absage und den guten Wünschen für das Ehepaar Heiduczek, das für weitere Auslandseinsätze nicht mehr vorgesehen wäre – Was nicht im Brief stand, ich hatte als Vorsitzender des Bezirksverbandes Halle in einer Versammlung gesagt: ›Honecker ist kein Papst.‹ Renate Drenkow, ›Sekretär für Literatur‹ des Zentralverbandes, war anwesend und stellte während einer Verlegertagung in Berlin die Frage: ›Was ist ideologisch mit H. los.‹
In dieser für mich bedrückenden Zeit zog ich mich in ein Pfarrhaus im Fläming zurück. Dort besuchten mich Hans Bentzien, als Kulturminister gefeuert, jetzt Verlagsleiter von ›Neues Leben‹, und sein Cheflektor Walter Lewerenz. Wir spielten Skat, und Lewerenz sagte: »Du bist so herrlich depressiv, jetzt schreib uns den ›Parzival‹.«

Das dritte Mal kam Eschenbach mir zu Hilfe, als ich die Premiere des ›Mark Aurel‹ am halleschen Theater erwartete und statt dessen die Besetzungsproben abgebrochen wurden.
Vielleicht hänge ich deswegen so an dieser außergewöhnlichen Geschichte. Was ich bei Eschenbach gelernt habe: Mich ganz und gar auf die Substanz eines Stoffes zu verlassen. Gibt er nichts her, nützt die größte sprachliche Akrobatik nichts. Hingegen zwingen mich menschliche und philosophische Tiefe der Aussage zu einer poetisch adäquaten Sprache. Ich glaube, daß das Große letztlich immer schlicht ist.
Für mich unbegreiflich, daß Franz Fühmann das ›Nibelungenlied‹ dem ›Parzival‹ vorzog und Max Walter Schulz ein gleiches Angebot des Verlages ablehnte. Dabei erklärte mit Schulz schon 1968, daß man eigentlich einen Roman schreiben müßte unter Verwendung des Parzival-Modells.

15. April
Große Aufregung in der Betriebsleitung und in der Meisterstube. Der stellvertretende Abteilungsleiter war gekommen und wollte die Arbeitsschutzkontrollbücher sehen. Die monatlichen Arbeitsschutzbelehrungen wurden nicht mehr durchgeführt.
Großer Krach. Alles, was aufzutreiben ist, wird jetzt belehrt.

23. April
Ein Elektriker verblüffte mich heute mit einem Molière-Zitat: ›Auch wenn ihr es mit eigenen Augen seht, glaubt niemals etwas.‹ Nun ist das nichts anderes als das lateinische omnibus dubitandum est, das Marx in dem Fragespiel mit seiner Tochter zitiert, oder die Geschichte vom ungläubigen Thomas in der Bibel oder, oder, oder ... Ich habe manchmal Angst, daß ich kaum noch etwas sagen kann, was nicht schon gesagt oder gedacht worden ist. Jaspers bezeichnet die Zeit von 800 bis 200 v. Chr. als die ›Achsenzeit‹. Da wäre der Mensch entstanden, mit dem wir bis heute leben. Der Kampf Logos gegen Mythos hätte begonnen. Die Namen, auf die Jaspers sich beruft, sind bestechend: in China: Konfuzius, Laudse; in Indien: die Upanishaden, Buddha; im Iran: Zarathustra; in Palästina: die Propheten Elias, Jesaias und Jeremias;

in Griechenland: Homer, Parmenides, Heraklit, Plato, Archimedes. Ob in China, Indien oder Europa, alle philosophischen Möglichkeiten wurden damals durchgespielt: Materialismus, Nihilismus, Skeptizismus, Sophistik.
Was sind 50 Jahre Sozialismus gegen dreitausend Jahre Geschichte. Und was sind dreitausend Jahre moderne Geschichte gegen die Menschheitsgeschichte überhaupt. Ich glaube, vieles an unserem Zweifel und unserer Unzufriedenheit in Hinsicht auf die gegenwärtigen Zustände, die Unvollkommenheit, die Trägheit, die Unmoral, die Dummheit, Eitelkeit und Machtgier entspringt einem ahistorischen Denken. Ungeduld ins Übermaß getrieben, zerstört Geistiges wie Materielles.
Ich habe immer noch ein schablonenhaftes Bild vom Arbeiter. Warum verblüfft es mich eigentlich, das ein Elektriker, rothaarig, von seinen Kollegen gefoppt, Molière zitiert?
›Wer nicht auf der Höhe seiner Zeit ist, muß die ganze Last seiner Zeit tragen.‹ Voltaire.

3. Mai
Nimrich betrügt Däumchen. Beide werden zu gleicher Zeit als Hilfsarbeiter in Bi 58 eingestellt. Däumchen, von Hause aus Dachdecker, ist der Herumkraxelei müde. Außerdem verdient er mit den Zuschlägen im explosionsgefährdeten Betrieb als Hilfsarbeiter mehr als zuvor. Nimrich hat in seinem dreißigjährigen Leben schon vieles gemacht, hat aber keinen Beruf.
Nach wenigen Tagen in Bi 58 stellt Nimrich fest, daß er einen Vorschuß braucht. Däumchen hingegen meint, so weit sei es bei ihm noch nicht. Da aber Nimrich darauf beharrt, daß auch Däumchen einen Vorschuß braucht, gibt Däumchen nach. Die Betriebsleitung genehmigt beiden je hundert Mark. Däumchen findet keine Zeit, zum Lohnbüro zu gehen. Er schreibt für Nimrich eine Vollmacht über hundert Mark aus. Im Lohnbüro klagt Nimrich der Kollegin sein Leid. Diese überkommt Mitleid mit dem Mann, und sie gibt ihm hundertfünfzig Mark. Nun barmt Nimrich um Däumchen, ihn drücke die gleiche Not, sagt er. Die Frau, gutgläubig, ändert die Bescheinigung, macht aus hundert hundertfünfzig und zahlt Nimrich das Geld aus. Der

gibt Däumchen hundert Mark und ist von dem Tag an krank.
Bei der Lohnauszahlung kommt der Schwindel heraus. Däumchen will nicht einsehen, daß ihm 150 Mark als Vorschuß berechnet werden. Der Fall beschäftigt Betriebsleitung, Schichtleiter und Vertrauensmann. Nimrich hat gekündigt. Er steht nicht nur Däumchen gegenüber in Schulden, sondern auch gegenüber dem Betrieb. Es ist kein Einzelfall.
Ich sitze im Zimmer des stellvertretenden Betriebsleiters Strobach. Ein Mann, Mitte dreißig, dunkelblond, schmal und blaß. (In Bitterfeld sind alle Menschen blaß, wenn sie nicht gerade aus dem Urlaub kommen.) Er hat immer Zeit für mich und eine himmlische Geduld, mir die neun Produktionsstufen von Bi 58 zu erklären. Ich revanchiere mich mit internen Geschichten aus dem Leben der Schriftsteller.
In jedem Menschen steckt etwas Sensationslust. Unsere Zeitungen und sonstigen Medien vergessen über den Meldungen aus Politik und Wirtschaft die Psychologie.
Jedenfalls kommt Nimrich ins Zimmer. Strobach hat ihn rufen lassen. Nimrich ist ein gutaussehender Mann. Dunkel, lockiges Haar, eher ein Sportler denn ein Hilfsarbeiter. Ein wenig erinnert er mich an meinen Cousin Reinhold, den meine Eltern großzogen, weil seine Mutter sich in Gaststätten herumtrieb und schließlich nach Holland auswanderte. Reinhold zog später mit Zigeunern durchs Land, schwängerte Frauen und wurde zuletzt ein braver Ehemann, ebenfalls Hilfsarbeiter. Er sagte nie: »Ich gehe in die Fabrik«, er sagte: »Ich gehe ins Geschäft.«
Nimrich macht ein trauriges Gesicht. Strobach telefoniert mit der Kaderleitung. Er weiß nicht, ob er Nimrich nun den Genehmigungsstempel des Betriebes geben kann. Nur damit wird die Kündigung rechtskräftig und Nimrich anderswo wieder eingestellt. Strobach ist sicher, der Mann mit dem traurigen Gesicht des Schneiders aus ›Kleider machen Leute‹ betrügt auch die anderen Arbeitsstellen. Die Kaderleitung redet hin und redet her. Schließlich packt Strobach die Wut, und das ist selten. Er sagt mit angehobener Stimme ins Telefon und verspricht sich zweimal, er habe

es satt, sich die Lügen dieses Mannes weiter anzuhören. Nimrich steht unbewegt dabei. Zwei Sekretärinnen kommen. Alles wegen des ›bescheidenen, stillen Mannes‹ an der Tür, der sich nicht setzt, obgleich ein Stuhl dasteht.
Die Schichtleiter und Meister verlangen härtere Konsequenzen gegen Bummelanten. Kombinats- und Betriebsleitung seien zu weich, sagen sie. Die Kombinatsleitung antwortet nur mit einer Zahl: im Kombinat fehlen ca. 876 Produktionsarbeiter. Der Betriebsleiter der Rohrpresserei meint, er habe keine Lust, den Schwarzen Peter zu spielen. Wirft er einen hinaus, findet der gleich wieder Arbeit, sogar in derselben Abteilung.
Die Amnestie führte zu erheblichen Störungen in der Produktion. Sie wurde in einigen Betrieben vorwiegend durch Strafgefangene aufrechterhalten. Inzwischen ist eine beträchtliche Zahl von Amnestierten erneut inhaftiert. Das bringt fürs CKB aber keinen allzu großen ›Nutzen‹. Wegen der Bedeutung des Betriebes dürfen Leute, die zum zweiten Mal im Gefängnis sind, nicht im Kombinat arbeiten. –
Möglich, daß die Anordnung korrigiert wird.

5. Mai
Bi 58 bringt dieses Jahr 11,9 % vom Produktionsvolumen des Kombinats. Lübke meint, wenn der Betrieb die Produktion um 10 % steigerte, wäre das Kombinat die Planerfüllungssorgen los. Vielleicht liegt hier die Ursache dafür, daß der technische Direktor, Dr. Lohmann, Frau Dr. Gebhardt nahegelegt hat, Berlin unter Druck zu setzen, wenn vom Ministerium die Baukapazität für die Tanklager nicht zusätzlich bewilligt wird. Dr. Gebhardt soll die Planzahlen nicht auf 8,5 (tausend Tonnen) festsetzen, sondern auf 8,1. Sie denkt nicht daran, das auf ihre Kappe zu nehmen. Den Kopf soll die Kombinatsleitung hinhalten, nicht die Betriebsleitung, sagt sie. (Mir kommt in den Sinn, daß sie für den Nationalpreis vorgeschlagen ist. So eine Chance wirft man nicht mir nichts dir nichts vor die Hunde.) Erstaunlich für mich, daß man einer Frau den wichtigsten Betrieb des Kombinats anvertraut hat. Auf meine Frage hin lacht sie und sagt: »Damals war es eine Klitsche. Hätte man gewußt, welche Bedeutung Bi 58 einmal haben

wird, hätte ich den Betrieb bestimmt nicht bekommen. Soweit kenne ich das Kombinat.«
Sie erwartet die Projektanten von der Energetik. Es geht um Sprechanlagen, die aus dem Westen importiert werden müssen (von AEG). Dr. Gebhardt schreit, die Projektanten würden die Sache hinschleppen. Es sei nicht Sache des Betriebes, den Antrag beim Importausschuß zu stellen. Jeder drücke sich. Jeden Scheißdreck wälze man auf den Betrieb ab.
Der Projektant – Genosse, Dr. Gebhardt hingegen parteilos – meint, man solle sich doch nicht so erregen, sachlich käme man weiter. Später sagt Dr. Gebhardt zu mir, sie kenne den Mann schon länger. Er müsse gnadenlos angefaßt werden, wenn es um Verantwortung geht, läßt er die Zügel schleifen. Das ›gnadenlos‹ hört sich für mich in diesem Zimmer ebenso ungewöhnlich an wie das ›ungezogen‹ über ihren Mann. Ergebnis des Gesprächs mit dem Projektanten:
1. eine provisorische Übergangslösung
   a) ein Telefon wird nach 7/4 gelegt
   b) Der Lautsprecher von 7/3 wird für 7/4 mitgenutzt
2. Installieren der ordentlichen Sprechanlage. Wenn die Beratung beim Importausschuß stattfindet, wird Dr. Gebhardt anwesend sein.

Frage an Dr. Gebhardt:
»Halten Sie die Schwerfälligkeit solcher Entscheidungen für eine objektive oder subjektive Angelegenheit?«
Antwort:
»Für beides. Es gibt wenig Valuta. Sicher ist oft Schindluder mit Valuta getrieben worden. Manches hätte im sozialistischen Ausland gekauft werden können. Aber die Abfüllmaschine ist fünf Jahre alt. Sie pfeift auf dem letzten Loch. Es können keine Ersatzteile besorgt werden. Wir bekommen keine Valuta. Wenn jedoch die Flaschen nicht abgefüllt werden, fragt man: ›Warum füllt ihr die Flaschen nicht plangerecht ab?‹ und nicht etwa ›Was ist mit der Abfüllmaschine los?‹ Das ist nur ein Beispiel. Wissen Sie, manchmal macht die Arbeit keinen Spaß. Ich habe sonst immer Freude an der Arbeit, aber was das alles

für Nerven kostet und schlaflose Nächte – es macht keinen Spaß.«
Sie sitzt hinter ihrem Schreibtisch, klein, füllig, Lippen wie Marina Vlady, und kritzelt immerzu die Randlinie eines Schlüsselkopfes auf das Blatt eines hektographierten Rundschreibens. Die Kritzeleien haben die Form eines Mundes. So ein Mund auf Zahlen und blassen Buchstaben sieht sich seltsam an.

10. Mai
Ich wehre mich gegen eine Autorität a priori.

20. Mai
Was ist aus den sechs ›Mamais‹ geworden, die seinerzeit den Nationalpreis bekommen haben? Sie waren unter der Losung angetreten: Sozialistisch arbeiten, lernen und leben! Es war der Anfang einer DDR-weiten Bewegung. Einem von den Ausgezeichneten sitze ich gegenüber. Er ist BGL-Vorsitzender im Direktionsbereich S und K (Sozialwesen und Kultur). Er mag so alt sein wie ich, kräftiger in der Gestalt. Ich sage: »Mach mir nichts vor. Dann gehe ich lieber.«
»Nein«, sagt er, »was willst du wissen?«
»Wo sind die andern fünf?«
»Einer ist Parteisekretär. Noch im Kombinat. Zwei sind irgendwo in der Republik. Keine Ahnung, wo sie stecken.«
»Und die andern zwei?«
»Den einen hat's gleich erwischt. Er war sozusagen als Ersatzmann zur Auszeichnung gekommen. Für einen Schichtführer. Der wiederum hat sich schon einige Wochen vor dem Preis besoffen und an der Theke gesagt: ›Den Fisch nehme ich noch mit, dann können sie mich am Arsch lecken.‹ Den andern hat's später erwischt. Er wurde Leiter des Kulturpalastes. Nach der Auszeichnung haben sich doch alle auf uns gestürzt. Gewerkschaft, Partei, DSF. Jeder bot uns Posten an. Der Mann war ein guter Aluminiumwerker, aber ein unmöglicher Kulturhaus-Leiter. Er hatte plötzlich eine Menge Geld, ein Auto, fing an zu saufen, dann Weibergeschichten. Zur Maidemonstration torkelte er zwischen zwei solchen Nutten. Natürlich schmiß man ihn raus.«

»Hast du Vorteile von deinem Preis?«
»Nein. Zur Jahrfeier des Kombinats wurde nur von den jungen Mamais gesprochen, von uns alten kein Wort.«
Er geht zum Schrank und holt die Mappe, in der die Urkunde über die Verleihung des Nationalpreises liegt.
»Darauf bist du stolz?«
»Ja«, sagt er. »Unsere Brigade war ein wilder Haufen. Eine Anzahl der Leute entlassene Strafgefangene. Zwei Jahre hindurch haben wir im Aluminiumwerk schon was aufgebaut: keine Arbeitsbummelei, Planübererfüllung, Kulturveranstaltungen, Brigadeabende. Es war schon was los, wirklich.«
»Und dann?«
»Ich sagte doch. Sie haben sich alle auf uns gestürzt. Jeder kam woanders hin.«
»Und du glaubst nicht, daß ihr euch etwas vorgemacht habt: Kollektiv, sozialistische Menschengemeinschaft. Nach eurem Aufruf damals kamen das Fernsehen, der Rundfunk, die Zeitungen. Der Preis war abzusehen. In einer außergewöhnlichen Situation läßt sich manches durchstehen, was man sonst nicht durchsteht.«
»Ein bißchen mag es schon so gewesen sein. Aber die Jungs zogen wirklich mit.«
»Von fünfzig bekamen sechs den Nationalpreis. Was sagten die anderen?«
»Die sechs waren am aktivsten.«
»Gab es um die Auszeichnung Streit?«
»Ja.«
»Und eure Losung?«
»Mein Gott, was erwartest du.«

26. Mai
Gespräch mit Heinz Schwarz, seit eineinhalb Jahren Generaldirektor im CKB. Vorher Sekretär für Wirtschaft in der Bezirksleitung Halle. Ein Mann Mitte vierzig. Vor einigen Jahren war seine Tochter meine Schülerin in der Kinder- und Jugendsportschule. Das Gesicht von Heinz Schwarz weiß ich noch nicht zu beschreiben. Konkav würde ich sagen. Er lispelt, zudem Nichtraucher. Attribute, die ich von Arbeitern, Wissenschaftlern und Funktio-

nären des Kombinats über ihn hörte: ein Arbeitspferd, ehrgeizig, kontaktarm, Einzelgänger, eng verbunden mit der Arbeiterklasse. (Ich rief gerade Rudi Herzog an, Leiter des Mitteldeutschen Verlages, und sagte ihm, daß Schwarz, bevor er mich zu den Leitungssitzungen des Generaldirektors heranzieht, die Einwilligung der Bezirksleitung haben will. Auf meine Bemerkung, daß dies ja gerade meinen Vertrag mit dem Bundesvorstand ausmacht und ich außerdem mit Jochen Konrad, dem Abteilungsleiter Kultur der Bezirksleitung, persönlich bei ihm, Schwarz, vorstellig geworden sei, erwiderte Schwarz, daß ein solches Wort in jener Besprechung nicht gefallen sei und er in Anwesenheit von Czogalla, 1. Sekretär der Kreisleitung des Kombinats, und Gittel, Vorsitzender des FDGB Kreisvorstandes, nicht von sich aus die Frage stellen wollte. Herzogs spontane Reaktion: Ich kann ja auch Hager anrufen und ihm sagen, daß es einen Generaldirektor gibt, der das Herz im Arsch hat. Aber Schwarz ist schon mit einem Anruf Edith Brandts, Sekretär für Kultur bei der Bezirksleitung, einverstanden.)
Schwarz hat ein Trauma. Es betrifft die beiden Porträts, die über ihn gemacht wurden. Eins von Sitte, eins von Rainer Kirsch.
Schwarz: »Auf das Bild von Sitte bin ich stolz, aber so ein Porträt, wie es Kirsch geschrieben hat, das kann ja einen Mann totmachen. Die Aussprüche, die er einem gibt. Er hat aus mir einen Manager gemacht. Ich habe oft mit Kirsch in meiner Wohnung gesessen, ihn mitgenommen. Kirsch war damals in seiner ganzen Haltung etwas durcheinander, ich wollte ihn graderücken.«
Ich sage, daß mir Porträts nicht liegen, zumindest so, wie es in unserer Literatur zur Zeit praktiziert wird. Wenn ich einen Menschen nur von zwei oder drei Besuchen her kenne, kann ich kein Porträt über ihn schreiben. Ich finde nicht heraus, wie er wirklich ist. Auf diese Weise komme ich nicht in seine zweite und dritte Schicht. Überhaupt hätte ich nicht vor, übers Kombinat zu schreiben, sage ich. Darauf entgegnet Schwarz spontan, ihm wäre es schon lieb, wenn reales Arbeiterleben von hier gestaltet würde.
Ich betone, daß ich mich so schnell wie möglich mit der Bezirks-

leitung in Verbindung setzen werde, um die Angelegenheit wegen meiner Teilnahme an den Leitungssitzungen zu klären.
Schwarz: »Es geht nicht um dich, sondern um mich. Ich kann mir eine zusätzliche Belastung nicht mehr leisten.«
Für mich erhebt sich die Frage: ›Was für eine Belastung?‹
Stimmt die Äußerung Lübkes, Schwarz fühle sich zurückgesetzt? Er ist nicht mehr Kandidat des ZK. Als Sekretär für Wirtschaft bei der Bezirksleitung hatte er in einem so wichtigen Industriebezirk wie Halle für die gesamte Wirtschaftsentwicklung verantwortlich gezeichnet. Lübke meint, man werfe ihm Fehler vor, z. B. ein Überziehen der EDV-Kampagne, letztlich all das, was ja noch die Ulbricht-Ära belastet. Schwarz, heißt es, wollte als Generaldirektor nach Buna, nicht in dieses heruntergewirtschaftete Warenhaus der Republik. (In einem ND-Artikel wird das Kombinat als ›Apotheke‹ der DDR bezeichnet.) Während Schwarz auf dem letzten Parteitag aus dem ZK ausschied, wurde Fron, der bei der Kombinatsbildung Wolfen/Bitterfeld seinen hiesigen Posten als Ökonomischer Direktor gegen die Funktion des Generaldirektors in Schwedt eintauschte, ins ZK gewählt.
Sicher scheint mir, daß dies alles an Schwarz nicht spurlos vorübergegangen ist. Er sucht die Bestätigung von oben, das aber ist die große Gefahr für ihn, weil es ihn unfrei macht und verkrampfen läßt. Er lädt mich in sein Dienstzimmer ein, sitzt auf dem Sofa, ich im Sessel. Wir sind über eine Stunde zusammen. Er bietet mir nichts an. (Nach einer halben Stunde frage ich, ob ich rauchen dürfte. Er bejaht, ich nehme eine meiner Zigaretten.) Schwarz tut es nicht aus Geiz oder Gedankenlosigkeit oder Unfreundlichkeit, weit eher aus einer eigenartigen Vorsicht (siehe Trauma hinsichtlich Kirsch). Während unseres Gesprächs kommen der Produktionsdirektor, Dr. Lohmann, und dann sein persönlicher Referent, Kuhnert. Schwarz kann es sich nicht leisten oder besser glaubt, es sich nicht leisten zu können, hier mit einem Schriftsteller bei einem ›undienstlichen‹ Gespräch zu sitzen, evtl. bei einem Glas Cognac. Alkoholgenuß im Kombinat ist streng verboten. Bei der ersten Begegnung zwischen ihm, Czogalla, Gittel, Konrad und mir lud er uns zum gemeinsamen Mittagessen ein. – Auch das hatte er vor: Werner Bräunig, Prof. Diersen,

Linda Schwarzenberg, Sekretär für Kultur beim Kreisvorstand des FDGB, und mich in seine Wohnung einzuladen – aber eben nicht einen allein.
Ich frage, welche persönlichen Komplikationen sich für ihn ergeben hätten, als er das Kombinat übernahm. Es ist ja nicht unbekannt, daß Parteileitung, Gewerkschaftsleitung und der Stamm der Direktoren über viele Jahre hin bereits zusammenarbeiten. Es bestehen Verbindungen, bis zur Verwandtschaft hin. (Der Produktionsdirektor war der Schwager des verstorbenen Generaldirektors Böthin.)
Schwarz weicht aus. Die Frage sei durch die Kombinatsbildung Wolfen/Bitterfeld doch etwas entschärft worden. Wenig später allerdings gibt er zu, daß Zechgelage stattgefunden hätten, über die im Werk gesprochen worden war. (Als Böthin beerdigt wurde, fand eine große Sauferei unter der ›Prominenz‹ statt. Am Morgen fand man den Agit-Prop-Sekretär der Kreisleitung besoffen am Brunnen. All diese Dinge wurden vertuscht.)
Schwarz berichtet nicht ohne Stolz – und das hat für mich fast etwas Kindliches –, er hätte erreicht, daß seine engsten Mitarbeiter (der Forschungsdirektor und der ökonomische Direktor) wenigstens nicht mehr öffentlich saufen.
(Bemerkung von Lübke am nächsten Tag: sie saufen heimlich unheimlich. – Ich frage mich, ob ich nach einigen Jahren Stress in dieser die Seele abtötenden Öde nicht auch saufen würde, mich einen Dreck darum kümmernd, welch ›Heiliger‹ sich darüber empört. Ein Arbeiter säuft sich im »Schuppen« seine Sehnsucht vom Herzen. Warum soll gleiches nicht auch ein Direktor tun?)
Schwarz ist seinem engsten Mitarbeiterkreis gegenüber nicht souverän genug. Vielleicht ist er deswegen auch zu mir so betont dienstlich. Ich habe den Eindruck, er lebt gegen sich selbst.
Ich wende den Trick an, den ich von gerissenen Journalisten abgeguckt habe. Bisher wirkte er noch immer. Das erstemal probierte ich ihn bei Dr. Gebhardt aus. Als wir uns noch wenig kannten, begegnete sie mir mit routinierter Höflichkeit, nannte Produktionszahlen, Steigerungsraten, Erfolgsmeldungen, die man der Zeitung gibt. Und da fragte ich plötzlich: »Warum sind Sie

eigentlich geschieden?« Sie sah mich verdutzt an, kochte Kaffee und fing an über ihr Leben zu erzählen.
Ich bin überhaupt überrascht, wie bereitwillig man hier ist, Dinge zu sagen, die man sonst nicht sagt. Wahrscheinlich sind die Menschen im Kombinat ebenso froh darüber, mit einem ›Artfremden‹ reden zu können wie ich. Alle Gespräche unter Literaten über Literatur kotzen mich zur Zeit an. Ein beträchtlicher Teil der ›Arrivierten‹ ist geistig bereits tot. Da hilft ihnen auch nicht die Mitgliedschaft in der Akademie. Ich würde meinen, sie befördert das Dahinsiechen noch.
Ich sage zu Schwarz, neulich fragte ich einen Arbeiter: »Der Generaldirektor Böthin ist tot, nun ist Schwarz da. Merkst du einen Unterschied?« Der Arbeiter erwiderte: »Nein.«
Das trifft Schwarz. Seine Schale ist gesprengt. Allgemeingehaltene Formulierungen weichen plötzlich einer menschlichen Sprache. So wie Schwarz jetzt ist, finde ich ihn sympathisch. Das ganze Literatengeschwätz über ›das zu sich kommen des Menschen‹ erscheint mir diesem kleinen Mann gegenüber lächerlich. Ich weiß eigentlich gar nicht so sehr, warum. Ich habe ihm die Falle der Eitelkeit gestellt, von der kein Mensch frei ist, und er ist hineingetappt. Außerdem will jeder nach seinem eigenen Maß gemessen werden. Wenn ich zu meiner jüngsten Tochter sage: »Du bist wie Christiane«, erwidert sie ärgerlich: »Ich bin Yana.« Und Schwarz will Schwarz sein, nicht Böthin. Und er will, daß es dreißigtausend Menschen bemerken. Vielleicht weiß er selbst, das ist unmöglich, trotzdem wünscht er es. Ihm ist bekannt, daß ich mich vorwiegend in Bi 58 aufhalte, und er sagt, gerade die Arbeiter von Bi 58 müßten den Unterschied merken. Sie hätten keineswegs ein Recht dazu, derartiges zu äußern. Ich halte entgegen, darüber hätte ich nicht mit Leuten von Bi 58 gesprochen, sondern mit irgendwelchen in der Kantine. Schwarz zählt auf – er tut es hastig –, was er alles getan hat, um den Arbeitern größere Rechte und Vergünstigungen zu verschaffen: Erhöhung der Prämien, monatliche Kombinatsleitungssitzungen in einem Schwerpunktbetrieb, Teilnahme von Arbeitern an diesen Beratungen. Er führt noch weitere Fakten an. Ich habe sie wieder vergessen.

»Die Arbeiter«, sagt er noch einmal, »müßten es merken.«
Ich entgegne, für den jeweiligen Arbeiter sei zunächst wichtig, daß er hundert Mark mehr Prämie bekommt. Es ist ihm oft nicht bewußt, daß es mit einem neuen Leitungsstil oder einem anderen Generaldirektor zusammenhängt. Irgendwie tut es mir leid, den Mann gekränkt zu haben, und ich sage, daß Dr. Gebhardt durchaus einen neuen Leitungsstil im Kombinat festgestellt hat. Unter Böthin hätte der Produktionsdirektor das Kombinat geleitet. Er wäre die ›Nummer Eins‹ gewesen. Jetzt hingegen gäbe es eine Gleichstellung aller Direktoren.
Das hört Schwarz gern. Und ich sage es ihm gern.
»Das hat Dr. Gebhardt sehr gut beobachtet«, sagt er.
»Wie weit kann ich gehen?« fragt Schwarz sich selbst. Und er sagt: »Die Fragen, die du stellst, muß ich versuchen mir selbst zu beantworten. Ich könnte jetzt auch einen Monolog führen.«
Er meint mit dem ›wie weit kann ich gehen‹ seine Haltung zum Leitungsstab, von dem er sagt: »Ich habe hier nicht nur Freunde.« Einerseits kann er die Saufereien nicht mitmachen. Andererseits ist er auf die Erfahrung und das Wissen dieser Leute angewiesen, muß also eine zu große Distanz vermeiden.
Der Vorwurf, er sei kontaktarm, käme aus zwei Quellen, erklärt Schwarz: einmal von denen, die es ihm übelnehmen, daß er die Kumpelei, die unter Böthin üblich gewesen wäre, nicht mitmacht. Zum anderen von Frauen, die meinten, er hätte nur die Arbeit im Kopf.
Ich glaube, Schwarz gibt sich Illusionen hin hinsichtlich der Aufgeschlossenheit der Arbeiter ihm gegenüber. Er erzählt nicht ohne Genugtuung, daß ihn heute noch Arbeiter mit ›Du‹ und mit ›Heinz‹ auf der Straße anreden. Sie kennen ihn aus der Zeit, da er hier 1. Sekretär der Kreisleitung war. Der Stammbetrieb allein umfaßt 20 000 Menschen. Für die meisten bleibt der Generaldirektor etwas Anonymes. Auch wenn dieser es nicht will. Zudem fehlt Schwarz der Schuß ›Schauspielerei‹, den z. B. der Schwedter Generaldirektor hat, über den Frank Richter, persönlicher Mitarbeiter von Schwarz, sagt: ›Fron ist eine Mischung aus Manager und Schauspieler.‹
Schwarz tut nichts für sein Image. Er schuftet verbissen. Die

Stunden des Tages reichen nicht aus. Und doch erreicht er wahrscheinlich weniger als Fron.
Beispiel: Schwarz läßt Lübke zu sich kommen. Eine Arbeitsgruppe soll eine Analyse über die sozialen und kulturellen Zustände im Kombinat anfertigen und daraus Schlußfolgerungen für notwendige Veränderungen ableiten. Die vorzulegende Konzeption soll beispielgebend für alle Kombinate und Betriebe im Bezirk Halle werden. Abgabetermin Montag. Die Anweisung von Schwarz erfolgt am Mittwoch davor. Auf den Hinweis Lübkes, daß in einer so kurzen Zeit nur oberflächlich gearbeitet werden kann, antwortet Schwarz ungehalten: »Wir werden sehen, was herauskommt. Wenn es nichts taugt, setze ich mich zwei Nächte hin und mache es, wie ich es mir denke.«
(Lübke zu mir: »Ich mache so was gern, aber doch nicht so. Schwarz will sich von hinten wieder an die Gunst heranschleichen.« Weitere Aussprüche Lübkes: »Das begreif ich nicht. Wenn ich nichts begriffen hätte, dann würde ich es begreifen, aber doch nicht mit meinem Leben, das ich hinter mir habe.« – »Sinn wird Unsinn.« – »Ich bin froh, daß ich noch so eine Umwelt habe, daß ich nicht an meiner Moral sterbe.«)
Zwischen Schwarz und Lübke vollzieht sich nahezu alles schriftlich. Lübke: »Wozu bin ich überhaupt hier?«
Die persönliche Mitarbeiterin des Generals für Jugendfragen kündigt. Ausbildungsgang: Abiturientin, Facharbeiter für Rinderzucht, vom Norden der Republik nach Bitterfeld gekommen, weil ihr Bruder hier arbeitet, jetzt Fernstudium Wirtschaftswissenschaft. Sie will in die Hauptbuchhaltung, die Tätigkeit dort entspricht ihrem Studium. Das Kündigungsschreiben gibt sie runter zu Schwarz. Der übergibt den Akt seinem persönlichen Referenten mit der Randbemerkung ›Alles nach den Wünschen der Kollegin Wünsch regeln‹. Mit dem Mädchen selbst spricht er nicht, obwohl sie darauf wartet.
Meine Frage an Schwarz: »Kannst du als Generaldirektor dem Kombinat deinen persönlichen Arbeitsstil geben, oder zwingt dich das System in sein Joch?«
Antwort: »Freiraum bleibt wenig.«
Ihm adäquat sei es zum Beispiel, seinen Direktoren gegenüber

ohne Anweisungen zu arbeiten im Gegensatz zu anderen Generaldirektoren. Meine Gegenfrage: »Glaubst du, daß deine Direktoren soviel menschliche Potenz besitzen, gegen die Autorität des Generaldirektors aufzutreten? Meinungen des Generaldirektors sind oft schon Weisungen.« Schwarz erwidert, bei seinen Direktoren träten konträre Meinungen durchaus auf. Er glaube jedoch, daß eine Stufe tiefer seine Meinung als Weisung aufgenommen werde.
Wie ich die Sache sehe, gibt er sich auch hier einem Wunschdenken hin. Die Atmosphäre in den Chemiekombinaten Leuna, Buna, Bitterfeld hat immer noch etwas Aristokratisches. Die IG-Farben-Haltung ist noch nicht gänzlich tot. Übrigens meint Schwarz wenige Minuten später, es wäre sowieso falsch zu sagen, die und die Leitungsmethode sei die einzig richtige, selbstverständlich gebe er in bestimmten Fällen Anweisungen.
Die Beratung mit seinen Fachdirektoren sieht er so: Es gibt da keine einzelnen Direktoren. (Er meint wahrscheinlich kein Ressortdenken.) Alle sind ein Direktor. »Also in der Abstraktion gesehen?« frage ich. »Ja.« Und gleich stellt er sich selbst die Frage: »Man könnte fragen, leitet nun der Generaldirektor diesen ›Direktor‹ oder der ›Direktor‹ den Generaldirektor?«
Die Antwort darauf läßt er an diesem Abend offen.
Schwarz macht mir das Angebot, mit den hundert Arbeitern, die nach Ufa reisen, mitzufahren. Selbstverständlich nehme ich an.

3. Juni
Gerhard Keller ist verhaftet.
Daß ich noch einmal auf ihn stoßen würde, habe ich mir nicht träumen lassen. Und ausgerechnet in Kallinchen. Vorigen Herbst sitze ich in der Dorfkneipe, trinke Berliner Weiße und blicke auf die Runde am Tisch gegenüber. Neben einer sehr blonden, gutaussehenden Frau sitzt Gerhard Keller. Ich erkenne ihn gleich. Er hat sich nur wenig verändert. Aufgeworfene Lippen, sehr voll, sehr weich. Der Mann ist clever und brutal. Die Frauen fliegen auf ihn. Schon damals, als wir uns als Bauhilfsarbeiter in der Komplexbrigade ›Siegfried Müller‹ in Buna trafen. Wir gossen Fundamente für den zweiten Karbidofen. Es war im Winter von

Neunundfünfzig auf Sechzig. Wir waren ein bunt zusammengewürfelter Haufen: ein Fleischer, ein Bäcker, Zimmerleute, Betongießer. Paule, ehemals Friseur, körperlich noch schwächer gebaut als ich, aber mit sieben Kindern, besoff sich immerzu, weil er Angst hatte, nach Hause zu gehen. Eines Tages fuhr ihm die Straßenbahn beide Beine ab. Dazu Gerhard Keller, der die Tochter des alten Richard aus Großkorbetha schwängerte, bald darauf jedoch mit einer anderen ins Bett ging. Richard und Keller redeten während der Schicht nur das Notwendigste miteinander. Keller war stark. Er konnte zupacken, wenn es darauf ankam, obwohl er bessere Tage hinter sich hatte. Wenige Wochen zuvor war er aus der BRD zu uns gekommen. Bei irgendeiner Firma dort war er leitender Angestellter gewesen, hatte im Suff jemanden totgefahren und war abgehauen, um dem Gerichtsverfahren zu entgehen. »Im Gefängnis gehe ich kaputt«, sagte er damals zu mir. Es waren die Jahre, als wir in der DDR jeden aus der Bundesrepublik aufnahmen, der um Asyl bat. (In jener Zeit wurden Witze gerissen: ›Wenn du keine Wohnung kriegst, haust du einfach ab nach dem Westen. Dann kommst du wieder, schon hast du eine Wohnung.‹) Mit solchen Leuten trieb die Partei Propaganda. Aber viel brachte das nicht ein. 1961 wurde die Mauer gebaut.
Ich fühlte mich in der Brigade von Siggi Müller sehr wohl, obgleich ich früh um vier aufstehen mußte und erst abends um sechs wieder nach Hause kam. Anfangs fürchtete ich, der Clown der Truppe zu werden. Ich leistete im Grunde genommen halbe Arbeit. Trug eine Schalplatte, wenn die anderen zwei trugen. Und schleppten wir Stämme, machte ich keine glückliche Figur. Aber die Leute akzeptierten mich. Sie rechneten es mir an, daß ich den Lehrerberuf hingeschmissen hatte und bei dem Sauwetter auf den Bau gekommen war. Vielleicht vermuteten sie auch hinter meiner ›rückläufigen Kaderentwicklung‹ ein besonderes Schicksal, denn es war bekannt, daß ich sechs Jahre zuvor im nahegelegenen Merseburg Kreisschulrat gewesen war. Auch daß ich schrieb, wußten sie. Aber darüber sprachen wir kaum. Bösartig waren sie nur, wenn Hauptberufliche aus dem Staatsapparat oder von der Gewerkschaft zwei, drei Wochen zum Arbeitseinsatz kamen. Die tyrannisierten sie. Ich erinnere mich an einen Funktionär von IG

Bau und Holz. Ein gutmütiger Bursche, ehemals selbst Arbeiter, keineswegs einer von den ›Apparatschiks‹. Eines Tages huckten wir zu viert schwere Stämme von einem Fundament zum anderen. Mich schickte Keller zum dünnen Ende des Stammes. Horst – so hieß der Mann vom Bezirksvorstand der IG – mußte in der Mitte gehen. Keller selbst nahm das schwere Ende auf die Schulter. Der Bauplatz war holprig. Wir gingen nie auf gleicher Ebene. Während des Tragens wurde im allgemeinen mit den Händen nachgefaßt, wenn die Last auf einen zu rutschen drohte. Aber Keller duckte sich plötzlich weg, als Horst höher stand als wir alle. Dem armen Kerl brach es fast das Kreuz. Er lief tagelang krumm auf dem Bauplatz herum, konnte kaum etwas anheben und wurde ausgelacht. Dabei war die Brigade ›Siegfried Müller‹ die Starbrigade des Bezirks. Immerzu stand etwas über uns in der Parteipresse. Siggi Müller war ein Bahnbrecher der Produktionsabrechnung nach dem Objektlohn. Ein Durchreißer, ehrgeizig und nicht frei von Geltungssucht. Deswegen trug die Brigade auch seinen Namen. Siggi kannte alle Tricks auf dem Bau. Wir hatten immer Material und gossen den Beton, selbst wenn es wegen des Frostes nicht angebracht war. Er trieb uns immerzu an. Die Leute fluchten, hielten aber durch, denn jeder verdiente gut. Ein halbes Jahr später flog unsere Brigade auf. Siggi Müller wurde vom Meisterlehrgang zurückgeholt und vor Gericht gestellt. Ein Fundament war zusammengerutscht. Und die Objektlohnverrechnung stimmte nicht in allen Punkten. Persönlich bereichert hat sich Siggi Müller nicht. Gestolpert war er über seine Eitelkeit. In ihm war der Drang immer stärker geworden, den Leuten in der Brigade und der Öffentlichkeit zu imponieren. Seit dieser Zeit war Gerhard Keller mir aus den Augen geraten.
Ich kann nicht sagen, daß ich diesen bulligen Kerl gut leiden mochte. Obwohl er mir gegenüber immer hilfsbereit und anständig war, hielt ich mich in Buna ihm gegenüber zurück. Jetzt jedoch, dreizehn Jahre später, freue ich mich, ihn zu sehen. Mit ihm taucht die Erinnerung auf. Jene Zeit als Bauhilfsarbeiter war für mich der Anfang eines Prozesses, den ich als geistige Befreiung bezeichnen möchte. Der Lehrerberuf barg für mich die Gefahr, mehr und mehr in eine sklavische Haltung zu geraten. Kel-

ler merkt, daß ich ihn beobachte. Er blickt einige Male zu mir herüber. Ich rufe ihm zu: Buna. Er kommt sofort zu mir an den Tisch. »Ich werde verrückt«, sagte er und nennt mich bei meinem Namen. Er hat in der Zeitung hin und wieder etwas über mich gelesen. Dann will er wissen, was für ein Auto ich fahre. Ich habe jetzt den Wunsch, er möge wieder zu der Frau und den Leuten an seinem Tisch gehen. Aber er erzählt, daß er bei einem Berliner Betrieb als Bauingenieur arbeitet und hier in Kallinchen ein Sommerhaus am See baut. Ich sollte es mir einmal anschen, alles unterkellert und eine Veranda, überhaupt ein gutes Stück. Ob ich Kommunist bin, fragt er. Und ich finde sein Gerede seltsam. Die Frau blickt einige Male zu uns, sie sieht wirklich gut aus, gar nicht nach Fleischerstochter, die sie ist. Keller hat wieder mal einen guten Griff getan. In der Familie stinkt es nach Geld. Neben der Fleischerei noch Pachteinnahmen für den ehemaligen Besitz eines Kinos. Keller ist betrunken. Er freut sich ehrlich, daß er mich hier in der Kneipe getroffen hat. Jetzt hat es ihn erwischt. Mit einer Feierabendbrigade hat er in Kallinchen Datschen gebaut. Das Material war zumeist aus volkseigenen Betrieben gestohlen. Endgültig gefallen ist er über die Schiebereien beim Bau des öffentlichen Zeltplatzes. Für die Abrechnungen konnte er keine Quittungen vorlegen. Solange er sich mit Privatleuten einließ, ging alles gut. Aber wahrscheinlich konnte er nicht anders. Um das Grundstück am See und die Baugenehmigung für sein Haus zu erhalten, mußte er der Gemeinde Versprechungen machen. Ich glaube, am schlimmsten hat es ihn getroffen, daß seine Frau sich von ihm scheiden ließ. Er braucht ihr Geld. Sie hat sich von ihm getrennt, nicht weil er gestohlen und schwarz gebaut hat, sondern weil er sie mit anderen Frauen betrog. Im allgemeinen stellt eine Frau sich vor einen Kriminellen, wenn sie ihn liebt. Sie läßt ihn fallen, wenn der Bursche sich mit anderen Weibern herumtreibt.
Im Grunde genommen ist Keller der Typ des kleinen Gauners. Hätte er drüben keinen totgefahren, hätte er sich auf andere Weise das Genick gebrochen.
Er erinnert mich an Czerny. Der macht ebenfalls sein Geld durch Baumanipulationen. Nur ist er noch provinzieller als Keller, be-

stiehlt nicht die VEB en gros, sondern besorgt sich billiges Abriß-
material, baut davon Wochenendhäuser und verkauft sie
schlüsselfertig. Schon vor Jahren hat er sich in schlauer Voraus-
sicht die dafür notwendigen Grundstücke gekauft. Czerny ist
ebenso unfreiwillig in der DDR wie Keller, nur hat Czerny niemanden totgefahren. Mitte der fünfziger Jahre lief er über die
Grenze und wanderte nach Kanada aus. Dort ging es ihm nicht
schlecht. Er ist ein geschickter Arbeiter, hat einen gewissen
Sinn für das Schöne, wenn auch sein Geschmack nicht frei von
Neigung zum Kitsch ist. Im Sommer 1961 kam er besuchsweise in
die DDR, obgleich er gewarnt worden war. Aber seine Eitelkeit trieb ihn her. Er wollte noch im gleichen Jahr nach
Australien. Dort, so glaubte er, würde er die ganz große Karriere
machen. Zuvor jedoch sollten die Leute hier sehen – vor allem
seine Freundin, die er als seine Frau mitnehmen wollte –, was er
für ein Kerl geworden sei. »Wenn sie mich nicht wieder
rauslassen«, sagte er, »türme ich über Westberlin.« Er reiste
natürlich mit einem ansehnlichen Auto an. Am 13. August
wurde die Mauer gebaut, und Czerny saß fest, denn de jure
war er Staatsbürger der DDR. Czerny ist ein Mann voller
Initiative und Abenteurertum. Das Problem ist noch ungelöst,
wie man solche Leute in unseren Kombinaten dazu bringt,
ihre Potenzen für die Allgemeinheit einzusetzen. Manchmal
habe ich den Eindruck, der Trend, Arbeit als ›Job‹ zu nehmen,
wird bei uns stärker. In Bitterfeld wird seit Jahren ein Kampf
um die Ausnutzung der Arbeitszeit geführt. Stempelkarten
als Kontrollmittel widersprechen einem sozialistischen Betrieb. Eine halbe Stunde vor Schichtwechsel laufen die ersten
durchs Betriebstor. Alle Appelle an das Bewußtsein waren
bisher vergeblich. In der Reparaturwerkstatt sagte jemand
zu mir: »Guck dir mal genau den Parkplatz an. Dort stehen die
Autos der ›Hohen‹. Von Montag bis Donnerstag ist alles bis zum
Schichtschluß voll. Geh mal Freitag hin, nach dem Mittagessen.«
Ich habe es gemacht. Der Mann – und nicht nur er – hat helle
Augen. Die Erklärung, daß Betriebsleiter, Direktoren, For-
schungsingenieure auch manche Nacht hindurch arbeiten, wenn
die Schichtarbeiter schlafen, akzeptiert er nicht. »Man soll mir

nicht die halbe Stunde vorhalten«, sagt er, »wenn die Leitung zwei Stunden vorher abhaut.«

7. Juni
Otto Bagrowski war mit Frau und Tochter in meiner Holzhütte. Er hat Aussetzer genommen. Bi 58, Garten, Trabi, das ist sein Leben. Er gehört zu denen, die unter jedweder Schlamperei im Betrieb leiden. Im Wohnzimmer über der Couch hat seine Frau den Spruch aufgehängt: Mein Mann ist der beste. Die Tochter hört Karel-Gott-Platten und Peter Alexander. Wenn wir reden, reden wir über das Kombinat. Es ist schwer, mit Otto anderen Gesprächsstoff zu finden. Er sagt, daß in der Brigade über ihn und mich gefrotzelt wird. Neulich fragte jemand: »Was macht dein Bruder?« In der Betriebszeitung wurde ein Bild veröffentlicht, auf dem wir beide vor Bi 58 zu sehen sind. In einem Interview habe ich gesagt: »Bagrowski hat mich aufgenommen wie einen Bruder.« Wie auch immer, die Anlagenfahrer haben viel Zeit, und das prägt ihren Charakter. Kein Vergleich mit der rauhen Luft auf dem Bau in Buna. Ich würde meinen, die Chemiefacharbeiter in Bi 58 sind die Aristokraten unter den Proletariern. Sie stehen vor ihrem Kessel oder Dünnschichtverdampfer, tragen regelmäßig die Meßwerte in ein Heft, erhalten Anweisungen über Sprechfunk aus der Meßwarte, während der Kessel gefüllt wird, gehen sie in ihren Aufenthaltsraum – nicht gerade ein Palast –, rauchen, kochen Kaffee und schwatzen. Oft wird gehechelt. Seltsam, der alte Stamm der Belegschaft äußert Sehnsucht nach jener Zeit, wo ihr Betrieb eine Klitsche war. Einer konnte den anderen sehen, mit ihm während der Arbeit sprechen. Dr. Gebhardt saß in einem erbärmlichen Raum in der Produktionshalle. Die Automatisierung des Betriebes führt zur Anonymität. In den großen Hallen drei, vier Leute. Mancher hockt völlig allein. Gelesen soll nicht werden. Zurecht. In Bi 58 gab es schon mehrere Havarien. Gegen Bi 58 sind andere Betriebe in Bitterfeld ausgesprochene Slums. Wer dort anfängt zu saufen, dem ist kein Vorwurf zu machen. Im Vergleich zu Leuna und Buna ist der Wohnungsbau in Bitterfeld erschreckend dürftig. Man hat versucht, dem Übel mit der Flugasche dadurch Herr zu werden, daß man die Schorn-

steine höherzog. Das Ergebnis: Bitterfeld wird weiterhin berieselt, nun auch noch die Dübener Heide. Das Werk muß an die Forstwirtschaft hohe Strafen zahlen. Bäume und Sträucher gehen kaputt. Die Kosten für den Einbau von Filtern sind für das Werk höher als die Strafen, also läßt man es. Alle setzen die Hoffnung auf das neue Kraftwerk. Nachts stehe ich manchmal am Fenster des Wohnheims und blicke auf den riesigen Betonklotz, der da wächst, angestrahlt von Scheinwerfern, rotes und grünes Licht und ein fortgesetztes Summen. Eine neue Art von Naturromantik. Sie kostet das Kombinat eine halbe Milliarde. Anfangs stand in der Betriebszeitung: Ist das neue Kraftwerk fertig, werden die Schornsteine des alten aufhören zu qualmen. Heute gibt sich keiner mehr dieser Illusion hin. Das neue Kraftwerk, erdgasbetrieben, wird Energie erzeugen und das alte ebenso. Produktion und gehobener Lebensstandard fressen Energie.
Bagrowskis Tochter richtet mir Grüße von ihrem Klassenlehrer aus. Er hat seinerzeit in Merseburg unterrichtet, als ich dort Schulrat war. Ich denke nicht gern an diese Zeit zurück. Sie war gekennzeichnet durch Stalin, den Kulturkampf zwischen Staat und Kirche, den Versuch Westdeutschlands, die DDR zu liquidieren, das Anziehen der Normen in den Betrieben. Das alles kulminierte in den Ereignissen um den 17. Juni, als ich in Merseburg auf meinem Schulratssessel saß und draußen Lastwagen vorüberfuhren, besetzt mit einer grölenden Menge, die rief: ›Leuna und Buna streikt! Schließt euch an!‹ In der Ernst-von-Harnack-Oberschule rissen Schüler Bilder von Ulbricht und Stalin herunter, und die sowjetische Kommandantur rief an, ich sollte die Schule abschließen. Die Unruhen in der Harnack-Oberschule hatten schon einige Zeit zuvor begonnen. Dort war die Junge Gemeinde äußerst aktiv. Während einer Versammlung in der Aula hatte sich ein Lehrer zur Diskussion gemeldet und stürmischen Beifall erhalten. Worüber er gesprochen hatte, weiß ich heute nicht, ich wußte es auch damals nicht so recht. Jedenfalls war er ein Vertreter der Jungen Gemeinde. Ich bekam den Auftrag, den Mann fristlos zu entlassen. Auf meinen Hinweis, daß ich niemanden mit der Begründung entlassen könne, er sei Mitglied der Jungen Gemeinde, erwiderte die Abteilung beim Rat des Bezirkes: »Wie du

es machst, ist deine Angelegenheit.« Ich erinnerte mich damals meines Freundes Jupp Teichmann, der in Herzberg Schulrat war. Er hatte die Methode perfektioniert, alle Anweisungen, die von der ehemaligen Landesregierung und nach der Verwaltungsreform vom Rat des Bezirkes kamen, zunächst ins unterste Schubfach zu legen. Auf diese Weise erledigten sich 50% aller Sachen von allein. Meines Wissens ist Teichmann der dienstälteste Schulrat in der DDR geworden. Jedenfalls machte ich mir sein Verhalten zu eigen. Ich befolgte die Anweisung meiner vorgesetzten Dienststelle nicht. So um den fünften Juni herum erschien Paulchen in meinem Schulratszimmer. Paulchen, ehemals Filmvorführer, war bei der Kreisleitung Instrukteur für Volksbildung. Wir mochten uns beide. Er sagte: »Jetzt ist es zehn Uhr. Wenn der Mann um zwölf nicht entlassen ist, fliegen wir beide.« Wir gingen in die Harnack-Oberschule. Ich ließ den Lehrer ins Direktorzimmer rufen und sagte, es lägen Beschwerden über ihn vor. Was daran wäre, müßte ich erst überprüfen. Bis die Sache abgeschlossen sei, dürfe er nicht unterrichten. Ich beurlaubte ihn unter Weiterzahlung des Gehalts, ging wieder in meine Dienststelle und harrte der Dinge. Am neunzehnten oder zwanzigsten Juni erschien der Mann bei mir, grinste, und ich sagte: »Ich habe alles überprüft. Es ist gegenstandslos. Sie können wieder anfangen.«
Während die Streikwagen durch Merseburg fuhren, das Gebäude der Staatssicherheit gestürmt und Akten aus den Fenstern geworfen wurden, Musik und Meldungen aus dem Rias auf dem Marktplatz dröhnten, rief mich der Pförtner an und sagte, zwei Lehrer seien da, sie wären herbestellt. Der Zufall hatte es gewollt, daß ich ausgerechnet die beiden am 17. Juni ins Schulamt geladen hatte. Vom Rat des Bezirkes war mir der Auftrag erteilt worden, sie gleichfalls zu entlassen. Sie hatten an einer Schulung der Jungen Gemeinde in Stollberg teilgenommen. Auch das war kein arbeitsrechtlicher Entlassungsgrund. Also war ich nach Bad Dürrenberg gefahren, hatte mir vom Direktor die Hefte geben lassen, in denen Aufsätze, Diktate und andere schriftliche Arbeiten enthalten waren, die jene Lehrer schreiben ließen. Bei den Korrekturen werden immer und von jedem Fehler übersehen. Damit spekulierte ich und behielt auch recht. Ich kam mir schmutzig vor.

53

Aber tat es aus Gehorsam trotzdem. Dem Arbeitsgericht gegenüber konnte nur eine Entlassung vertreten werden, die mit ungenügender Befähigung zur Ausübung des Lehrerberufs begründet wurde.
Ich sagte dem Pförtner, er möge die beiden zu mir schicken. Sie kamen, und ich sagte ihnen, daß ich vermute, sie wünschten unseren Staat zum Teufel, wie der Staat seinesgleichen den Vertretern der Kirche die Hölle an den Hals wünscht. Ob ich sie deswegen herbestellt hätte, fragten sie. Nein, erwiderte ich, den Grund wüßten sie ebensogut wie ich. Sie mögen wieder nach Dürrenberg fahren. Ich hielte die Zuspitzung von der einen wie von der anderen Seite für idiotisch. Auszubaden hätten es die Kinder, die zwischen Jugendweihe und Konfirmation hin und her gezerrt würden.
Den Rest gab mir ein dritter Fall. Als Schulrat war ich Leiter der Kommission zur Aufnahme in die Oberschule. Ich wußte, daß große Teile der Leuna-Intelligenz schon aus einer gewissen Opposition gegenüber den gesellschaftlichen Veränderungen in unserem Land mit der Kirche sympathisierten. Unter anderem war gerade ich von Halle nach Merseburg geschickt worden, weil man glaubte, ich hätte den richtigen Ton für diese Intelligenzler. Einerseits waren sie für die Produktion unentbehrlich, andererseits machten sie aus der Sicht des Ministeriums manche Narretei. Sie forderten z.B. damals für die Grundschule in Leuna Englisch als Pflichtfach ab der fünften Klasse. Russisch öffentlich abzulehnen, trauten sie sich nicht, aber sie wollten es auf diese Weise zurückdrängen. Mit zwei Diplomingenieuren mußte ich damals zum Minister für Volksbildung fahren. Es war Frau Zaisser (ihr Mann der Minister für Staatssicherheit), und es wurde ein Kompromiß geschlossen, der später für alle Schulen üblich wurde. (Englisch als Wahlfach ab der siebten Klasse.)
Unsere Kommission nahm die Schüler in die Oberschule auf, die laut Verordnung dafür in Frage kamen. Den Eltern wurde ein entsprechender Bescheid zugeschickt. Kurze Zeit darauf kamen zwei Bezirksschulinspektoren, kontrollierten die Aufnahmelisten und meldeten Bedenken an. Ich kannte die beiden gut – vor meiner Tätigkeit in Merseburg war ich ebenfalls Bezirksschulinspek-

tor gewesen. Wir sagten einander die Meinung, und alles schien geklärt. Wenige Tage später jedoch läßt mich der Erste Sekretär der Kreisleitung zu sich rufen. Vor ihm liegt ein Durchschlag der Listen, und der Sekretär rechnet mir auf, daß ich alle Pastorenkinder des Kreises zum Besuch der Oberschule zugelassen habe. Meine Einwände, die Schüler hätten sehr gute Leistungen, die Beurteilungen durch die Schule seien gut, es gäbe kein Argument, die Kinder nicht aufzunehmen, läßt er nicht gelten. »Doch«, sagt er, »das Klassenbewußtsein«. Ich gehe mit dem Auftrag zurück, den Eltern mitzuteilen, daß ihr Kind nicht die Oberschule besuchen kann. Gründe für die Umkehrung des Kommissionsbeschlusses muß ich selbst finden. In den Briefen formuliere ich es allgemein. Die konkreten Aussprachen erfolgen während der Sprechstunden. Die Väter und Mütter sagen mir auf den Kopf zu, welches die Gründe sind, und ich bemühe mich, nicht zu widersprechen. Drei Wochen später, der 17. Juni liegt hinter uns, diktiere ich Briefe an dieselben Eltern, daß ihr Kind nun doch für die Oberschule zugelassen ist. Ich habe einen Nervenzusammenbruch. Zu Haus heule ich, und meine Frau versucht, mich zu beruhigen. Ich weiß, daß ich nie und nimmer zum Berufspolitiker tauge. Hier gelten andere Gesetze der Moral, nicht die eines Naivlings. Freunde helfen mir, unbeschadet die Schulratsfunktion abzugeben. Sie schicken mich auf einen Lehrgang an die Pädagogische Hochschule nach Potsdam. Im Park von Sanssouci fange ich wieder an zu schreiben. Drei Jahre war die Poesie in mir tot gewesen.

17. Juli
Moskau. Aus der Fahrt nach Ufa ist nichts geworden. Fast habe ich es vermutet. Ich hätte ja einem anderen den Platz wegnehmen müssen. Schwarz hat sich auch nicht mehr gerührt. Ihn beschäftigen tausend andere Dinge. Zur Zeit streitet er sich mit den Rumänen herum. Sie sind so ein wenig das Enfant terrible im RGW.
Plötzlich aber der Anruf aus Berlin, ob ich Lust hätte, nach Sibirien zu fliegen. »Nach Sibirien, immer.« sage ich. Ich frage nicht einmal nach dem Ort. Ich denke daran, daß ich vor zwei Jahren

in Akademgorodok war und in Nowosibirsk. Sibirien ist ein Land, in dem ich atmen kann. Ich denke an den Ob, die dreieckige Wolke über dem Strom, die ungewöhnliche Wärme im Oktober, das weiße Akademgorodok, die schmutzige Vorstadt von Nowosibirsk und an die Birken, deren Rinde so unbefleckt ist wie die Seele eines Neugeborenen. Es gibt Augenblicke, da begreift man plötzlich, was man bisher nur als Angelerntes mit sich herumgetragen hat. Erst in Akademgorodok, der weißen Stadt zwischen den weißen Birkenstämmen und den herbstfarbenen Blättern, denen die Mittagssonne einen leuchtenden Schimmer gab und der morgendliche Frost eine matte Freundlichkeit, erst hier wurde mir deutlich, warum russische Dichter die Birke so lieben. Es ging mir ähnlich wie in Meersburg, als ich im Turmzimmer der Droste-Hülshoff stand und über den See hinüber zum Säntis sah. Ich begriff plötzlich ihre Gedichte. Und im kleinen Park von Żelazowa Wola begriff ich Chopin.
Sonja Friedland wartet auf dem Flugplatz. Wir haben uns vor einem Jahr in Halle kennengelernt. Sie hat für den Progressverlag ›Abschied von den Engeln‹ übersetzt. Wir umarmen uns, und sie sagt: »Wie geht's, Alter?«, und auf meine Frage, ob das Buch schon erschienen ist, schon vor einem halben Jahr war davon die Rede, antwortet sie nur: »Du bist naiv.«
Wir übernachten in einem Hotel in der Nähe des Botanischen Gartens. Das ›Rossia‹ ist okkupiert von Regisseuren und Filmschauspielern. In Moskau sind zur Zeit Filmfestspiele.
Jürgen Steinmann schnarcht. Ich nehme meine Matratze und lege mich in den kleinen Korridor neben dem Bad auf den Fußboden.

19. Juli
Morgens in Moskau.
Unterhaltung vor dem Abflug nach Tjumen. Ference Karinty und ich trinken Kaffee.
Karinty: »Na, wie geht's meinem Freund Ulbricht?«
Ich: »Dreckig.«
Karinty: »Könnt ihr schon reisen?«
Ich: »Wohin?«
Karinty: »Da frag ich nicht mehr.«

Nachmittag vor der Tür zur Kaffeestube in Tjumen.
Karinty grinst mich an: »Beim dritten Mal seid ihr ja schon ganz schön weit gekommen.«
Nachts im Zug von Tjumen nach Tobolsk.
Karinty kommt vom Gang ins Schlafabteil, reicht mir eine verschlossene Flasche hoch zum Bett und sagt: »Mach sie mir auf. Ihr Deutschen könnt doch alles.«
Ich habe tatsächlich einen Flaschenöffner bei mir und bin wütend, daß ich das Ding mitgenommen habe.
Karinty, mehrfacher ungarischer Staatspreisträger, gerade ein halbes Jahr in Amerika gewesen (Ford-Stipendium), ist der einzige in unserem kleinen Haufen von Lyrikern und Prosaikern, der sich mit jedem unterhalten kann. Mit den Rumänen spricht er französisch, mit den Bulgaren und Jugoslawen russisch, mit den Tschechen englisch und mit den Polen und uns deutsch.

21. Juli
Tjumen liegt hinter uns. Eine Stadt, in der ich erfrieren würde. Vielleicht war es der Regen. Ein Hochzeitspaar watete durch eine schlammige Straße. Oder die Architektur der Stadt? Großräumig, aber mathematisch und kalt. Ich habe mir Ansichtskarten gekauft. Sie trügen wie alle Ansichtskarten in der Welt. Immerhin ist Tjumen Hauptstadt eines Gebietes, das sich von Kasachstan bis zum nördlichen Polarkreis erstreckt. In der Stadt kochen im Sommer die Straßen, im Winter klirrt der Beton wie Glas. Es ist schon eine Leistung, aus dem Nest, das es einmal war, unter solch extremen Bedingungen eine Großstadt aufzubauen. Trotzdem, ich bin froh, in Tobolsk zu sein. Der Unterschied zwischen Tjumen und Tobolsk: wie zwischen Frankfurt am Main und Heidelberg oder Halle-Neustadt und Quedlinburg. Ich sitze auf dem Hügel, dessen Hang auf der einen Seite steil und kahl zum Ufer des Irtysch abfällt. Hinter mir die weiße Kremlmauer, quadratische und runde Wehrtürme. Das ganze eine Miniaturausgabe des Roten Platzes in Moskau. Statt der bunten Basilika eine Barockkirche, deren Turm mich an Birnau erinnert. Die kleinen Häuschen der Stadt schmiegen sich aneinander wie vor hundert Jahren, und um sie herum wachsen weiße Wohnblöcke. Das Land ist

weit, weit. Bis hierher ist Ermak gekommen, hat die Tartaren vor sich her getrieben und dem russischen Zaren Sibirien erobert. Am 23. Oktober 1582 stand er am Steilufer des Irtysch, und um ihn war nichts als Wasser, Sumpf und Wald. Und dann kamen die Dekabristen und Mendelejew und der Mann, den ein einziges Märchen weltberühmt gemacht hat, der Dichter des ›Buckligen Pferdchens‹. Der Leiter des Stadtmuseums führt uns zum Grab des Märchenschreibers, zum Obelisk, den man Ermak zu Ehren errichtet hat, und zu Mendelejew, der in Stein gehauen auf einem Stuhl sitzt, leicht vorgebeugt, als wollte er sich gerade erheben. Unser Führer übt seinen Beruf mit Leidenschaft und Pathos aus. Er spricht über Ermak und Mendelejew, als würde er Puschkin und Majakowski rezitieren. Ich denke an die Zeit, als ich Lehrer in Burgas war, und meine Schüler Brecht und Weinert vortrugen mit derselben vibrierenden Stimme, die eher zu einem Gregorianischen Gesang paßt als zu Bechers ›Riemenschneider‹ oder Brechts ›Lob des Kommunismus‹.

Am Abend im Hof des Kreml die Literaturveranstaltung. Aber zu dieser Jahreszeit ist der Abend hier kein Abend. Alles ist in einem weichen Licht. Im Hof sind einige Tausend Menschen versammelt. Kinder, Alte, Frauen, Männer. Die Tage der sowjetischen Literatur im Tjumener Gebiet sind seit Jahren Tradition. Man wartet darauf. Empfängt uns mit süßem Brot und Salz und Musikkapellen. In Tjumen fuhr eine Eskorte der Miliz vor uns her. Alles, was an Lastwagen und Personenwagen auf der Straße war, mußte Platz machen. Ungewohnt für einen Schriftsteller, so geehrt zu werden. Man wird an Plato erinnert, der einmal schrieb: ›Es wird dann gut sein in der Welt, wenn die Philosophen Staatsmänner und die Staatsmänner Philosophen sein werden.‹
Ich brauche heute nicht aufzutreten. Meine Begrüßung habe ich im Tjumener Theatersaal gegeben. Ich nehme auch nicht auf der Tribüne Platz, wie es gewünscht wird, sondern setze mich wieder an den Steilhang und schaue auf den Fluß unter mir. Jan Pierzchała findet mich, der kleingewachsene Mann aus Kattowitz. Wenn er deutsch spricht, spricht er es ebenso, wie ich es seiner-

zeit zu Haus gesprochen habe. Und ich entdecke, wenn ich mich mit Jan unterhalte, spreche ich anders, als wenn ich mit Jürgen Steinmann rede. »Mensch, du«, sagt Jan, »da ist Messe.« – »Wo?« frage ich. »No wo«, sagt er, »wo wohl.« Wir gehen in die kleine Kathedrale des Kremls. Hier stehen und knieen vorwiegend alte Frauen. Dazwischen zwei Knirpse, barfuß, dreckig, zerrissene Hosen. »Großmutter«, sagt der eine, »ich möchte auch mal.« Und er will, daß ihm die Alte eine dünne Kerze gibt, damit er sie anzünden und aufstellen kann, wie sie es tut. Aber die Frau beachtet den Jungen nicht, schlägt ein großes Kreuz und faßt mit einer Hand nach dem marmornen Boden. Zeichen ihrer Demut. »He, Baba, ich will auch mal«, ruft der Junge lauter. Und die Frau zischt ihm etwas zu. Die beiden Burschen verdrücken sich in eine andere Ecke und gehen schließlich nach draußen. Der Pope mag vierzig Jahre alt sein. Schwarze Haare und mit einem Marx-Bart. Er schwenkt das Weihrauchfaß, und Jan und ich bekommen auch etwas von seinem Segen ab. Die Frauen küssen ihm die Hand. Ich frage mich: Was mag in diesem Mann, der kräftig ist und gut aussieht, vorgehen, wenn er Tag für Tag auf die Weiblein schaut, die ihm die Hand küssen. Zwischen dem Wechselgesang zweier Chöre höre ich von draußen die Lautsprecher. Dichter sprechen ihre Verse.

22. Juli
Der diensthabende Offizier weckt uns durch Sprechfunk. Wenn Steinmann es nicht sagte, wüßte ich nicht, daß Sonntag ist. Ich schaue durchs Fenster unserer Schiffskabine. Der Irtysch ist braungelb, das Ufer weit weg, ausgewaschen vom Strom. Umgestürzte Birken stechen ins Wasser. Wir sind nachts ungefähr dreihundert Kilometer gefahren. Bis zur Geologensiedlung Gornoprawdinsk sind es noch 130. Wir sollen gegen Mittag dort anlegen.
Zum Frühstück gibt es Fisch. Das Tjumener Gebiet hat tausend Flüsse und dreihunderttausend Seen. Ich ahne Schreckliches.
Unser Schiff trägt den Namen ›Tschernyschewski‹ und ist Anfang der fünfziger Jahre in der Warnow-Werft gebaut worden. Ein Teil unserer Reparationszahlungen nach dem Hitlerkrieg. Das Schiff

sieht aus, als wäre es erst zwei Jahre alt. Ich sage es dem Kapitän. Er freut sich darüber und sagt: »In Warnow haben sie sehr gut gearbeitet.« Ich merke, es ist nicht nur eine Höflichkeitsfloskel. Von Maschinen verstehe ich nichts, aber die Innenräume der ›Tschernyschewski‹ sind mit feinem Holz getäfelt.
Wir treffen uns im Musikzimmer. Andrej vom Tjumener Schriftstellerverband erklärt uns die Marschroute. Wir sind auf den Spuren der Erdölbohrungen. Andrej erzählt unausgesetzt Storys über Menschen und Land hier. Er kennt sich gut aus und hört sich gern sprechen. Ich merke, er verkauft seine Geschichten nicht zum erstenmal und ist Schriftsteller genug, um Wirkliches und Erfundenes glaubwürdig zu mengen. Ich höre ihm gern zu, lieber als dem offiziellen Eröffnungsredner in Tjumen.
Aus den Erzählungen Andrejs:
Bereits 150 Jahre vor der Revolution gab es schon Hinweise von Wissenschaftlern, unter den Sümpfen Westsibiriens läge Öl. Aber es gab nicht die geringste Chance, die Vorkommen zu nutzen. 1911 gestattete der Zar dem Kaufmann Pnomarjow, in den Sümpfen nach Öl zu bohren. Der Leiter dieser ersten Expedition hieß Purtow. Die Bohrtürme waren aus Holz, Bauern drehten die Räder. Man kam bis zu sechzig Meter tief. Das Erdöl aber verbirgt sich in einer Tiefe von 2500 Metern. Bodenproben zeugten von Erdöllagern, die Expedition jedoch verlief ergebnislos. Der erste Weltkrieg kam. Danach die Revolution. Man hatte anderes zu tun. Aber die Geologen gaben keine Ruhe. 1932 erklärte Wassiljew Viktor Grigorjewitsch, daß am mittleren Ob mit Sicherheit Erdöl zu finden sei. Wieder wurden Expeditionen in die unwegsame Taiga geschickt. Zu den Qualen, die den Männern die Sümpfe bereiteten, kamen die Mücken. Es wurde ohne Hubschrauber und ohne Geländewagen gearbeitet. Dann kam der zweite Weltkrieg. Wiederum hatte man anderes zu tun. Der Krieg war noch nicht zu Ende, da sprachen Wissenschaftler erneut von den Erdöllagern Westsibiriens. Jahrelang suchte man ergebnislos nahe den Ortschaften Tjumen und Tobolsk nach dem schwarzen, flüssigen Gold. Jedes Loch, das gebohrt wurde, kostete 10 Millionen alter Rubel. Der Krieg hatte das Land arm gemacht und die Kräfte aufgezehrt. Wissenschaftler rieten, die erfolglosen Bohrun-

gen im Süden des Gebietes zu stoppen und weiter nach dem Norden zu verlagern. Der Vorschlag stieß auf heftigen Widerstand. Denen, die dagegen auftraten, schienen es Ausgaben, die sich das Land nicht leisten konnte. Der heiße Krieg war beendet, aber der kalte kostete nicht weniger. Selbst wenn Öl gefunden werden sollte, wäre es sinnlos, sagte man, es könne nicht transportiert werden. Also sei das ganze eine Spielerei der Wissenschaftler. Der Kampf zwischen Pragmatikern und Menschen, die weiterdachten, ging bis 1953. In jenem Jahr schoß in Beresowo (am 64. Breitengrad) eine Gasfontäne aus der Erde. (Mir fällt ein, daß im gleichen Jahr Stalin starb.) Bei allem Erfolg der Geologen war es zunächst eine Katastrophe. Eine Million Kubikmeter Gas und Wasser schossen täglich in den Himmel. Niemand war in der Lage, diese Naturgewalt zu bändigen. Die Menschen flüchteten auf die andere Seite des Ob.
Wie oft bei Entdeckungen war auch hier der Zufall den Wissenschaftlern zu Hilfe gekommen. Der Sommer des Jahres 1953 war trocken. Die Flüsse Sibiriens führten wenig Wasser. Schiffe konnten keinen Nachschub zu den Bohrstellen bringen. Der Leiter der Expedition, Alexander Grigorjewitsch Bistritzki, klein von Wuchs, aber kräftig gebaut, war ein Besessener. Er hatte, obwohl noch nicht alt, weißes krauses Haar und eine laute Stimme. Mit seinen Leuten geriet er oft in Streit. Das Ministerium setzte ihn ab und wieder ein. Und das einige Male. Zuletzt stellte ihn das Tjumener Gebietskomitee erneut ein. Bistritzki war ein Mann, der sich nicht verbeugen konnte. Im Sommer 53 teilte er dem Komitee mit, daß er in Beresowo bohren wolle. Man willigte ein und bestimmte den Punkt. In der Nähe der Bohrstelle jedoch befand sich ein Krankenhaus. Eigenwillig wie Bistritzki war, bohrte er 400 Meter entfernt vom angegebenen Planquadrat, näher zum Fluß. Er tat es auf eigenes Risiko. Hatte wieder keinen Erfolg und gab die Anordnung, das Bohren einzustellen. Bei den Abrißarbeiten schoß die Fontäne aus der Erde. Erst im Winter gelang es, ihrer Herr zu werden. Ein Ingenieur kam dabei ums Leben.
Das erste fündige Ölloch entdeckte man 1960. Es war in Urai. Der Ort liegt auf dem 60. Breitengrad wie Gornoprawdinsk, auf das

wir zufahren. Um die Gegner zu überzeugen, tat man damals alles, um so schnell wie möglich Erdöl zu gewinnen und es mit Schiffen zu transportieren. Vom Winter 63 bis zum Sommer 64 entstanden hier zwei Dutzend Bohrlöcher. Auf dem Sumpf wurden zwei große Zisternen aufgestellt. Diese Fässer beförderte ein Schlepper mit 800 PS. Am 24. Mai 1964 (so genau hat man es sich gemerkt) sank der Transporter mit seiner Last tief in die behelfsmäßig gebaute Straße ein. Hubschrauber mußten ihn herausziehen. Aber am gleichen Tag wurde das erste Band durchschnitten. Sibirien war damit anerkanntes Erdölgebiet. Damals wurden 200 000 Tonnen (Erdöl) gefördert, jetzt sind es 86 Millionen jährlich. Die Produktionszahlen potenzieren sich. Auch in den kommenden Jahren. Der Erdgasvorrat im westsibirischen Raum wird auf 13 Trillionen geschätzt. Zur Zeit kennt man kein Gebiet unserer Erde, das Ähnliches aufzuweisen hat. Was man an Erdölvorkommen allein bis zum heutigen Tage feststellte, übertrifft die Vorräte ganz Amerikas um das eineinhalbfache.

Zum Mittagessen gibt es Fisch. Ich bestelle Wodka. »No, siehst du«, sagt Jan.

Gornoprawdinsk. Es liegt auf einem Hügel am Ostufer des Irtysch. Ein Holzboot mit einem Außenbordmotor treibt auf dem Strom. Der kleine Punkt auf dem Wasser macht den Irtysch noch breiter und die einsame Gegend noch einsamer. Die Mittagssonne liegt auf dem Hügel. Die Häuser der Geologensiedlung verbergen sich noch vor unserem Blick. Schon vom Fluß aus sieht man, hier haben sich Menschen einen Platz zum Wohnen ausgesucht, die etwas von der stillen Größe der Natur, ihrer Gefährlichkeit und ihrer Anmut wissen. Die sich ihr anpassen, um sie sich nutzbar zu machen.
Gornoprawdinsk verdankt seine Entstehung dem Aserbaidschaner Farman Salaman. Er hat die Erdöllager von Surgut erschlossen. (46 Jahre, Held der Sozialistischen Arbeit, Hauptgeologe des Gebiets.) Als Student absolvierte er in Sibirien sein Praktikum, später arbeitet er am geologischen Institut in Baku. Entgegen anderen Auffassungen ist er überzeugt, daß bei Surgut Erdölfelder

liegen. 1960 leitete er eine Expedition dorthin, 1961 stößt er auf Erdöl.
Andrej über Salaman: Er ist ein leidenschaftlicher Fußballspieler. Einmal werden Wettkämpfe zwischen den einzelnen Geologensiedlungen ausgetragen. Regenfälle haben den Platz unbespielbar gemacht. Salaman gibt Befehl, ein Hubschrauber soll so lange über dem Fußballplatz kreisen, bis dieser trocken ist. Eine Flugstunde kostet 1000 Rubel. Der Erfolg bleibt aus. Mehrere Stunden später läßt Salaman den Wettkampf an einem behelfsmäßig eingerichteten Ort austragen.
Hauptgeologen nehmen in einer Siedlung eine ähnliche Stellung ein wie ein Kapitän auf hoher See. Gornoprawdinsk hat über zweitausend Einwohner. Es gibt hier keinen Milizionär. Einen Bürgermeister ja, aber außergewöhnliche Entscheidungen trifft der Hauptgeologe. Salaman hatte sich seinerzeit in den Kopf gesetzt, den Geologen in Sibirien feste Stützpunkte zu geben. Sie sollten mit Frauen und Kindern und allem möglichen Komfort leben können wie Menschen in anderen Berufen. Außerhalb der Arbeitszeit bauten alle, die zur Expedition gehörten, Wissenschaftler, Technologen, Arbeiter, die ersten Häuser in Gornoprawdinsk. Man lebte nicht mehr in Baracken und Metallwohnwagen. Und man holte Frauen und Kinder nach ohne Erlaubnis des Ministeriums. Heute besitzt Gornoprawdinsk eine Orangerie, einen Kindergarten, wie ich ihn in keinem Land bisher vorgefunden habe (selbst einen eigenen Zoo mit einem Braunbären haben die Kinder), ein Gymnasium, ein Krankenhaus, Wasserleitung, einen Sportklub, eine Bibliothek mit 12000 Büchern, seit 1972 eine Fernseh-Relaisstation. Man empfängt das Bild aus Moskau.
Uns begrüßt der stellvertretende Parteisekretär, erzählt über die Gründung und Entwicklung der Siedlung und entschuldigt sich, daß nicht mehr Menschen zu unserem Empfang gekommen sind. Alle Männer aus Gornoprawdinsk haben die Nacht über einen kleinen Jungen gesucht. Er hatte sich tags zuvor in der Taiga verirrt. Erst am Morgen fand man das Kind drei Kilometer von der Siedlung entfernt.
Im Kindergarten zeigt der Parteisekretär auf eine junge Frau:

»Eine Sowjetdeutsche, Maria Königsberger.« Ich rede sie in meiner Sprache an, aber sie versteht mich nicht. Ihre Eltern sind vor zwei Jahren in die Bundesrepublik ausgewandert. Warum sie nicht mit sei, frage ich. »Ich habe hier meinen Mann und meine Kinder«, sagt sie. Viktor Klein in Nowosibirsk spricht ein ausgezeichnetes Deutsch, Frau und Tochter ebenfalls. Nur sein Wortschatz ist ein wenig antiquiert, aber bei weitem nicht so wie in der sowjetdeutschen Zeitung ›Neues Leben‹. (In der jüngsten Ausgabe las ich das Gedicht ›Frauentreue‹ von Nelly Denffer. Die letzten Verse lauten: Ich gehe nicht/Ich harre aus/Ich walte still/ in deinem Haus/Ich eß' mein schweißbenetztes Brot/Und bleib dir treu/Bis in den Tod ...)
Semjon sucht Karinty. Wir stehen vor dem Klubhaus. Die Nachmittagssonne ist angenehm warm. Ich weiß nicht, warum wir hier herumstehen. Ich frage Sascha, unseren Dolmetscher, ich frage Rimma Kasakowa, ›arrivierte‹ Lyrikerin aus Moskau. Keiner weiß, warum wir warten. Budjet. Dieses ›Budjet‹ hat Napoleon das Genick gebrochen und später anderen. Ohne dieses Budjet wären die Russen weder Revolutionäre noch Schachspieler. Wenn wir Deutschen anfangen, hysterisch zu werden, rauchen sie Papirossy und sagen: ›Budjet.‹
Aber zwischen Semjon und Karinty ist es anders. Ference haßt die Fürsorge seines Betreuers. Und der Haß auf die Fürsorge überträgt sich auf Semjon, der dem störrischen Ungarn gegenüber zu schwache Nerven hat. Vielleicht ist Semjon zu alt und zu gewissenhaft. Karinty hat erfahren, irgendwo in Gornoprawdinsk sei ein Chante-Manse. Und er ist fort, ihn zu suchen. Ich habe den Eindruck, Karinty hat auch am Mississippi Chante-Mansen gesucht. Die Hälfte der Delegation sucht in Gornoprawdinsk nach dem Chante-Mansen, weil Karinty uns alle verrückt macht. Und dann bringt einer den Burschen angeschleppt, bloß Karinty ist nicht da. Deswegen sucht Semjon jetzt Ference. Doch als er ihn findet, muß er sich beschimpfen lassen. Denn Karinty fühlt sich von Semjon beaufsichtigt. »Er soll mich in Ruhe lassen«, sagte er, »ich brauche keinen Dolmetscher. Ich bin in der ganzen Welt gewesen. Und ich habe niemals einen Dolmetscher gebraucht.« Aber kaum, daß ich ihm den Chante-Mansen zeige, vergißt er

seine Wut auf den Russen und stürzt sich auf den Chante-Mansen. Vielleicht hätte er ihn umarmt, stünden wir anderen nicht dabei. Er redet den jungen Burschen in Russisch an, in Ungarisch. Aber der lächelt nur. Er versteht Karinty nicht. Auch als der sagt: »Wir sind Brüder, die Chante-Mansen und die Ungarn.« Sascha muß nun doch übersetzen. Der junge Bursche lächelt immer noch. Aus ihm ist nicht mehr herauszubekommen als dieses Lächeln. Er begreift den Eifer Karintys nicht. Und Ference bekommt traurige Augen. Ist aber sogleich wieder glücklich, als er herausfindet, daß sich ›Herz‹ und ›Auge‹ und die Zahl ›drei‹ in der Muttersprache der Chante-Mansen ähnlich anhören wie im Ungarischen. Der junge Mann muß immer wieder die drei Wörter wiederholen, und Karinty sieht uns alle triumphierend an.
Inzwischen wiederholt der Siedlungsfunk die Mitteilung, die Dichter seien da, und alle Bewohner möchten ins Klubhaus kommen. Zum erstenmal erlebe ich, daß ein Anfangstermin gar nicht bekannt ist. Budjet. Und sie kommen. Frauen, Kinder, Babys. Männer nur wenige. Viele von ihnen sind auf Expedition. Sie arbeiten auf einer Fläche von 100 000 Quadratkilometern. Die südlichste Gruppe ist 320 Kilometer entfernt.
Die Veranstaltung verläuft wie überall in diesem Land. Die Menschen hier haben ein anderes Verhältnis zur Lyrik als bei uns. Sie sitzen da und lauschen den Dichtern wie die Kinder ihrer Großmutter, wenn sie ihnen Märchen erzählt. Manchmal glaube ich, der Dichter hat in Rußland die Funktion des Popen übernommen.
Es gibt noch ein Festessen. Der Tisch ist gedeckt wie die Tafel des Grals. ›Der Zurückhaltende und der Fresser, alle hatten genug‹, heißt es bei Eschenbach. Trinksprüche mit den für die Russen typischen Geschichten. Es ist Nacht, als wir den Hügel herunter zum Ufer gehen. Ein heller Mond am hellen Himmel. Für die Sterne ist es nicht dunkel genug. Wolodja faßt mich um die Schulter. Wir sind beide angetrunken. Ehemals war er Patenkind eines Regiments, später Oberstleutnant bei einer Jagdstaffel in Korea, mehrere Male abgeschossen, jetzt Lyriker und in Moskau lebend. Ich habe von ihm ein zotiges Lied gelernt. Er wiederum hatte es als Halbwüchsiger von den Soldaten seines Regiments ge-

lernt. Ein Gemisch aus Russisch, Polnisch und Deutsch. Wir singen es beide in dieser sibirischen Nacht und lachen uns halbtot dabei:
Komm, panienka, schlafen,
morgen dam tschasy.
Wszystko jedno, wojna,
skidawaj trusy.

Übersetzung:
Komm, Mädchen, schlafen,
morgen geb ich dir eine Uhr.
Scheiß auf den Krieg,
laß die Hosen runter.

Als das Schiff ablegt, stehen wir alle an der Reling. Das Typhon heult einige Male auf. Das Wasser des Irtysch sieht jetzt schwarz aus. Hinter uns die blassen Lichter des kleinen Hafens, und vor uns, sehr weit, sehe ich zum erstenmal die Flammen abgefackelten Erdgases. Es scheint, als brenne die Taiga.

23. Juli
In meinen Schlaf dringen die Nebelsignale der ›Tschernyschewski‹. Es ist das gleiche Tuten, das während der Nebelzeit in Burgas meinen Schlaf begleitete. Es hatte mich damals anfangs nervös gemacht. Dann gehörte es zu meinem Leben wie das Meer dort und der Hafen und die Sehnsucht. Diese Signale im Nebel machen meine Seele still, sie nehmen mir die Angst vor dem Wasserdunst, der mich erdrücken will. Sie sind ein Zeichen dafür, daß ich nicht allein bin und daß mir Hoffnung bleibt. Im Nebel blendet mich kein Tand. Bestand hat allein das Wesentliche. Es ist drei Uhr morgens. Steinmann schnarcht leise. Ich schlafe wieder ein.
Chanty-Mansisk. Es ist der große Tag von Mikul Schulgin. Ich möchte meinen, Mikul ist aus einem Buch Aitmatows auf unser Schiff geraten. Er könnte der Kraftfahrer aus dem ›Weißen Dampfer‹ sein, der für den kleinen Jungen zu spät kommt. Er ist kein Kirgise, aber was macht's. So groß ist der Unterschied nicht

zwischen einem Chanten und einem Kirgisen. Mikul schreibt Gedichte und ist Volksvertreter in Chanty-Mansisk. Ob er ein guter Lyriker ist, weiß ich nicht. Aber er hat etwas, ohne das kein Dichter sein kann: Herz. Neruda schrieb einmal: ›Ich mußte wie alle Menschen/unserer Zeit leiden und lieben/lieben und eine große Sache verteidigen.‹ Vielleicht kann Mikul so etwa nie schreiben, aber er könnte es tun.
Die Sonne sticht. Am Hafen spielt eine Kapelle. Ein Schiff legt an. Es ist alles so, wie ich es in sowjetischen Filmen gesehen habe. Sonne und Musik und viele Farben. Mikul rennt aufgeregt an Deck umher. Er spricht jeden an und hört keinem zu. Ich weiß nicht, ob ich jemals ein Stück Erde so lieben könnte wie Mikul diese spröden Hügel hier, die heißen Sommer, die knisternden Winter, den Fluß, der nur vier Monate im Jahr Schiffe durchläßt. Mikul, glaube ich, ist ein Kind.
An Land gibt es Salz und Brot und Fanfaren und Geschrei. Ich suche Sascha und Karinty und Steinmann und Jan. Irgendwo im Gewimmel hält Alim Keschokow, der Leiter der ›Marschroute Neft‹, seine Begrüßungsrede. Ich weiß nicht, ob ihm jemand zuhört. Ein kleines Mädchen gibt mir einen Blumenstrauß. Es sind Feldblumen. Mikul rennt an mir vorbei. Er fühlt sich für den Empfang verantwortlich. Auf der Titelseite der ›Leninskaja Prawda‹ steht in roter Schrift: Dobro poscholowatj, dorogije gosti! So stand es in der ›Tjumenskaja Prawda‹ und in der ›Tobolskaja Prawda‹. Und so wird es in Surgut sein und in Neftojugansk. Überall, wohin wir kommen, Gedichte und Fotos von Poeten. Die Zeitungen hier sind voll davon. Berichte über Tagespolitik sind für die Zeit der Literaturtage sekundär. Im Bezirk leben 21 000 Chanten und 19 000 Mansen. Die Stadt selbst hat 30 000 Einwohner. Es sind nicht nur Chanten und Mansen. Einst bezeichneten Zarenbeamte ihre Sprache als ›Hundebellen‹. Heute arbeiten an der Leningrader Universität Philologen über diese Sprachgruppe.
In der Kaufhalle redet Karinty mit einer Chante-Mansin. Ich höre wieder die Wörter: Herz, Auge, drei. Karinty ist verzückt. Er sagt dasselbe, was er zu dem Burschen in Gornoprawdinsk gesagt hat. Und die Frau lächelt ebenso wie der Junge dort. Nachsichtig

und verständnislos. Karinty sieht, daß ich grinse, und er sagt: »Was willst du, ihr seid ein großes Volk, aber wir Ungarn sind ein kleines Volk. Wir suchen überall unsere Brüder. Ich bin verrückt, ich weiß.« – »Reg dich nicht auf«, sag ich, »jeder ist etwas verrückt.«
Die Frau sieht uns an. Sie begreift nichts. Ich bitte Sascha, sie nach dem Alter zu fragen. »Vierzig Jahre«, ist die Antwort. Es verblüfft mich, sie sieht aus wie sechzig.
Nachmittags finden in den Betrieben Literaturforen statt. Rimma Kasakowa leitet das Forum im Fischkombinat. Der Saal ist überfüllt. Hinten drängen sich Frauen und Männer in der offenen Tür. Ich habe nicht den Eindruck, daß irgendeiner von ihnen sich ›herdelegiert‹ fühlt, wie oft bei derlei Gegebenheiten in unseren Kombinaten.
Steinmann erzählt etwas über Halle-Neustadt. Es interessiert die Menschen hier. Sie bauen auch viel. Hans-Jürgen und ich haben uns auf eine günstige Arbeitsteilung geeinigt. Er hält die offiziellen Reden, ich die Trinksprüche. Weder er noch ich haben den Ehrgeiz, einander auszustechen. Wir verstehen uns ganz gut. Im Kreiskomitee hatte der Parteisekretär gesagt, die Sibirjaken seien ganze Burschen, sie lieben keinen gepanschten Wodka. Und so erzähle ich im Fischkombinat die Story von meinem Erlebnis während der Buchausstellung in Akademgorodok. Die Teilnehmer aus der DDR waren von den Wissenschaftlern zu einer Schiffsfahrt auf dem Obmeer eingeladen worden. Aber wir warteten am Ufer vergeblich auf den Dampfer. Der Kapitän weigerte sich, bei dem heftigen Wind mit Ausländern hinauszufahren. »Mit Russen ja, aber mit Deutschen ..., man sperrt mich ein, wenn etwas passiert.« Also verkrochen wir uns in die Taiga. Der Arzt, der mit uns war, zog eine Flasche reinen Sprit aus der Tasche. Ein anderer Speck und eine Flasche Wasser. Die Wirkung trat Stunden später ein. Sie war schrecklich. Eberhard Günther aus dem Höpcke-Ministerium, ansonsten durch und durch gewissenhaft, war nicht aus dem Bett zu bekommen, obwohl der Akademik des geologischen Instituts auf uns wartete. Und der Cheflektor des Verlages der Wissenschaft bekam während des Rundgangs durch das geologische Museum einen Herzanfall,

mußte ins Hotel gefahren werden, und man stellte dort fest, daß er auf der Toilette des Instituts sämtliche Ausweise und alles Geld verloren hatte. Ich wäre keineswegs standfester als die anderen gewesen. Nur wegen einer Magenverstimmung hatte ich nichts von dem Zeug getrunken.
Minuten vor Mitternacht: Alle stehen am Oberdeck. Wir erreichen den nördlichsten Punkt unserer Marschroute – die Mündung des Irtysch in den Ob. Das Wasser erscheint im Halbdunkel dickflüssig und zäh. Es sieht aus, als habe es sich noch nicht entschieden, wohin es fließen soll. Landzungen strecken sich ins Wasser, Bauminseln ragen empor. Die Gegend gleicht einem riesigen Überschwemmungsgebiet. Vielleicht ist es auch nur das Helldunkel der Nacht, das mir ein solches Bild vorgaukelt. Am Horizont begleiten uns jetzt unausgesetzt die blaufarbenen Flammen. Mikul nennt sie: ›Fackeln in der Schlacht.‹ Die Sirene der ›Tschernyschewski‹ heult einen langen Ton. Wir sind im Ob.

24. Juli
Neftejugansk. Vom Ob sind wir südöstlich in den großen Jugan hineingefahren. Es ist heiß, und wir gehen baden. Auf dem Wasser liegt eine dünne Ölschicht. Ein Tribut, der dem ›Neft‹ gebracht wird. Ein Bus fährt uns über die holprige Betonstraße zu einem Erdöllager. Unterwegs bleiben wir mit dem klapprigen Ding liegen. Ein Reifen läßt Luft. Der Radwechsel ist schwierig. Die Radschrauben sind völlig eingerostet. Wolodja, Flieger und Lyriker, hilft. Das Ersatzrad hält ganz und gar keine Luft. Wir sitzen fest. Auffallend für mich: Jedes Auto, das vorbeikommt, hält. Der Fahrer fragt, was gebraucht wird. Einer ist auf den anderen angewiesen. Links und rechts der Straße sumpfiges Gelände. Ich steche ein Stück Moos aus der Erde. Es soll mit nach Halle. Inzwischen ist aus Neftejugansk ein Ersatzbus eingetroffen. Vertrauenerweckender sieht er nicht aus. Aber er fährt. Der Ingenieur, der uns führt, ist jung, hört auf den polnischen Namen Rostowski, was Jan mit Genugtuung registriert. Jan erzählt mir immerzu von den Polen, die im Laufe der Jahrhunderte im zaristischen Rußland nach Sibirien verbannt wurden. Es begann in Tobolsk, als wir mit dem Museumsführer an einer ziemlich ramponierten Kir-

che vorbeigingen, und dieser in einem Nebensatz bemerkte, das sei die polnische Kirche. Jan stieß mich an und sagte: »Sieh dir das an, alles kaputt.«
Der Ingenieur trägt eine enge Hose, eine Jacke aus weichem Leder und ein Polohemd aus England. »Das Öl«, sagt er, »wird hier von Wasser und Sand gereinigt und geht dann in Richtung Omsk in Raffinerien.« Die Rohrbrücken erinnern mich an Bitterfeld und den dortigen Diplomingenieur, der das Kombinat verklagte, weil es ihm die Jahresendprämie strich und ihn nicht wieder in die alte Funktion als Betriebsleiter der Bleigießerei einsetzte. Er sollte Beauftragter für Korrosionsschutz werden, überwarf sich aber mit Gott und dem Kombinat und saß nun zwischen zwei Stühlen. Während der Gerichtsverhandlung erfuhr ich, daß dem Kombinat jährlich einige Millionen Mark Schaden allein durch Korrosion entstehen.
Die Isolierung der Rohrbrücken in Neftejugansk versetzt mich in Erstaunen. Sie hängt in Fetzen herunter. Ich frage mich, was ist im Winter bei minus fünfzig Grad. Aber sicher ist da gar nichts. Die Rohrleitungen sind dann wieder eingepackt. Budjet. Bei minus zehn Grad bricht bei uns der Eisenbahnverkehr zusammen und noch manches andere. Hier wartet man auf den Winter. Für die Bautrupps in den Sümpfen ist er die Hauptarbeitszeit. Straßen werden gelegt, Bohrtürme versetzt oder neu aufgerichtet. Manche Sümpfe frieren auch bei minus fünfzig Grad nicht zu.
Die Steuerung der Anlagen ist vollautomatisiert. In der Meßwarte sitzt eine junge Frau. Die modernen Schaltanlagen sind ein Kontrast zu den verrosteten Rohrbrücken. Wind fegt uns Staub ins Gesicht. Im nahegelegenen Wald sieht man wieder die Flammen abgefackelten Erdgases.
Frage an den Ingenieur: »Warum wird soviel vergeudet?«
Antwort: »Das ist keine Vergeudung, es ist Gewinn. Wir sind in Sibirien spät dran mit der Förderung. Wir müssen uns beeilen, solange der Energiestoff gebraucht wird. Nicht so schnell zu bohren wäre Valutaverlust.«

Wahrscheinlich ist derzeit kein Land der Welt in der Lage, Öl- und Gasfelder von solchem Ausmaß technologisch allein in die

Hand zu bekommen. Amerikanische und japanische Firmen steigen mit ins Geschäft ein.

»Hier liegen Berge von Rubeln für Menschen, die Energie haben«, sagt der Ingenieur. »Eine Reinemachefrau bei uns verdient mehr als eine Lehrerin in Moskau und ein Bohrmeister mehr als dort ein Betriebsleiter.«
Irgendwann hat jemand zu mir gesagt: »In Sibirien kannst du einen langen Rubel machen.«

25. Juli
Ugut. Karintys Wunsch ist erfüllt. Seit Tagen drängelt er die Delegationsleitung. Er will in eine Siedlung der Chanty-Mansen. Von Surgut aus fliegen wir mit einem Doppeldecker in das 150 Kilometer entfernte Dörfchen. Unter uns Taiga, Sumpf, Seen. Wir landen auf einem holprigen Platz. Es führt keine Straße nach Ugut. Verbindungswege sind der Fluß (Ugut liegt am Jugan) und das Flugzeug. Die Leute hier leben vom Fischfang und von der Jagd. Wieder sind es vorwiegend Frauen und Kinder, die am ›Flugplatz‹ stehen. Die Männer sind in den Wäldern und auf den Flüssen. Im Magazin kann man Jägermesser und Gewehre kaufen. Junge Mädchen in Volkstracht singen und tanzen. Ihre Tänze erzählen vom Werben eines Hirsches, von seinem Tod und von der Bärenjagd. Der Bär ist hier für die Menschen nahezu etwas Heiliges. Sie töten ihn und bitten ihn dafür um Vergebung. Einer der wenigen Männer, die uns begleiten, erzählt mit einem Lächeln, tags zuvor sei ihm ein Bär begegnet. Er ist auf ihn zugekommen und hat gesagt: »Töte mich nicht, Kollege!« Nach einem alten Brauch singen die Jäger, während das Fleisch des Bären gegessen wird, hundertsechzig Lieder, mit denen sie das Tier um Vergebung bitten.
Ugut hat breite, sandige Straßen, Zedernbäume geben den Holzhäuschen Schatten. Die Sonne verbrennt die Ebene. In allen Städten und Siedlungen, in denen ich bisher war, fiel mir auf, daß die Menschen farbige Häuser lieben, vorwiegend in Blau. »Warum soviel Blau?« frage ich den Vertreter des Ministeriums. Er hält mir einen langen Vortrag. »Bei Ihnen«, sagt er, »ist alles

grau.« – »Aber warum blau?« frage ich. Sascha bemerkt trocken: »Wahrscheinlich gibt es hier bloß die eine Farbe zu kaufen.«
Wir besuchen die Schule. Sie ist der Stolz nicht nur des Lehrers (er hat in Leningrad fünf Jahre Chanti studiert und heißt Tirlin-Tirtin Wladimir Ustinowitsch, geboren in Neftejugansk). Als Fremdsprache wird Deutsch gelehrt. An der Tafel stehen noch einige Vokabeln. Zur Zeit sind Ferien. Im Sommer dauern sie ein Vierteljahr. Die meisten Kinder wohnen im Internat. Von 308 Schülern sind 202 Chanten. Im Kulturhaus befindet sich die Bibliothek mit 10 000 Büchern und ein kleines Museum, in dem gezeigt wird, wie die Chanten lebten und leben.
Mittag essen wir im ›Restaurant‹. Es erinnert mich an die Blockhäuser, die ich aus Western-Filmen kenne. Ein wenig wie ›Onkel Tom's Hütte‹. Die Hände waschen wir uns in einer Nische. Dort hängt ein Behälter über einem Gefäß. Man zieht an einer Schnur, dann läuft Wasser.
Das Essen: Zuerst Gurken, Tomaten, roter Kaviar (dickkörnig), schwarzer Kaviar (feinkörnig und klebrig), Brot. Dazu Cognac aus Aserbaidshan. Dann geräucherter Lachs, dickscheibig und mit einem Gewürz, dessen Aroma ich mit keinem mir bekannten vergleichen kann. Zum Räuchern verwendet man Kräuter, die es anderswo nicht gibt. Auf den Lachs folgt gekochter Hecht (im Geschmack ein wenig süß), auf den gekochten Hecht gebratener Hecht, auf den gebratenen Hecht Borschtsch und Gulasch, dazu gelbfarbener Wodka. Als Nachspeise gibt es sibirische Äpfel. Sie sind sehr klein. Eine Frau bringt uns Zedernkerne.
Und zwischen alldem werden Trinksprüche in den niedrigen Raum mit Wänden aus grobem Holz geschrien. Steinmann stößt mich an. Das ist meine Aufgabe. Also erzähle ich, daß ich einmal in der Saale mit einem Motorboot abgesoffen bin und kein Fisch da war, mich zu retten. Fast wäre ich elendiglich ums Leben gekommen wie die Flußfische bei uns durch all die Abwässer der Chemiekombinate. Deswegen trinke ich auf den Hecht und den Lachs und den Kaviar. Wenn ich nach Haus komme, werde ich zu berichten wissen, daß man in Sibirien den Fisch nicht nur morgens, mittags und abends ißt, sondern auch nachts von ihm

träumt. Ist der Bär hier Gott Vater, so der Fisch der Heilige Geist. Na sdorowje.

Wir bekommen Geschenke. Ich die Miniatur eines Behälters aus Birkenrinde, wie ihn die Frauen auf dem Rücken tragen, wenn sie zum Beerensammeln in die Taiga gehen.

Am Ufer des Jugan gibt mir Tirlin-Tirtin ein Gedicht. Er schreibt heimlich. Ich sage, ich werde es nachdichten. Und er sagt, wenn ich das tue, schickt er mir das schönste Hirschgeweih, das es in den Wäldern von Ugut gibt.

    Dort hinter Zedern liegt das Dorf
    und fliegt mir zu
    wie eine Wolke überm Fluß,
    geschlagen von des Schiffes Schraube
    kocht der Ob.
    Die Birken grüßen mich,
    wie mich die Freundin grüßt,
    und rotes Wasser
    streichelt braunen Sand
    und weiße Rinde.
    Der Fischer hebt das Ruder
    zum heimatlichen Gruß.

26. Juli

Wolodja fehlt. Die ›Tschernyschewski‹ hat um 22 Uhr von Surgut abgelegt. Niemand hat bemerkt, daß Wolodja nicht an Bord ist. Auch Jan nicht, der mit ihm in einer Kabine schläft. Was man als letztes von Wolodja weiß, ist, daß er mit einer Redakteurin zum Rundfunk gefahren ist, um eine Aufnahme zu machen. Die Redakteurin sah gut aus. Die Aufregung ist groß, vor allem in der sowjetischen Delegationsleitung. Es wird nicht über den Vorfall geredet, aber in den Gesichtern steckt etwas. Ich frage Sascha, was nun mit Wolodja wird. »Irgendwann ist er wieder da. Vielleicht mit einem Hubschrauber.« Morgens gegen 9 Uhr drosselt die ›Tschernyschewski‹ die Fahrt. Ein Raketenschiff kommt steuerbord auf gleiche Höhe, läßt eine Brücke herab, und Wolodja ist wieder da. »Komm, Panienka«, sag ich, und er grinst mich an. Er muß sofort ins Musikzimmer. Eine Stunde später liegt er, braun-

gebrannt, auf dem Oberdeck und schläft. Ich habe mich in einen Rettungsring gelegt und sehe zu ihm hinüber. Vor zwei Tagen standen wir an der Reling. Er hatte eine Reihe Orden an seinem Kasack. Es waren sehr hohe Auszeichnungen. Ich wollte wissen, wofür er sie erhalten hat. »Den Orden für Versuche mit atomaren Waffen«, sagte er, »und den für meinen Einsatz in Korea. Ich habe neun Amis heruntergeholt.«
»Wurdest du nicht abgeschossen?«
»Dreimal.«
»Warum bist du nicht bei der Fliegerei geblieben?«
»Zuletzt kam ich hinter den amerikanischen Linien runter. Fünf Tage habe ich mich durchgeschlagen. Als ich endlich auf unsere Leute stieß, hielten sie mich für einen Spion.«
»Hast du was von deinen Orden?«
»Ja. Einen Haufen Dreck.«
Er grinst mich an, und ich denke an den BGLer, der einstmals mit den Mamais den Nationalpreis erhielt.
»Was hältst du von Solshenizyn?«
»Ein Arschloch.«
Also doch noch ein Regimentskind, denke ich und frage nicht weiter. Wir fahren auf Nishnewartowsk zu.

27. Juli
In Neftejugansk habe ich gedacht: Hier möchte kein Hund leben. Die Neubauten sind ›hingehauen‹. Man hat den Eindruck, die Menschen, die hier wohnen, arbeiten und bauen, denken nicht anders. Sie kommen für einige Jahre her, machen einen ›langen Rubel‹ und fahren zurück nach Moskau, Kiew oder Ufa. Und da ich nicht ungerecht sein wollte, habe ich in Neftejugansk gedacht, wie soll man auch in solchem Klima anders bauen können. Aber man kann's. Das zeigt mir Nishnewartowsk. Vielleicht liegt es daran, daß Neftejugansk keinerlei Tradition als Stadt hat. Nishnewartowsk existierte schon vor den Neubauten. Die fünfstöckigen Wohnblöcke fügen sich organisch zu den zweistöckigen Holzhäusern. Der Busbahnhof ist ein architektonisches Glanzstück. So etwas hat weder Tjumen noch Nowosibirsk aufzuweisen: Das Dach ist wie eine Zeltwand zur Erde herabgezogen, der Giebel nahezu

ganz aus Glas, der Seitenflügel ein flacher Holzbau. Zweckmäßigkeit, Tradition und moderne Bauweise sind auf eine glückliche Art miteinander vereint.

Im Stadtkomitee sagt der Erste Sekretär: »Kommen Sie im Winter, bei minus 60 Grad. Jetzt ist es eine Spazierfahrt.«
Tags zuvor ist ein Öltank in Brand geraten. Es gab zwei Schwerverletzte. Einer schwebt in Lebensgefahr.
Nahezu alle Länder des RGW sind auf irgendeine Weise in Nishnewartowsk vertreten. Tatra-LKW aus der ČSSR, Chemieanlagen und sonstige Ausrüstungen aus Polen, Ungarn, der DDR. Obst aus Bulgarien.
Bis zum Jahre 1970 war es unmöglich, ohne Gummistiefel durch die Straßen der Stadt zu gehen.
Zwei Begebenheiten fallen mir ein, die deutlich machen, daß die Sibirjaken manches in der Welt anders sehen als wir. Was für uns wichtig ist, muß für sie keineswegs so sein. Bei 50 Grad Kälte hat die Weltgeschichte einen anderen Atem.
In Surgut wurden wir, wie überall auf unserer Reise, vom Parteikomitee empfangen. Auf den Tischen, zu denen man uns führte, standen zu Ehren der Gäste kleine Fähnchen. Für die Polen die polnische Flagge, für die Rumänen die rumänische und so fort für die Jugoslawen, Bulgaren und Tschechoslowaken. Auf unserem Tisch stand die Flagge der Bundesrepublik. Sascha wollte sofort einen Zettel zum Präsidiumstisch schicken. Ich beruhigte ihn. Die Verwechslung schien mir belanglos.
In Akademgorodok gibt es im Haus der Wissenschaftler einen ›Deutschen Club‹. Nun sann unsere Botschaft schon lange darauf, wie man diesen ›Deutschen Club‹ umbenennen könnte. Im Oktober 1971 gab es in eben diesem Haus der Wissenschaftler aus Anlaß des Jahrestages der DDR ein Bankett. Wir hatten dem Wodka schon reichlich zugesprochen, da sagte zu mir einer der Professoren, er war zugleich Vorsitzender der Gesellschaft für sowjetisch-deutsche Freundschaft: »Was wollen Sie eigentlich. Wir haben den englischen Club, wir haben den französischen Club, und wir haben den deutschen Club. Wir lernen vorwiegend die Sprache.«

Tags darauf konferierte der Clubrat. Seitens unserer Botschaft war der Vorschlag gemacht worden, den ›Deutschen Club‹ doch wenigstens mit einem zusätzlichen Namen zu versehen. Also: ›Deutscher Club *Otto Grotewohl*‹ oder ›Deutscher Club *Johannes R. Becher*‹.
Der Clubrat traf folgende Entscheidung: Der ›Deutsche Club‹ soll ›Deutscher Club *Otto Grotewohl*‹ heißen. Jedoch, der Name *Otto Grotewohl* ist ein außerordentlich verpflichtender Name. Der ›Deutsche Club‹ habe aber bisher wenig getan, sich dieses Namens würdig zu erweisen. Solange er nicht den Nachweis erbracht hat, den Namen *Otto Grotewohl* zu Recht zu tragen, solange heißt der Club ›Deutscher Club‹.
Das teilte man in aller Höflichkeit dem Handelsrat Schirmer mit, der zu jener Zeit ebenfalls in Akademgorodok war. Maria, Dozentin, während des Vaterländischen Krieges Hauptmann in einer Nachrichtentruppe, Leiterin des ›Deutschen Clubs‹, gab auch mir die Entscheidung des Clubrats bekannt, lächelte, und ich lächelte gleichfalls.
Manchmal ersticken wir an der Bedeutung, die wir uns selbst für die Welt geben. Ein Biertischwitz: Welches sind die Großmächte unseres Planeten, die mit dem Buchstaben ›U‹ beginnen? Antwort: UdSSR, USA und Unsere Deutsche Demokratische Republik.
Übrigens heißt der 1. Sekretär in Nishnewartowsk Wielkopolski (zu deutsch: Großpolen). Er ist der Enkel eines nach Sibirien verbannten Polen. Natürlich spricht Jan den Mann bei der ersten besten Gelegenheit an. Sie unterhalten sich in ihrer Heimatsprache.
Ein Hubschrauber bringt uns zum Samatlor. Der Startplatz befindet sich unmittelbar neben der Straße. Einen Radfahrer, der gerade vorbeifährt, während wir uns senkrecht in die Luft erheben, wirft es vom Rad. Ich fliege zum erstenmal mit einem Heliokopter. Wir steigen nicht höher als zweihundert Meter. Was ich sehe, läßt den Motorenlärm vergessen. Nahezu alles ist Sumpf. Erstaunlich, wie hier Bäume wachsen können oder Menschen es zuwegebringen, in solchem Gebiet nach Erdöl zu bohren.
Samatlor heißt in der Sprache der Chanten soviel wie ›Toter See‹.

1965 wurde hier zum erstenmal Erdöl gefunden. Das entscheidende Problem bestand darin, eine Technologie zu entwickeln, die für die Ausbeutung der reichen Vorkommen geeignet war. Den Bau von Brückenstraßen und Kanälen verwarf man. Es war zu teuer. Man senkte den Wasserspiegel des Sees, stach die faulige Torfschicht ab, schüttete Kies auf eine festere Schicht und legte darauf Betonschwellen. 60 bis 70 Prozent einer solchen Arbeit müssen im Winter durchgeführt werden, wenn die Erde gefroren ist. Von Januar bis April wurde ein Straßennetz von 4,2 Kilometer Länge gebaut. Das bei der Erdölgewinnung frei werdende Gas muß derzeit noch abgefackelt werden. Erst am Ende des Fünfjahrplanes, hofft man, so weit zu sein, einen großen Teil davon nutzen zu können. (Nur ein Prozent von dem Erdgas, das am Samatlor nutzlos verbrannt wird, und Bitterfeld wäre aller Energiesorgen ledig. Die Stadt würde nicht von Flugasche zugedeckt, und die Menschen in den Straßen hätten saubere Hemden.)
Wir landen auf einer Piste am Rande des Sees.
PKWs fahren die ›Dichter‹ zur Mitte des Samatlor.
Jan und ich gehen zu Fuß. Es ist, als bewegte sich der Damm unter uns. Aber sicher bilden wir uns das nur ein. Wir haben zu viel über den Bau dieser außergewöhnlichen Straße gehört.

28. Juli
Die letzte Nacht auf der ›Tschernyschewski‹. Ich glaube, niemand schläft. Wir haben viel getrunken. Jan sieht zu den Sternen und sagt: »Sieh dir das an, da ist überhaupt kein Norden. Dort geht die Sonne unter, und gleich daneben geht sie wieder auf. Das ist doch nicht möglich.« Auf dem Achterdeck tanzt der Jugoslawe mit einer Litauerin. Und Karinty steht an der Reling und sagt: »Du, ich bin auf dem Mississippi gefahren, aber das hätte ich nicht gedacht.«
Was er nicht gedacht hätte, sagt er nicht.
Mit der Stewardeß trinke ich noch eine Flasche Sekt. Die Frau sieht einmal aus wie vierzig, das andere Mal wie fünfzig. Sascha übersetzt. Sie ist geschieden. Ihr ehemaliger Mann ist irgendwo leitender Ingenieur. Tochter und Sohn sind aus dem Haus. Während der kurzen Saisonzeit arbeitet sie auf dem Schiff. Sie muß

kochen und bedienen, alles in einem Verdienst: 70 bis 80 Rubel.
»Sind Sie glücklich?« frage ich.
Sie zuckt die Schultern.

Am frühen Morgen fliegen wir zurück nach Tjumen.

3. September
Der Sturm drückt die Scheiben in der Produktionshalle von Bi 58 ein. Eigenartig, je länger ich hier bin, um so mehr nehme ich wie alle anderen die Gewohnheit an, jedes außergewöhnliche Geräusch mit einer Havarie zu verbinden. Reaktion von Strobach, als die Scheiben auf der Straße klirren: Aufspringen, Helm über, ins Produktionsgebäude. Ich laufe ihm hinterher. Als wir wieder in seinem Zimmer sitzen, sage ich: »Macht doch die Fenster zu, die Flügel schlagen.«
Antwort: »Es sind die Ex-Fenster, sie müssen sich leicht und schnell öffnen lassen, aber jetzt schließen sie überhaupt nicht mehr, sie sind verrottet.«

Szimalla hat mir die Hohlschlüssel für meine Wohnung angefertigt. Er tut alles, worum ich ihn bitte. Ihm genügt, daß ich Oberschlesier bin wie er. Das Saufen beeinträchtigt sein Sprechen. Es fällt mir schwer, ihn zu verstehen. »Mensch«, sagt er, »du mußt kommen. Warum kommst du nicht?« Er will, daß ich ihn besuche. »Ich sag dir, ich hab vielleicht verdient. Ich war doch Obersteiger bei der Wismut. Zwei-, dreitausend Mark sag ich dir. Alles versoffen. Aber mein Bruder ist ein Schwein, du. Dem hab ich damals Geld gepumpt. Der hatte doch nichts. Kannst du haben, immer kannst du haben. Und denkst du, der gibt mir heute was zurück. Scheiße. Aber ein hoher Offizier. So hab ich ihn angespuckt. So.«
Szimalla ist Schlosser in der Reparaturwerkstatt. Sechzig Jahre alt. Seine Frau arbeitet in Bi 58 als Reinigungskraft. Demnächst geht sie in Rente.
»Ein Saufkopp«, sagt sie.

Szimalla: »Alles Scheiße. Du mußt mal kommen. Mensch, warum kommst du nicht.«

Diese Woche wechsle ich von Bi 58 in die Rohrpresserei.
Ich werde dem Hamm doch das Stück schreiben.

4. September
Gestern abend saß ich im Fernsehraum des Wohnheims. Unter anderen waren drei vietnamesische Praktikanten im Zimmer. Auf dem Bildschirm wurden Bombenabwürfe auf Vietnam gezeigt. Die Reaktion der drei jungen Leute: Sie klatschten in die Hände und lachten.
Zuerst erschrak ich über ihr Verhalten. Dann fragte ich mich, was steckt dahinter? Freude darüber, daß in ihrem Land Bomben fallen und Menschen getötet werden, kann es nicht sein. Das Wiedersehen von Bekanntem, auch wenn es grausam ist? Eine naive Freude, hier vor den Bomben geschützt zu sein? Innere Spannung, die sich auf eine für uns ungewöhnliche Art entlädt? ...

Herrmann Bresse, Leiter der Rohrpresserei, klein, vital, redefreudig, CDU, Kandidat des Bezirkstages.
Dietrich, stellvertretender Betriebsleiter, hochgewachsen, dunkelhaarig, das, was man einen schönen Mann nennt. Er stottert hin und wieder. Während der Armeezeit war er ertrunken, war schon klinisch tot, wurde aber wieder ins Leben zurückgebracht. Seit dieser Zeit stottert er. Wenn es in der Verkaufsstelle Bananen gibt, in der Drogerie Spray, Dietrich braucht sich nicht anzustellen. Ich profitiere von seinen Beziehungen.
Otto, Meisterin in der Rohrpresserei, kräftig gebaut, unverheiratet, Mitte dreißig, Fernstudium mit Ingenieurabschluß. Hobbys: Schallplatten und Briefmarken. Sie bleibt meist bis zum Abend im Betrieb. Zu Haus erwartet sie nur eine alte Frau, ihre Mutter.
Bresse erklärt mir gleich am ersten Tag unbefangen: »Das Schaumrohr haben wir aus lauter Angst entwickelt. Neu ist das Projekt nicht. Die Franzosen sitzen an Ähnlichem.«
Eigentlich sollte die Rohrpresserei längst wegprofiliert sein. Seit

der Havarie im PVC-Betrieb (über vierzig Tote) liefert Buna das PVC für die Rohrproduktion. Die hiesige Rohrproduktion soll nun in ein Zweigwerk Buna, nach Egeln. Der Bezirk Magdeburg hat wiederum nicht genügend Baukapazität. Es folgt ein monatelanges Tauziehen zwischen den Generaldirektionen. Das macht sich die Rohrpresserei in Zusammenarbeit mit der Forschung zunutze. Sie legen das Schaumrohr auf den Tisch. Jetzt kann Egeln ganz und gar nicht mitkommen. Sie sind nicht in der Lage, das neue Produkt herzustellen. Es fehlen alle Voraussetzungen dazu. Das Schaumrohr bekommt auf der Leipziger Messe eine Goldmedaille.
Frage an Bresse: »Warum haben Sie die Entwicklung so forciert?« Bresse: »Ich hab an die Leute im Betrieb gedacht. Zumeist sind es Frauen. Wo sollen sie hin.«
»Nur wegen der Leute?«
»Nein. Ich leite den Betrieb seit zehn Jahren. Ich hänge an ihm.«

Vor mehreren Wochen ist ein junger Arbeiter während der Schicht tot umgefallen. Er soll Tagebuch geführt haben. Ich frage danach. Bresse ruft Dietrich. Dietrich will mir die Hefte besorgen. Sie sind bereits bei der Mutter des Toten. »An dem ist vieles falsch gemacht worden«, sagt Bresse. »Er wollte nach Rostock. Dort nahm man ihn zuerst auch an. Dann schickte unsere Kaderabteilung die Unterlagen hoch, und Rostock schrieb plötzlich, sie hätten zur Zeit keinen freien Arbeitsplatz. Der Mann hat in seinen Akten das Gutachten eines Psychologen mitgeschleppt, in dem es heißt, daß sein Charakter infantile Züge trägt. Das hat ihm überall das Genick gebrochen.«

9. September
Ich habe Günther während der Schicht besucht. Er sitzt allein auf einem kleinen Turm in einer warmen Bude und langweilt sich zu Tode. Hin und wieder muß er einen Knopf drücken oder einen Schalter bedienen. Während des Brigadefestes sagte er: »Neulich bist du auf der Autobahn an mir vorbeigerast. Ich stand an der Auffahrt Dessau. Ich kann dir eine Story erzählen, Mensch. Aber nicht jetzt, da müssen wir nüchtern sein. Sachen gibt's, die gibt's

nicht.« Ich war lüstern auf seine Story. Dachte, es wäre Wunder was. Hier ist sie: Günther will zur Kampfgruppe, jedoch man nimmt ihn nicht. Das ist in der Tat zunächst erstaunlich, denn viele müssen zur Kampfgruppe und wollen nicht. Er empfindet die Ablehnung als Demütigung und Kränkung. »Wir waren neun Kinder, weißt du. Der Vater war Müller. Das war alles nichts. Ich bin nach Schwedt. Dort haben wir im Suff eine Schlägerei gehabt. Das wäre nicht so schlimm gewesen, aber der Parteisekretär hing mit drin. Drei von uns bekamen ein Gerichtsverfahren. Und dann haben alle auf mich eingeredet, ich soll abhauen, sie würden mich verknacken. Da bin ich abgehauen. Zwei Jahre hab ich drüben mitgemacht. Du weißt ja, wie das ist, allein, Geld. Ich hab immer mehr gesoffen. Und da hab ich gedacht: Mensch, hier gehst du ganz und gar vor die Hunde. Ich habe einen Brief geschrieben, sie sollten mal rumhorchen, was mit mir wird, wenn ich zurückkomme. Die andern beiden, die nicht getürmt sind, hatten ein Jahr mit Bewährung bekommen, ich eineinhalb ohne Bewährung. Es war Quatsch abzuhauen. Aber die haben doch alle auf mich eingeredet. Ich bin dann zurück. Klar, daß sie mich an der Grenze gleich gefaßt haben. Ich hab ja gar nichts anderes erwartet. Die eineinhalb Jahre hab ich auf einer Arschbacke abgesessen. Ich war auch bei einem ganz gemütlichen Trupp. Landarbeit. Jetzt bin ich zwölf Jahre hier. Keine Bummelschicht. Aber ich sag dir, sie nehmen mich nicht zur Kampfgruppe, weil ich das Maul aufmache. Ich sollte in den Versammlungen nicht so viel reden. Das ist es. Ich war ja schon in der Kampfgruppe. Ein Wochenende sind wir raus. Ich hab gefragt, ob ich mitkann, und der Kommandeur hat mich mitgenommen. Mir hat das Spaß gemacht, verstehst du. Einfach so im Zelt schlafen und Nachtübung. Und das nächste Mal sagt er, ich soll nicht mehr kommen. Die haben die ganze alte Geschichte wieder aufgerollt. Soll'n sie doch sagen, sie traun mir nicht. Aber frag den Bagrowski, zwölf Jahre, nicht eine Bummelschicht.«
Bagrowski: »Günther ist ein guter Arbeiter. Zu Haus hat er nichts zu sagen. Er ist froh, wenn er übers Wochenende abhaun kann.«

11. September
Faschistischer Putsch in Chile. Allende wahrscheinlich ermordet. Und Neruda? Ich begegnete ihm auf dem Weimarer Dichtertreffen. Mir fällt der Ausruf Robespierres vor dem Konvent ein: ›Habt ihr eine Revolution ohne Revolution gewollt!‹

13. September
Die Junta und Pinochet haben die Macht. Wie lange? Franco herrscht immer noch.
Denke ich an Chile, denke ich an José. Tag für Tag saß er vor mir. Acht Monate lang. Er hatte Schwierigkeiten mit den S-Lauten. In Chile war er Pädagoge gewesen, in der DDR wollte er Germanistik studieren. Im Raum 7 des Herder-Institutes war eine bunte Truppe versammelt: José, vier Chinesen (die letzten, die bei uns studierten), zwei Studenten aus Guatemala, einer aus Mali, einer aus Ghana, der gelähmte Grieche (seinetwegen sind wir vom 1. Stock ins Parterre gezogen), Botelli aus Italien, die kleine Kambodschanerin, die Tochter des indonesischen Botschaftssekretärs und eine Bulgarin, die als einzige immer zu spät kam. Ich war Gruppendozent. Von ihnen lebt sicher nur noch der Grieche bei uns. Die anderen sind wieder in ihre Heimat zurückgekehrt. Und wer von ihnen lebt überhaupt noch? Kulturrevolution in China, Machtsturz in Ghana, Krieg in Kambodscha, faschistischer Umsturz in Chile.
Ich habe dieser Tage wieder den Brief gelesen, den ich voriges Jahr in die Hände bekam. Eine Romeo-und-Julia-Geschichte des zwanzigsten Jahrhunderts, das unglückliche Schicksal einer Vietnamesin und eines Chilenen. Sie heißt San und er Ariel.
Am 12. Januar 1971 schreibt Ariel aus Freiberg an seine ehemalige Gruppendozentin.
›Mit einem großen Schmerz in dem Herz schreibe ich noch einmal und wunsche Ihnen ein besseres Gluck im Leben.
Bei uns geht es wirklich schlecht, unseres Problem ist weitergegangen. Wir haben alle Moglichkeiten versucht, um San hier bleiben zu können, das war schnell gegangen.
In der Nacht des 5.1. ist irgendjemand von der Botschaft hierher-

gekommen und hat San geholt, sie fuhren nach Berlin, ich hatte noch alle Türen geklopft.

Nächste Tag wußte ich genau, daß meine Liebe in Berlin war, sofort fragte ich, wann ein Zug gab, damit ich zu ihr fahren könnte, schon dort habe ich sie gesucht die lange Nacht und der ganze Tag. Es gab nichts.

Unter viele Schwierigkeiten habe ich die Botschaft besucht und mit dem Botschafter gesprochen, ich habe ihm alles erklärt, er hat gar nichts verstanden, nach einem langen Gespräch fragte ich ihn ob San in Berlin war, er sagte, daß sie nach Vietnam gefahren ist, so konnte ich nicht mehr diskutieren, ich bin weggegangen, und fuhrte in der Nacht zurück, schon in Freiberg fand ich mich sehr traurig, weil ich mein Leben verloren habe. Danach konnte ich mit Hai sprechen, und ich fragte, ob sie etwas wußte. Sie sagte, San wird morgen fahren, das war schon um 19 Uhr abends, ich dachte, vielleicht kann ich sie sehen, so fuhrte ich noch einmal nach Berlin, schon dort habe ich alle Züge nach Polen gesucht.

In der letzten Zug waren viele Vietnamesische, ich überlegte nicht viel und ich warte und warte, dann komm San mit 10 Männer ungefähr zu dem Wagon, wo sie ihr Bett hatte. Sie verhinderten daß San und ich sprechen. Wir haben uns durch das Fenster gesehen und unsere letzte tschüs gegeben.

Diese war sehr schlechte Zeit.

Die V. verhindern daß sie hier bleibt, aber sie können nichts gegen unsere Liebe. San wird noch in meinem Herz leben und ich hoffe, daß unsere Zukunft glucklich werden sein, ich warte ihre Briefe jede Minute und San auch, weil wir uns lieben.

Entschuldigung, ich weiß genau, daß sie uns geholfen haben, in Name von San von mir selbst und in Name von diese große Liebe, das niemals sterben wird Ihnen danken.

Wir wunschen Ihnen und Ihre ganze Familie vor allen viel Gesundheit und besseres Gluck

    Ihre San   Ariel

Während ihrer Fahrt nach Vietnam schreibt San an Ariel viele Briefe. Allein bis Peking fünf. Nur einer kommt durch.

Was ist aus San geworden? Was aus Ariel? Was aus ihrer Liebe?

Amara terra mia – meine bittere Erde.

20. September
Ich sitze im Arbeitszimmer von Bresse. Ein kleiner Raum, durch eine grüne Plastewand von dem größeren Vorzimmer getrennt. Dort sind die Arbeitsplätze von Dietrich, der Sekretärin und noch einem Mitarbeiter. Bresse telefoniert. Er spricht laut und schnell. Die Sekretärin bringt mir Kaffee. Ich studiere Rundschreiben, Telegramme, Briefwechsel, Protokolle: Genesis des Schaumrohrs. Bresse weiß, daß ich ein Stück schreiben will. Es ist ihm nicht unangenehm. Er hält nichts vor mir geheim. Dietrich kommt und sagt: »Fünfzig Mark. Bar auf die Hand.« Bresse geht zum Schrank, zieht eine Stahlkassette heraus und entnimmt ihr fünfzig Mark.
»Was ist das für Geld?« frage ich.
Die beiden grinsen sich an.
»Der Kran steht«, sagt Bresse. »Der Elektriker schiebt die Reparatur dem Schlosser zu, der Schlosser dem Elektriker. Mir machen die Leute die Hölle heiß. Sie fragen nicht, wer zuständig ist. Sie wollen nicht die Rohre auf dem Kreuz hucken. Der ganze Mist kommt bloß, weil die Reparaturwerkstatt nicht dem Betrieb untersteht. Natürlich wird der Kran gemacht, aber wann. Zahle ich 50 Mark, läuft er heute abend.«
»Schwarze Kasse?«
»Der Bundesvorstand vom FDGB brauchte Rohre. Eine Sonderschicht, aber nur gegen Bezahlung, haben wir gesagt. 1500 Mark immerhin. Wir haben das Geld nicht aufgeteilt, wollen eine Fete mit dem ganzen Betrieb machen. Aber das muß jetzt schnell passieren, sonst geht die Prämie als Handgeld drauf.«

24. September
Ein Ingenieur aus der Investabteilung: »Führt man ein Pferd immerzu am Zügel, dann behält es den Trott bei, auch wenn man den Zügel freigibt.«

Gestern abend saß ich mit Handwerkern im Bitterfelder ›Zentral‹. Sie hatten mich eingeladen. Erstaunlich, was sie an Bier konsumieren. Ein Ingenieur gesellte sich dazu, dann noch ein Diplompsychologe, der das Studium in Jena gerade beendet hat und jetzt in der Delitzscher Poliklinik tätig ist. Die Arbeitspsychologie in der DDR ist hinterm Berg. Für das riesige Kombinat in Bitterfeld gibt es einen einzigen Psychologen. Herbst, so heißt er, ist ›psychologischer Berater‹ in der Kaderabteilung. Zeitweilig war auch eine junge Absolventin angestellt. Sie ist ganz und gar eingebrochen.
Was mir auffällt: Die Handwerker des Kombinats sind im allgemeinen sensibel und intelligenter als die Anlagenfahrer. Beruf und Charakter – Charakter und Beruf.
Einer am Tisch heißt Michel, Vorname Hansi, 29 Jahre alt, unverheiratet, katholisch. Jetzt will er heiraten. Die anderen machen sich über ihn lustig. Ein Kollege, Anfang zwanzig, Bärtchen, Christusfrisur, heißt ihn ein Muttersöhnchen. Michel wollte überhaupt nicht Elektriker werden, er wollte ins Gestüt, aber die Eltern meinten, da sei er ein Stallknecht. Michel hat recht romantische Vorstellungen über das Leben eines Schriftstellers. Er sieht unsere ›Freiheit‹ sehr rosig.
Der andere lebt mit seiner jungen Frau und dem Kind in einem 8 m² großen Raum in Wolfen. Er möchte unbedingt aus dem stinkenden Bitterfeld fort. Wie jenen unglücklichen Arbeiter aus der Rohrpresserei zieht es ihn zur See.
Der Psychologe will wissen, was ich von Wolf Biermann halte. Biermann müsse man hören, weniger lesen, sage ich. Unbestritten ist er ein Talent. Allerdings wird er in eine Situation gedrängt, bei der er Gefahr läuft zu verkrampfen. So etwas wirkt sich sehr schnell auf die Kunst aus.
Eines Nachts hatte ich auf der ›Tschernyschowski‹ den Vertreter des ZK aus Moskau nach Solshenizyn gefragt. »Das ist die Tragödie eines begabten Schriftstellers«, gab er zur Antwort. »Aber er ist ein Feind. Wir können uns ihm gegenüber nicht anders verhalten.« Ich habe die ›Krebsstation‹ sehr gern gelesen. Und mir fiel auf, was mir seinerzeit bei Böll in ›Ansichten eines Clowns‹ aufgefallen war. Souveränität oder Nicht-Souveränität des Schriftstel-

lers einem Stoff gegenüber bestimmt maßgeblich die literarische Qualität. Die wenigen Seiten Bölls über die DDR sind unter seinem literarischen Niveau. Und in der ›Krebsstation‹ ist alles schwach, was mit der Figur des stalinistischen Funktionärs in Verbindung steht. Kein Zweifel, daß es solche Leute zu Hauf gibt, aber Solschenizyn gestaltet den Mann und seine elendigliche Familie nicht mit der gleichen Sorgfalt wie die anderen Personen, nicht mit Kopf und Herz, sondern ›aus dem Bauch‹ heraus.

Der dritte Handwerker ist Atheist. Er sagt: »Jeder braucht was. Wenn es nicht die Religion ist, ist es etwas anderes. Ich habe es schwerer im Leben als Michel. Der kann zur Beichte gehen, wenn es ihn ankommt. Ich muß mit allem allein fertig werden.«

Sie diskutieren über Fragen der Existentialphilosophie, ohne es zu wissen.

Der Psychologe – Haarschopf wie Angela Davis – erzählt, daß Ulli nachts zuvor von zwei Ungarn auf der Straße niedergestochen worden sei. Alle am Tisch kennen Ulli, nur ich nicht. Jedem ist es unverständlich, daß ausgerechnet er niedergestochen wurde. Es gibt keinen erklärbaren Grund.

Die Unterbringung der Ungarn in den Baracken des Kombinats soll katastrophal sein. Das fördert Aggressionstriebe. Bringt man die einheimischen Arbeiter in den neuen Wohnheimen unter, sind die Ausländer sauer, macht man es umgekehrt, empören sich die eigenen Leute. Überall fehlt es an Geld, Material und Arbeitskräften.

In Halle-Neustadt gibt es oft Schlägereien zwischen Polen und Einheimischen.

Nationalistische Instinkte leben neu auf.

Ich werde gefragt, ob man dergleichen schreiben dürfe.

Ich sage: Nein. Ich erkläre mich nicht näher, und vielleicht ist das falsch. Mich ärgert die Formulierung Anna Seghers': ›Man kann über alles schreiben, wenn man es kann.‹ Ich habe hingehört, wer in den letzten Jahren ihren Satz vorwiegend zitiert: Es sind die Pharisäer.

25. September
Ausspruch von Strobach: Bartel weiß, wo er seinen Most findet.

28. September
Horst Deichfuß stand mehrere Jahre in Bitterfeld unter Vertrag. Er leitete den Zirkel ›Schreibende Arbeiter‹, außerdem gab er den Tagebuchführern in den Brigaden Hinweise. Von ihm erfuhr ich folgende Geschichte: Eine Brigade im CKB begann sich groß aufzubauen: Brigadetagebuch, hohe Produktion, Kampf um den Staatstitel, jedenfalls, die Leute machten von sich reden. Es kam, daß in der DDR Gewerkschaftswahlen vorbereitet wurden. Dem FDGB-Bundesvorstand war daran gelegen, das Ereignis in einer Kampagne besonders hervorzuheben. Sämtliche Medien wurden einbezogen. Warnke persönlich sollte mit dem Besuch eines Betriebskollektivs den Startschuß geben. Ausgewählt zu diesem Zweck wurde eben jene Brigade im CKB. Der Fernsehfunk war anwesend. Alles lief programmgemäß, bis zu dem Augenblick, da sich ein Arbeiter zu Wort meldete und fragte, warum er die Gewerkschaftsleitung, die er vor zwei Wochen gewählt hat, noch einmal wählen soll.
Es war keine Live-Sendung. Die Frage des ›Naivlings‹ konnte später herausgeschnitten werden.

29. September
Kallinchen. Ich habe jetzt nur noch das Stück im Kopf. Schreibe die Szenen im klassischen Versmaß, um der Banalität eines ›Produktionsstückes‹ zu entgehen. Maxi und Bagrowski – diese Gestalten interessieren mich am meisten. Von meiner Mentalität her müßte ich eine Tragödie schreiben. Aber der Stoff ist dafür nicht groß genug. Vielleicht irre ich mich?

10. Oktober
Dieses idiotische Nitra. Ich hätte mich nicht von Rudi Herzog beschwatzen lassen sollen, dorthin zu fahren. Die Freundschaftstage zwischen dem Bezirk Halle und Nitra, eine einzige Fehlorganisation. Dazu das Wetter. Ich staunte über Fröhlich, er fuhr die 800,

900 Kilometer in einem Zug durch. Zweihundert Kilometer vor Nitra dann der Regen. Abends um zehn waren wir im Hotel. Natürlich gab es kein Zimmer, obwohl es angeblich bestellt war. Im Internat der Pädagogischen Hochschule trafen wir die Kulturgruppe und die verantwortlichen ›Organisatoren‹ aus dem Bezirk. Es gab Mühe, uns unterzubringen.
Immerhin, zwei Dinge nahm ich mit.
Das eine: Während der Fahrt durch Böhmen ging mir der Charakter meiner Frau auf. Ich war nicht zum erstenmal in dieser Gegend, und verheiratet bin ich schon fünfundzwanzig Jahre. Aber plötzlich begriff ich etwas. Hindenburg und Böhmisch-Kamnitz, das ist eben der Unterschied von polnischen Klößen und Semmelknödeln oder dem ›Leck mich am Arsch‹ und ›Komm's ok bald wieder‹.
Und das andere: der elektrische Radiator. Zwei Tage schlich ich um das Ding herum. Zählte meine Kronen. Wenn ich den Radiator kaufte, war ich blank, mußte mich von Herzog und dem Fahrer durchfüttern lassen. Außerdem die Frage des Zolls. Ich habe nicht geglaubt, daß Herzog mitmachen würde. Er machte mit: das Durchfüttern und den Zollschwindel. Ein Spiel des Zufalls. Seine erste Aktion als Verlagsleiter des Mitteldeutschen war, den ›Mark Aurel‹ abzulehnen. Seine letzte, mir zu dem Radiator zu verhelfen. Nach dem anfänglichen Krach wegen des Manuskripts haben wir uns ganz gut verstanden. Vielleicht, weil wir uns vorwiegend übers Kochen unterhalten haben, wovon ich nichts verstehe. Nun geht Herzog weg. Man redet, er soll Direktor des Kulturfonds werden. Hier wird er einen guten Lebensabend haben. 1971 sagte ich zu seiner Tochter, ich würde ihrem Vater zwei Jahre geben. Ich habe selbst nicht geglaubt, daß die Vorhersage so exakt stimmen würde. Einen Verlag aufzubauen dauert viele Jahre, ihn zu zerstören eine kurze Zeit. Herzogs Vorgänger, Heinz Sachs, lief auf dem sechsten Schriftstellerkongreß mit einem Artikel aus einer westdeutschen Zeitung herum, in dem er als Opfer der Kulturpolitik hingestellt wurde. Sachs versuchte, jedem, mit dem er ins Gespräch kam, klarzumachen, daß er seinen Artikel gegen Christa Wolf nicht schreiben wollte, Sindermann hatte ihn rufen lassen und gesagt: ›Nun, was ist, schreibst du die Kritik oder muß

ich sie schreiben.‹ Das war Grund genug für Sachs, einen Autor eines Verlages fallenzulassen, und nicht nur das, sondern sich auch von einem Buch zu distanzieren, das er selbst herausgebracht hat. Darüber kommt er heute noch nicht hinweg. Es quält ihn. Aber er hat's getan, und niemand lobt ihn dafür. Auch die nicht, denen der Artikel damals genehm war. Fehlende Zivilcourage hat sich noch nie ausgezahlt.
Als neuer Verlagsleiter ist Eberhard Günther im Gespräch. Er kommt mir immer vor, wie einem Buch Fontanes entstiegen. Vielleicht ist seine Schwäche die Gewissenhaftigkeit und Genauigkeit. Als wir beide von Moskau nach Berlin flogen, hatte jeder von uns mehr Rubel in der Tasche, als die Vorschrift erlaubt. Eberhard Günther wollte das Geld am Schalter der Staatsbank in einen Bon umschreiben lassen. Er als Vertreter des Ministeriums könne sich Zollschwindel nicht leisten wie ein Schriftsteller. Die Frau hinterm Schalter wollte ihm zwar das Geld abnehmen, aber dafür keinen Scheck geben. Damit war wiederum Eberhard Günther nicht einverstanden. Das, so meinte er, wäre Betrug an der Staatsbank der DDR. Schließlich sagte die Frau in ihrer Ratlosigkeit: »Stecken sie das Geld einfach in die Tasche.« Und so machte er es dann auch.

›Ehrlich währt am längsten.‹ Wer den Spruch gefunden hat, war bestimmt ein Gauner.

9. November
Die erste Fassung ›Wie man Karriere macht‹ ist fertig. Nun ist es doch ein ›Produktionsstück‹ geworden. Die Verse sind nur ein freundlicher Teppich. Drei oder vier Fassungen stehen mir sicher noch bevor.

15. November
Schriftstellerkongreß. Der Siebte. Einige haben ihre Plätze im Präsidium gehalten, einige haben sie sich zurückgeholt. Einige sind neu hinzugekommen. Es ist der dritte Kongreß, an dem ich teilnehme. 1960, beim fünften, war ich ›Junger Autor‹. Der Stern Dieter Nolls war aufgegangen, der heute nur hie und da wieder

aufflackert. Günter Grass war Gast des Kongresses, und Abusch holte das Letzte aus sich heraus, um ihn von seiner kommunistischen Weltansicht zu überzeugen. Es war, als spräche Abusch einzig und allein zu dem Autor, der die ›Blechtrommel‹ geschrieben hatte. Zumindest kam es mir so vor.
Erwin Strittmatter und Stephan Hermlin befehdeten einander, ohne daß einer den Namen des anderen nannte. Strittmatter meinte, man solle doch achtgeben, daß der Zug nicht abfährt, ohne daß man drinnen säße. Hermlin entgegnete, er hätte bereits im Zug gesessen, als andere erst auf den Bahnsteig gerannt kamen.
Die Wandzeitungen waren bissig. Rose Nyland, damals Parteisekretär irgendwo da hinten in Karl-Marx-Stadt oder Cottbus, erklärte öffentlich, sie würde ihre Funktion niederlegen, wenn jener Angriff an der Wandzeitung gegen sie nicht zurückgenommen würde. Dort hieß es: ›Nacht muß es sein, wenn Nylands Sterne leuchten.‹ Auch Wolfgang Schreyer wurde aufs Korn genommen: ›Schreyer – wenn du kannst.‹
Erik Neutsch und ich fuhren damals gemeinsam mit dem Zug zurück. Wir hatten beide noch kein Auto. Während der Fahrt erzählte mir Neutsch seine ›Balla‹-Geschichte. »Jetzt kommen wir«, sagte er. Und er kam ja dann auch.
Auf dem VI. Kongreß 1969 war er der erste Diskussionsredner. Er schwitzte und war sehr aufgeregt. Er habe die Nacht zuvor gesoffen, erklärte er mir. Aber ich meine, auch ohne die Stunden in der Bar hätte er vor Aufregung geschwitzt. Ich saß damals auch im Präsidium. Seitlich hinter Honecker. Ich hatte einen ganzen Tag Zeit, Honeckers Hände zu betrachten. Er hat weiche Hände, fast sind es die Hände einer Frau. Ganz anders als die Pranken von Ulbricht mit den gewaltigen Fingernägeln.
Der VI. Kongreß hatte schon am ersten Tag seine Losung: ›Rotmäppchen und die böse Wolfin‹. Jeder Teilnehmer hatte bei seiner Anmeldung eine rote Mappe erhalten. Christa Wolf, Stephan Hermlin, Günter de Bruyn saßen auf einer hinteren Bank des Saales, und Max Walter Schulz rief in seinem Hauptreferat Christa zu, sie möge sich doch besinnen und auf den rechten Weg zurückfinden. Währenddem zeigte mir Dr. Hochmuth, Abteilungs-

leiter für Kultur beim ZK, ein Foto, ich glaube, es war in der Hamburger ›Zeit‹ veröffentlicht: Das Porträt Christa Wolfs, in Schweden aufgenommen. Ihr Gesicht war im Profil zu sehen, und um die Schulter hatte sie wohl einen Pelz gelegt. Das Foto erinnerte mich an den Film ›Weiße Sklaven‹, den seinerzeit die UFA gedreht und zu der Peter Kreuder den Schlager komponiert hatte: ›Wenn die Sonne hinter den Dächern versinkt, bin ich mit meiner Sehnsucht allein.‹
Die Ereignisse in der ČSSR lagen erst ein knappes Jahr zurück, und die verantwortlichen Genossen im ZK hatten Sorge, einige Schriftsteller könnten den Kongreß nutzen, ihren Unmut zu äußern. Aber es waren alle brav.
Das Referat von Max Walter Schulz erschien tags darauf wörtlich im ND. Ein Novum. Von da an hieß Max Walter Schulz während des Kongresses Max Walter Ulbricht. Das war ihm gar nicht recht.
Nun, auf dem VII. Kongreß, sitzt Christa Wolf wieder im Präsidium. Sachs ist als Verlagsleiter des Mitteldeutschen abgelöst. Es hat ihm nichts genützt, sich von ›Christa T.‹ zu distanzieren. Auch Dr. Hochmuth ist abgelöst. Und das Buch, dessentwegen seinerzeit die irrsinnige Aufregung war, ist neu aufgelegt worden. Nicht Max Walter Schulz in seiner dunklen und verschlungenen Art hält das Hauptreferat, sondern Kant brilliert. Ein bundesdeutscher Conférencier sagte einmal über Helmut Schmidt: ›Der freut sich den ganzen Tag auf sich selbst.‹ So kommt es mir auch bei Kant vor, selbst dann, wenn er über Chile spricht. Eva Lippold erzählte mir, Anna Seghers hätte dazu beigetragen, Kant aus polnischer Gefangenschaft herauszuholen. Er sei damals irrtümlicherweise mit SS-Leuten aus Auschwitz zusammengesperrt gewesen. Seghers besuchte das Gefangenenlager, und Kant gelang es, mit ihr zu sprechen. So wie Anna Seghers manches getan hat, um Trude Richter, die ja unter Stalin nach Sibirien in ein Lager gekommen war, in die DDR zurückzuholen, so setzte sie sich für den damals unbekannten jungen Mann ein. Jahre später, Kant war schon wer, gab es eine Parteiversammlung des Berliner Verbandes. Heiner Müller stand zur Debatte, und Kant verlangte ihm gegenüber harte Konsequenzen. Anna stand auf und wandte

ein, daß Heiner Müller bei allem ein begabter Schriftsteller sei. Sie bot sich an, noch einmal mit dem Störrischen zu reden. Kant entgegnete scharf, sie sollte ihre falsche Art von Humanität doch endlich einmal lassen. Seghers konnte nur erwidern: »Und das sagst gerade du zu mir.« Dann verließ sie den Raum. Sie war völlig aufgewühlt und konnte sich lange Zeit nicht beruhigen.
Ich höre Anna Seghers gern sprechen. Sicher, sie kokettiert mit ihrer Naivität. Aber wenn es um menschliche Dinge geht, ist sie in ihrer ›Naivität‹ ganz sie selbst. Und wenn sie das Wort ›Neruda‹ ausspricht, sagt sie mehr, als Kant in einer halben Stunde über dasselbe Thema zu sagen in der Lage ist, bei allem Esprit, den er versprüht.
Die einzigen, die den Kongreß ernst nehmen, sind die hauptamtlichen Mitarbeiter des Zentralverbandes. In Nowosibirsk unterhielt ich mich mit dem dortigen Sekretär des Schriftstellerverbandes. Ich fragte, worin er eigentlich seine Aufgabe sähe, und er antwortete lachend: »Einen Sack voller Flöhe zusammenzuhalten.«
Die Diskussion besteht aus abstumpfenden Monologen. Lauter Pflichtübungen, nicht eine einzige Kür.
In der hallschen Delegation gibt es große Aufregung. Ich traf die meisten meiner ›ehemaligen Truppe‹ nachts vor der Kongreßeröffnung in der Bar. Ich war mit Handkoffer und Kutte in den falschen Fahrstuhl gestiegen. Plötzlich stand ich in den Barräumen, traf diesen und jenen, und der Ober forderte mich auf, die Bar zu verlassen. Ich fuhr wieder zur Rezeption hinunter und stieß auf Heinz Czechowski. Wir freuten uns beide über das Wiedersehen, so wie seinerzeit in Halle, als wir eines Nachts, jeder einsam durch die Straßen laufend, einander begegneten.
Damals war Czechowski Dramaturg in Magdeburg. Er betreute Kirschs Stück ›Schlaghands Höllenfahrt‹, dessentwegen Rainer aus der Partei ausgeschlossen wurde. (Neutsch verneint das und betont, das Stück sei lediglich das Endglied einer langen Kette. Auf meine Frage, wann die Parteigruppe, zu der ja auch er gehöre, sich mit Rainer auseinandergesetzt hätte, weiß er keine Antwort.) In jener Nacht in Halle also sagte Czechowski zu mir, ›Schlaghands Höllenfahrt‹ sei zur Hälfte fertig. Es wäre ein sehr

gutes Stück, würde aber nicht gespielt werden. So sehr gut finde ich es nicht, vielleicht ist es bis zur Hälfte gut, dann läuft alles durcheinander. Unsinn jedoch, Kirsch aus der Partei auszuschließen und auch Czechowski zu rügen.
Wir fahren beide wieder hoch in die Bar, trinken und quatschen. Jochen Rähmer, zur Zeit Parteisekretär des halleschen Verbandes, kommt, und wieder reden wir über Kirsch, und ich sage: »So ein Unsinn, den ihr gemacht habt.« Rähmer verteidigt die Entscheidung. Kirsch hätte über keine Brücke gehen wollen, die man ihm gebaut habe. Und dann erzählt er mir noch, Rainer Kirsch habe sich in Petzow zu Christa und Gerhard Wolf nicht nur abfällig über die Schreiberei von Neutsch, Steinmann und Rähmer geäußert, sondern auch über meine. Es ist das übliche kleine Gewäsch unter den Schriftstellern. Was immer Kirsch auch von meinen Büchern hält, sein Ausschluß aus der Partei bleibt unsinnig. Um zwei Uhr taucht Neutsch auf. Hoppla, jetzt komm ich. Er hat sich wieder einmal mit irgendwelchen Leuten über die richtige Parteilinie gestritten, und außerdem schimpft er Gerhard Henniger einen Lügner. Damit hat er sicherlich recht. Ich frage mich, wie lange dieser Mann eigentlich noch Erster Sekretär des Verbandes sein soll. Nahezu alle fragen sich das, aber Henniger wird von uns wieder gewählt werden. Wer soll diese Funktion auch übernehmen. Ein Schriftsteller nicht, er ginge dabei als Schriftsteller kaputt. Der letzte, der es versucht hat, war Strittmatter.
Neutsch ist wütend, daß Edith Bergner auf so unschöne Art aus dem Zentralvorstand herausgedrängt wird. Und das macht ihn mir wieder sympathisch. Wie er überhaupt immer dann vernünftig und zugänglich ist, wenn er deprimiert ist oder leicht angetrunken. Es sind aber immer nur ganz kurze Phasen. Edith Bergner wird also nicht mehr kandidieren, und es trifft sie schwer. Der Mohr hat seine Schuldigkeit getan, der Mohr kann gehen. Edith ist ein Mensch, der die offizielle Wertschätzung braucht. Sicher Folge eines Traumas, das mit ihrer großbäuerlichen Herkunft zusammenhängt. –
Während des Wahlaktes Czechowski zu mir:

So macht ein jeder, alt und jung,
beim DSV den Hammelsprung.
Nur einer, der gehirnerweicht,
nicht jeden Kandidaten streicht.

20. November
Nach den Kongreßtagen wieder das Kombinat. Der gelbe Qualm
der Nitroseabgabe ist mir Erholung. Ich gehe zu Otto Bagrowski
und blättere im Schichtbuch. Otto ist wütend, ein Kessel Bi 58 ist
in den Kanal geleitet worden. Es sind einige Zehntausend Mark
Schaden. Im Gegensatz zum Geschwätz beim Kongreß wird hier
jeder Schaden exakt gemessen.
Otto hat den Orden ›Banner der Arbeit‹ erhalten. Er ist stolz darauf. Über die Ehrung freut er sich mehr als über die tausend
Mark, die damit verbunden sind.
Dr. Gebhardt ist jetzt NPT. Ihr Mann ist tatsächlich mit dem
Wartburg dem Kombinatsbus hinterher nach Berlin gefahren. So
hatte er es seiner Frau angekündigt. Seine Eifersucht nimmt beängstigende Formen an.
Bei Werr im Keller trinke ich Kaffee. In mir ist Abschiedsstimmung. Meine Zeit in Bitterfeld läuft aus. Werr spricht so leise wie
Hanneles Mann, den ich in Heidelberg kennenlernte. Es war im
Jahre 1965. Ich hatte mir ›Warten auf Godot‹ angesehen und bin
den nächsten Tag mit dem kleinen, ängstlichen Mann am Neckar
entlanggelaufen und den Philosophenweg, und er erzählte mir
mit flüsternder Stimme, daß er Zivilangestellter bei der amerikanischen Armee sei, daß er schon über fünfzig ist und deswegen
kaum noch Aussicht hat, irgendwo eine vernünftige Stellung zu
bekommen. Er sei zu lange in England geblieben. Als er nach
Deutschland zurückkehrte, hatten sich die anderen seines Alters
bereits ihre Positionen beschafft. Und dann kam der Satz, der so
albern und doch wieder so rührend naiv war: »Bei den Russen
könnte es mir auch nicht schlimmer gehen, wenn die hier wären.«
Während er zu mir sprach, sah ich unter mir den Neckar fließen,
und ich dachte an die Godot-Aufführung, die miserabel gewesen war, und an die Antwort von Beckett, als er gefragt wurde,
wer denn eigentlich Godot sei: »Wenn ich das wüßte, hätte ich

das Stück nicht zu schreiben brauchen.« Besser kann man nicht ausdrücken, was für jede Kunst ein unabdingbares Erfordernis ist: eben jener Schuß Unvernunft, wodurch Erkenntnisse provoziert werden, die keine noch so exakte Wissenschaft geben kann.

Werr ist doch ganz anders als Hanneles Mann, aber immerhin, sein Dasein im Keller des Verwaltungsgebäudes der Generaldirektion hat fast etwas ›Literarisches‹. Wenn wir einander begegnen, hat Werr immer ein Lächeln im Gesicht. Schwer vorstellbar, daß er jemals unfreundlich sein könnte. Eine Art ›chinesische Weisheit‹ oder stoische Haltung ist ihm eigen. Sein Vorname Ewald paßt ganz und gar zu ihm. Werr leitet die Pressestelle beim Generaldirektor.

Lübke: »Ich beneide Ewald. Er will nicht aus seinem Keller raus. Wenn ich ihm sage, warum platzt du nicht mal, antwortet er: Kannst du mir den Sinn des Platzens erklären?«

Werrs Philosophie: Laß alles auf dich zukommen. Das meiste stirbt unterwegs von allein. Zuletzt mache ich ja doch, wie ich es will. Ewald hat fünf Kinder. Zuerst glaubte ich, dieser Kindersegen sei Folge einer Flucht aus der Monotonie der Arbeit im Kombinat in eine private Welt. Aber dann erfahre ich, Werr lebt in Scheidung. Die Frau verläßt nicht nur ihn, sondern auch die Kinder. Bisher scheut sich das Gericht der Kinder wegen, die Scheidung auszusprechen.

Lübke: »Wenn Werr vor dem Richter steht und die blöden Fragen beantworten soll, schweigt er. Er kriegt den Mund nicht auf, so sehr regt ihn alles auf.«

Vor dem letzten Zwischentermin ließ sich Werr von Lübke Faustan geben.

In all den Monaten, die ich im Kombinat war, habe ich Ewald Werr nie ein böses Wort über irgendeinen Menschen gehört.

Vielleicht lebt er schon so jenseits von Gut und Böse, daß ihm jede Frau weglaufen würde.

21. November
Nachtrag zum Kongreß:
Zwei Begegnungen sind geblieben: die mit Brigitte Reimann und die mit Fritz Selbmann.
Brigitte Reimann ist tot. Zu Beginn des VII. Kongresses wurde sie mit all den anderen genannt, die seit dem Sechsten gestorben sind. Die Liste nahm kein Ende. Im nachhinein verbinden sich mir die drei Kongresse, an denen ich teilnahm, mit Brigitte Reimann. Auf dem Fünften war sie eine vom Erfolg getragene junge Frau. Von den Männern umworben.
Auf dem Sechsten fiel mir zuerst an ihr das knochige Pferdegesicht auf. Ihr Hüftleiden trat stärker hervor. Brigitte Reimann quälte sich seit Jahren mit ihrer ›Franziska Linkerhand‹ herum. Die große glückliche Liebesgeschichte, die sie schreiben wollte, war für sie nicht mehr gestaltbar, ihre eigene ›große Liebe‹ (die wievielte schon) war zerbrochen. Den Offiziellen des Sekretariats war sie bereits so unbedeutend, daß ihr Name auf der Kandidatenliste für den neuen Vorstand nicht vermerkt war. Erst Günter de Bruyn stellte den Antrag, Brigitte Reimann in den Vorstand zu wählen. Noch nicht tot, war sie schon gestorben.
Auf dem VII. Kongreß wurde während der Gedenkminute ihr Name unter dem Buchstaben ›R‹ verlesen.
›Franziska Linkerhand‹ ist Fragment geblieben, aber sicher ist dieses Buch das Stärkste, was sie je geschrieben hat. Das Verlangen nach schnellem Erfolg wie bei ›Ankunft im Alltag‹ und ›Die Geschwister‹ ist überwunden. Im Angesicht des Todes vollzieht sich eine Umwertung der Werte. Vielleicht krankt die ›Franziska‹ an einer Übersteigerung des ›Ich-Bezogenen‹, weil das ›Ich‹ der Autorin nicht groß genug ist. Trotzdem, was sie in den Jahren des langsamen Sterbens geleistet hat, ist mehr, als man ihr durch einen Preis zuerkennen könnte.
Vielleicht hat von all ihren Männern nur Siegfried Pietschmann sie wirklich geliebt. Und vielleicht ist ihr das auch später bewußt geworden. Zu Werner Lindemann sagte sie in den Wochen der Einsamkeit vor dem Tode: »Ich habe mir gewünscht, er (Pietschmann) möge mich einmal verprügeln.« Siegfried Pietschmann, dem ich während einer gemeinsamen Nachtstunde in Karl-Marx-

Stadt diesen Satz wiedergebe, hat die Schultern gezuckt und geantwortet: »Sie hatte ja recht, aber ich konnte es nicht.«
Die zweite Begegnung. Am Ende einer Konferenzpause gingen Fritz Selbmann und ich gemeinsam die Stufen zum Saal hinauf. Selbmann atmete, als quälte ihn ein schweres Asthma. Ich hatte Fritz längere Zeit nicht gesehen, und mich überraschte sein Gesicht. Es war das eines Greises. 1969 hatte ich ihn noch am Münchener Hauptbahnhof vom Zug abgeholt. Ich glaube, er kam aus Nürnberg, wir sollten in München im Komma-Club lesen und dann zu einer weiteren Veranstaltung ins Ruhrgebiet fahren. Er war vital wie eh und je. In vielem teile ich nicht seine Meinung, aber seine Geradheit nötigt mir Achtung ab. In ihm ist Huttens ›Ich hab's gewagt‹ und das ›Hier stehe ich. Ich kann nicht anders. Gott helfe mir. Amen‹ Luthers. Die Ablösung als Stellvertretender Ministerpräsident hat er wahrscheinlich nie ganz verkraftet. Was ihn bedrückt, trägt er nicht öffentlich zur Schau, er lamentiert nicht, auch dann nicht, wenn man mit ihm allein ist. Und doch, wenn man genau hinhört, klingt etwas an, das zum Ausdruck bringen will: Mir ist damals Unrecht geschehen. Ich habe ihm noch nicht gesagt, daß er mir in seinem Buch ›Alternative, Bilanz, Credo‹ bewußt gemacht hat, was bisher nur emotional in mir war. Er charakterisiert darin die Abneigung gegen alles, was mit einer straffen Organisation zu tun hat, als typisch für die Oberschlesier. Anfang der zwanziger Jahre war Selbmann in Hindenburg, wo ich geboren bin, Sekretär der KPD. In bezug auf die Disziplin herrschten dort nach seinen Worten unter den Genossen chaotische Verhältnisse. Aber vielleicht war diese Schwäche im Hinblick auf Hitler gleichzeitig eine Stärke. Der Faschismus hat in Oberschlesien niemals festen Fuß gefaßt.
Seit Jahr und Tag schon will ich für einige Tage zu Selbmann. Ich möchte, daß er mir aus seinem Leben erzählt. Besonders interessiert mich die Zeit nach dem Krieg, als er führende Staatsfunktionen ausübte. Er weiß, daß ich ihn besuchen will. Während wir in den Kongreßsaal gehen und er laut hörbar atmet, spreche ich wieder von meiner Absicht. »Komm nur«, antwortet er, »man ist ja sowieso sehr allein.«

Dieser Satz erschreckt mich. Wenig später spricht Selbmann zur Diskussion. Und mir kommt es vor, als lebte er doppelt.

> Welt, zieh nicht auf, was du abmähst drauf,
> willst du's abmähn, was ziehst du's auf?
> Du hebst einen zum Himmel hoch,
> und stürzest am End' ins Grab ihn doch.
>
> ›Schāhnāme‹ in der Übertragung von Friedrich Rückert.

Briefe an D.

Moskau, 18. August 1978
23.30 Uhr
Eigentlich hätte ich jetzt über dem Ural sein sollen. Moskau hat mich noch nie freundlich empfangen. Ich weiß nicht, woher dieses Unverständnis zwischen uns beiden rührt ...
Der Flug von Schönefeld war angenehm. Merkwürdig, daß sich mir dieses banale Wort aufdrängt. Für gewöhnlich gebrauche ich es nur zum Lügen. Wie das Wort ›interessant‹.
»Was sagen Sie zu dem Theaterstück?«
»Interessant.«
»Wie gefällt Ihnen Frau B.?«
»Eine ganz angenehme Person.«
Du siehst, kaum verlasse ich Berlin, verkehrt sich meine Unlust in Höflichkeit.
Als wir zur Startpiste rollten, sah ich Dich auf der Terrasse des Flughafengebäudes stehen und winken, und als die Iljuschin vom Boden abhob und eine Schleife zog, suchte ich mir einen Punkt inmitten der vielen bunten Punkte da unten und bildete mir ein, das seist Du. Zunehmend bin ich versucht zu glauben, es sind nicht die Dinge, die uns Ruhe geben oder Irritation, sondern die Vorstellung, die wir von ihnen haben. Es dürfte ja sonst nicht sein, daß so viel Glück und Mut, soviel Todesbereitschaft von ganz trivialen Täuschungen ausgehen kann.

Ich war auf Suche-Bator eingestellt, und nun Lenin-Mausoleum. Statt Dund-gol und Tuul-gol die Moskwa, statt Archy Faßbrause in einem Motel der Minsker Allee. Dabei schien alles o. k.
Abflug Berlin – 14.35 –
Ankunft Moskau – 18.20
Abflug Moskau – 21.15
Ankunft Ulan-Bator mit Zwischenlandung in Omsk und Irkutsk – 11.35

Aber es ging so ziemlich alles daneben, was auf einer solchen Tour danebengehen kann. Der Koffer, hatte man mir gesagt, würde in Scheremetjewo ohne mein Zutun in eine Tupolew umgeladen. Im Lande Väterchen Stalins ist aber auch heute noch jeder gut beraten, dem durchaus zweckdienlichen Spruch zu folgen: Vertrauen ist gut, Kontrolle ist besser. Während ich im Gewühl der sich drängenden Menge stand, fürchtend, ich könnte nicht rechzeitig zu meinem Flugsteig kommen, riet mir eine innere Stimme, auf das rotierende Transportband zu sehen. Und da kreiste er, mein Koffer, allein und von niemandem beachtet. In diesem Augenblick wußte ich, das ist ein Menetekel, und ich begann zu schwitzen.
Irgend etwas in meinem Gesicht muß den Zollbeamten bekümmert haben. Er durchwühlte nicht mein Gepäck wie bei den anderen, sondern ließ mich passieren. Nun aber brauchte ich ja für den Flug nach Ulan-Bator eine weitere Zollerklärung. Ich suchte vergebens nach einem solchen Papier, fand schließlich eins in englischer Sprache, schrieb meine Deklaration und lief, soweit man mit einem vollgestopften Koffer zu laufen vermag, zum Buchungsschalter: Omsk–Irkutsk–Ulan-Bator.
Stell Dir vor, ›Spartak Moskau‹ spielt im Lenin-Stadion gegen ›Real Madrid‹ um den Einzug ins Europacup-Finale, und an der Stadionkasse sind noch einige Karten erhältlich. Korrigiere deine Phantasie nicht, gestatte ihr alle Freiheit, dann weißt du in etwa, was an diesem Buchungsschalter vor sich ging. Und in dem sozialistischen Chaos ich mit meinem sozialistischen Koffer.
Nach so vielen Jahrzehnten proletarischer Macht vollziehen sich in unseren Hirnen ganz seltsame Stromstöße. Wir programmieren unseren Computer unentwegt mit der Angst, eventuell etwas zu brauchen und es dann nirgends zu bekommen. Die Römer haben überallhin ihre Hausgötter mitgeschleppt, wir horten den unsinnigsten Kram und stecken ihn zuletzt auch noch in einen Koffer nach Ulan-Bator, wo das Wort gilt: Einen Haufen Knochen sammeln und nicht mal beißen können.
Vor dem Schalter Mongolen, Tschechen, Polen, Russen – der ganze RGW. Hinter dem Schalter zwei Matrjoschkas, sie stoßen die Arme fort, die sich ihnen entgegenstrecken und nehmen die

Pässe nicht an, sondern schreien etwas, und ich verstehe nichts und schreie und schlage um mich wie die anderen.
Jetzt, da ich dir das schreibe, fällt mir ein, daß ich irgendwann einmal meinen Schülern etwas von proletarischem Internationalismus erzählt habe, und mir fällt die ›Titanic‹ ein, die von einem Eisberg aufgeschlitzt wurde, und die Passagiere schlugen sich um einen Platz in den wenigen Rettungsbooten. Es ist wie immer, die Meditation kommt erst nach der Katastrophe, wenn genügend Zeit bleibt für Katzenjammer und Nichtstun.
Kurz und gut, mein Name stand nicht auf der Passagierliste, oder er stand darauf, und ein Bestechungsgeschenk machte ihn zugunsten eines anderen unauffindbar. Jedenfalls fühlte ich mich in Moskau wieder einmal von Herzen elend. Und ich schwor mir, die Stadt nur noch als ›Very Important Person‹ oder als Dollargast zu betreten.
Auf die Weise allerdings lernte ich Miro kennen, den Chef des Föderativen Radioprogramms in Prag, und noch einen zweiten Tschechen, der zwar seinen Namen sagte, den ich aber nicht verstand. So nenne ich ihn ›Hallo‹, ›Er‹ oder ›lieber Freund‹. ›Hallo‹ ist Projektant und reist in Sachen Schuhe nach Ulan-Bator. Er soll dort zwei Jahre bleiben und mithelfen, den Namen ›Bata‹ in der Mongolei publik zu machen. Den beiden erging es nicht anders als mir. Jedoch sie sind Söhne des Schweijk, ich komme aus dem Land der ›Dichter und Denker‹, wo Revolutionen gründlich gedacht und schlecht gemacht werden. Während ich mit der Botschaft telefonierte, kundgab, daß ich in Scheremetjewo festsäße, die nächste Maschine nach Ulan-Bator flöge erst in zwei Tagen, ich nicht über ausreichend Rubel verfügte für Übernachtung und Verpflegung, vom diensthabenden Attaché gerügt wurde und zu erklären hatte, warum ich nicht in Berlin – Hauptstadt der DDR – Vorsorge getroffen hätte, es könne ja schließlich nicht jeder die Botschaft um Geld anbetteln, es gäbe keinen Fond für derartige Schludereien – Du kennst die Gebetsmühle solcher Leute –, während ich dieses blödsinnige Gespräch führte, verhandelten die Tschechen mit der Hostess von Aeroflot, schenkten ihr eine Strumpfhose, erzählten was von Bata-Schuhen, erhielten als Ausgleich einen Bon für Übernachtung und Verpflegung – für

den Němec gleich mit –, einzulösen bei der die Schuld tragenden Fluggesellschaft. Womit wieder einmal klargestellt ist, daß unsere Gesellschaftswissenschaftler die Begriffe Solidarität und proletarischen Internationalismus neu zu definieren hätten.
›Wanderer, kommst du nach Scheremetjewo, ohne VIP zu sein oder verfaulender Kapitalist, berichte, du hast uns verstoßen gesehen, wie es das Gesetz befahl.‹ Mit diesem Ausspruch bestieg ich das Taxi, und Miro setzte sich zu mir, und wir waren einander sehr sympathisch. Nun schlaf gut. – Ulan-Bator, der ›Schöne Held‹, ist noch weit.

19. August

Hast Du schon einmal in die Gesichter der Soldaten vor Ehrenmalen geschaut? Vor einem Mausoleum ist die Entpersönlichung perfekt, für den Toten und für seinen Bewacher. Um 18.00 Uhr sahen wir den Wachwechsel auf dem Roten Platz. Mir ist diese Wachsfiguren-Schaustellung zum ersten Mal so bewußt geworden. Das Glockenspiel des Kreml betonte das Marionettenhafte.
Moskau etabliert sich. Am Sonnabendnachmittag werden die Straßen leerer – die Menschen promenieren wie einstmals die braven Bürger ›Unter den Linden‹. Schön die Taxis mit den Brautpaaren vor dem Roten Platz. Die Jungvermählten legen Blumen zum präparierten Lenin. Die Autos geschmückt: Schleifen, Luftballons, Trauringe, Puppen vorn am Kühler.
Der Himmel über Moskau ist wolkenlos. Ich empfinde das Grün der Stadt sehr intensiv, in dieser Weise hat es sich mir noch nie aufgedrängt. Kein Wunder, bisher empfing mich die Metropole immer mit Regen. Miro sucht verzweifelt nach einer Piwniza. Immerzu gießt er Pivo in sich hinein. Und da es sein geliebtes Pilsner in Moskau nicht gibt oder nur in Valuta-Hotels, trinkt er mit aufgerissenem Mund und zugekniffenen Augen ›Nascha marka‹, ein Gemisch aus fader Limonade und schlechtem Hopfensaft. »Ihre Raketen sind besser«, sagt er, »aber ich bin Pazifist.«
›Hallo‹ muß noch einmal wegen seines Tickets nach Scheremetjewo. Miro und ich haben unseren Flug sicher: zweimal zwischenlanden, einmal umsteigen in eine AN 24. Das ist so ein Hausboot

wie die alte gute IL 14, sie fällt in jedes Luftloch, aber sie stürzt nicht ab. Du kennst das aus unseren glücklichen Jahren in Bulgarien, als man dort noch Weintrauben kaufen konnte, Pfirsiche, Pijani wischni und die österreichische ›Volksstimme‹ mit ihren Skandalgeschichten, und mein Bruder schickte mir aus Freiburg den ›Spiegel‹ und ›Die Zeit‹, und den Zoll in Burgas interessierte das nicht. Schau an, gleich werde ich nostalgisch. In der Weimarer Republik ging ein Lied: ›Wir wollen unseren alten Kaiser Wilhelm wieder haben‹. Noch einige Jahre, und unsere Rentner-Genossen werden singen: ›Wir wollen unseren Walter Ulbricht wieder haben‹. Greise werden das Blauhemd anziehen und die Kantilene anstimmen: ›Bau auf, bau auf, Freie Deutsche Jugend bau auf‹. Und die Erinnerungen werden gewaltig sein und die Augen feucht.

Großer Erfolg für ›Hallo‹. Was in aller Welt hat mich bewogen, als Geschenk Bücher mitzunehmen und nicht Strumpfhosen. Ich glaube, die Hälfte von ›Hallos‹ Gepäck besteht aus Damenunterwäsche. Was sich in Scheremetjewos Hinterzimmern abgespielt hat, erzählt er nicht im Detail. Aber er zeigt uns sein Ticket: Direktflug Moskau–Ulan-Bator. Die Letzten werden die Ersten sein. Immer noch gilt überall im Sozialismus die Weisheit der Bibel. Oder anders: Wenn du nicht Hammer sein kannst, dann handle mit Autoteilen und Dessous.

Im Restaurant unseres Motels gibt es kein Bier zum Abendbrot. Miro stellt neidvoll fest, daß die Russen am Nebentisch damit versorgt werden. – Warum auch nicht. Der Sohn ist mir näher als der per Beschluß aufgezwungene Freund.

Der Blick nachts aus Zimmer 405 zeigt die Straßenschleife, die Lichter der Neubauten und den nahezu vollen Mond.

Moskau, Moskau, wohin treibst du, und wohin treibst du uns? Jeden Hoteleingang bewacht ein gestrenger Pförtner, er schließt die Tür und verlangt beim Eintreten Erklärungen. Eine Pforte zum Paradies oder ...? Die Stadt pendelt zwischen Selbstbewußtsein und Komplex. Sympathisch: In unserem Restaurant mehrere Schilder ›U NAS NE KURJAT‹, keiner hält sich daran. Die Serviererinnen mahnen nicht. So war es in Aleppo im Kino. Ich stelle überhaupt fest, daß mir das Orientalische nähersteht als

das Abendländische. »Weißt du«, sagte einmal ein Bundesdeutscher zu mir, »ihr mit eurer proletarischen Diktatur könnt sicherlich im Sport mehr erreichen als wir. Auch so ein Gelaber im Parlament gibt es nicht. Aber eine demokratische Schlamperei ist mir trotzdem lieber.«
Morgen erneutes Debakel in Irkutsk oder Landung mit einer AN 24 in Ulan-Bator? Ich fühle mich versucht, die Reise abzubrechen, zugleich lockt die Ungewißheit.

21. August, mittag

Ulan-Bator inmitten eines Kessels. Wie soll ich Dir die Landschaft beschreiben. Denk an die Züge des Balkan, an den Stoletow, als wir da hinaufliefen und über die alten Kanonen hinweg die Sonne hinabtauchen sahen, oder die Ausläufer des Stara Planina, an dessen Kahlheit natürlich die Türken schuld sind wie an jeder Unzulänglichkeit Bulgariens auch heute noch. Die Türken waren nicht in der Mongolei, und deshalb wohl tragen die Bergketten hier noch hin und wieder Wälder. Und auch die unbewaldeten, scharfgeschnittenen Gebirgszüge sind zumeist von einem matten Grün überzogen, das Gestein sticht nicht so rot oder gelb in die Augen. Das macht alles weicher – ich merkte es schon vom Flugzeug aus. Und entsprechend der Landschaft haben Ulan-Bators Bewohner ehemals ihre Häuser gebaut, mit scharfem Dachgrat, die geschwungene Fläche grün angestrichen. Sie schmiegen sich wie Tiere schutzsuchend an die Hänge. Die Neubauten sind wie überall in der Welt, auswechselbar.
Vielleicht ist Ulan-Bator die menschenleerste Hauptstadt des ganzen Erdballs. Das drängt sich mir auf nach dem Chaos in Scheremetjewo und dem höllischen Platz vor dem ›Oberoi‹ in Kalkutta. Ulan-Bator wirkt vom 12. Stockwerk des für die Ausländer bestimmten Hotels übersichtlich und keineswegs maßlos groß. Aber streifst Du durch die Straßen, erfährst Du bald die elende Müdigkeit wie inmitten des Steinghettos auf dem Alexanderplatz. Dabei kannst Du das eine nicht mit dem anderen vergleichen. Die Berge geben Ulan-Bator eine Grenze, ohne es zu beengen. So wie wir, auf einer der vielen kleinen Brücken in Amsterdam stehend, plötzlich das Licht entdeckten und dadurch

überhaupt erst die niederländische Malerei begriffen, so bleibt
Dir der ›Schöne Held‹ ein Fremder, siehst Du ihn nicht in seinen
Farben. Tust Du es, gibt es zwischen der Stadt und Dir keine
Distanz. Du bist erschöpft von einer langen Reise, es öffnet sich
Dir eine niedrige Tür, und jemand steht da in seinem Deel mit
den überlangen Ärmeln und sagt: »Oroo, mein Haus ist auch
dein Haus, mein Sohn. Geht es dir gut?«
So wünschen wir uns die Welt, und niemals erfüllen sich die
Hoffnungen.

abends

Ich sitze auf dem Balkon. Das Rot der untergehenden Sonne fächert den Himmel. Vielleicht ist es exakter zu sagen, es zerfasert
ihn. Der Abend ist mild. Nichts von dem gefürchteten Temperatursturz. Es ist 21.15 Uhr – sieben Stunden Zeitunterschied zu
Leipzig. Wahrscheinlich trinkst Du jetzt Deinen Kaffee. Ich sehe
auf die Neonlichter des Postamtes.
Grün: Glawpotschtamt
Blau: Towschudan
Gelb: Central Post
Violett: Telegraf, Telefon
Darüber die Weltkugel.
Sonst kaum Lichtreklame in der ganzen Stadt.

Als ich vor zwei Jahren nach Damaskus kam, hatte man gerade
zwei Terroristen öffentlich erhängt, weil sie das Nobelhotel ›Semiramis‹ gestürmt und Geiseln genommen hatten. So wurde ich vorsichtshalber in eine Souterrain-Wohnung gesteckt, gleich neben
dem Hauptquartier der Palästinenser. Der Kassionberg lag kahl
in der prallen Sonne, und ich wagte mich nicht auf die Straße aus
Furcht, meine Wohnung nicht mehr zu finden. Es gab keine Straßenschilder, und wo doch eins schief an einem Haus hing, war es
in arabischen Hieroglyphen geschrieben. Ich hatte kein syrisches
Pfund und keinen Dolmetscher. Hier wachsen die Berge vor mir
auf wie in Damaskus. Aber ich sehe sie nicht aus einem Kellerfenster, sondern vom 12. Stock aus, und das macht wohl den Unterschied und erklärt zugleich die Neigung, die Stadt in den ersten

Stunden weniger problematisch zu finden als Damaskus. Ob es so etwas gibt wie Syrer, Deutsche, Mongolen? Wahrscheinlich doch. Die Rezeptionsangestellte warnt mich, am Abend allein durch die Straßen zu spazieren. Ich schleppe keine Mengen an Tugriks mit mir herum, und Geiselnehmer – das gibt hier keinen Sinn.

P.S.
Eigenartiger Zufall: In Irkutsk regnete es. Die Wolkenfront war zugleich die Grenze zwischen SU und der Mongolei.

22. August

Selbstverwirklichung. Wer etwas auf sich hält, spricht davon. Das Wort ist zur Mode geworden wie ein Fetzen Stoff oder eine Schuhsohle.
In Scheremetjewo, als wir im Transitraum viele Stunden auf den Abflug warteten, liefen zwei solche ›Selbstverwirklicher‹ durch den Saal – zwei Deutsche, Wissenschaftler vermute ich. Der eine, der dickere, rauchte eine Havanna, der andere eine lange Brasil.
»If you smoke, you help the production of tabac«, sagte der Havannaraucher zur Frau hinter dem langen Informationstisch. Und dann lachte er über seinen Witz.
Zu den beiden gehörte ein Japaner. Er faltete unentwegt Kraniche aus Papier. Für ihn existierte nichts anderes.
Neben all dem Überflüssigen habe ich auch etwas Nützliches in meinen Koffer gesteckt, ein Büchlein über die ›vier edlen Wahrheiten‹. ›Und was, o Mönche‹, fragt Buddha, ›ist die edle Wahrheit von dem zur Aufhebung des Leidens führenden Pfad?‹ Und er gibt die Antwort: ›Es ist dieser edle achtgliedrige Weg, nämlich: rechte Einsicht, rechter Entschluß, rechte Rede, rechte Tat, rechter Wandel, rechtes Streben, rechte Wachheit, rechte Versenkung.‹
Ich möchte wetten, der Japaner ist ein Jünger Buddhas. Die beiden anderen haben einen anderen Guru zum Meister, und der lehrt: ›Sieben sind die Elemente, von nicht gemachter Art, ohne Abmessung, starr, unbeweglich, säulenfest. Sie bewegen sich nicht, sie verändern sich nicht, und es ist eines für das andere we-

der von Glück noch von Leid ... Da gibt es keinen Mörder und keinen, der morden läßt. Auch wenn jemand mit einem scharfen Schwert einen Kopf abschlägt, so raubt keiner irgend jemandem das Leben, denn nur in die Lücke zwischen den sieben Elementen fährt das Schwert hinein.‹
Das alles mag Dir etwas dunkel erscheinen. Nein, nein, sei ohne Sorgen, ich habe keine Magenbeschwerden und keine Depressionen. Ulan-Bator liegt tausendfünfhundert Meter über dem Meeresspiegel. Die Luft ist sauber, ich höre kein Radio, ich sehe nicht fern, ich lese keine Zeitungen. Es gibt keinerlei Grund für irgendein Elend. Ich schlenderte durch die Straßen in der einfältigen Absicht, einige Läden aufzusuchen. Aber ich fand keine, weil ich irrtümlicherweise glaubte, zu einem Laden gehörten Schaufenster. Dann stand ich in einem kleinen düsteren Raum. Ich entschloß mich, ihn als Milchgeschäft zu nehmen. Vielleicht war es auch etwas anderes. Möglich, daß es überhaupt kein Geschäft war. Es drängten sich einige Frauen darin, und ich forschte nicht weiter. Und dann befand ich mich unvermutet vor einem übergroßen Stalinmonument. Und ich grübelte darüber nach, was die Mongolen wohl veranlaßt haben könnte, an dem Mann festzuhalten, dem die eigenen Leute keinen Platz mehr im Mausoleum gestatten. Und von da aus ergab sich zwangsläufig der Vergleich mit den an Gehorsam gewöhnten Deutschen, über die Napoleon sagt: ›Törichter ist kein anderes Volk auf der Erde. Keine Lüge kann grob genug ersonnen werden, die Deutschen glauben sie. Um eine Parole, die man ihnen gibt, verfolgen sie ihre Landsleute mit größerer Erbitterung als ihre wirklichen Feinde.‹ Einmal beim Gegenüberstellen erinnerte ich mich an Scheremetjewo, den Kraniche faltenden Japaner und die sich kosmopolitisch gebenden deutschen Zigarrenraucher.
Damit ist der Assoziationsstrom geschlossen.

Gestern fand sich in meinem Zimmer ein Dolmetscher ein. Er ist Medizinstudent, war am Herder-Institut und studiert jetzt an der Leipziger Universität. Es dauerte nicht lange, und wir deklamierten gemeinsam die üblichen Lernformeln des Herder-Institutes: Ich komme aus Afrika. Ich komme aus Asien. Ich komme aus

Amerika. Damit war unser Freundschaftsbund geschlossen. Heute fragte ich ihn, was ihm in der DDR gefiele. Antwort: »Das Essen. Es gibt dort auch im Winter Gemüse.«
»Und was gefällt Ihnen nicht?«
»Die Menschen. Bei uns sind die Menschen ›weis‹, in der DDR hart. Braucht bei uns jemand 10 oder 15 Tugrik, so gebe ich sie ihm und verlange sie nicht zurück.«

23. August
In der Nacht Regen, sehr starker Wind. Meine Balkontür zur Ostseite schließt schlecht. Der Sturm pfeift durch den Türspalt. Die Berge sind am Morgen ganz nah, ihre Kämme scharf, und darüber die schwarzen Wolken, durchbrochen von weißem Licht. Die Landschaft ist sauber, aber streng, wie desinfiziert. Blau, Rot, Grün, Weiß, alles steht hart nebeneinander, und über die Innenstadt hinweg, über das Theater, die sowjetische Botschaft, die Schule, das Gästehaus sehe ich die hellen Jurten am Hang der grünen baumlosen Hügel.

›Lobnisse‹. Die Wortbildungen von Ausländern haben etwas Kindliches. Ungewollt aber sagen sie oft das Treffende. Der Sekretär für Auslandsbeziehungen im Schriftstellerverband schreibt ›Lobnisse‹. Er ist ›nicht sehr beliebt‹, jedoch ›sehr bekannt‹. So die Worte meiner neuen Dolmetscherin. Der Medizinstudent ist nicht mehr gekommen. Ich weiß nicht, warum. Tamir, so der Name der Frau, weiß es auch nicht. Sie hat gleichfalls in Leipzig studiert – Germanistik –, ist nach vier Jahren exmatrikuliert worden, geschieden, hat zwei Jungen – zehn und fünf Jahre. Tamirs Vater ist 2. Sekretär der mongolischen Botschaft in Warschau. »Ich bin eine von den ›ewigen Studenten‹«, sagt sie. Jetzt studiert Tamir in Ulan-Bator am Dolmetscher-Institut die Fächer Mongolisch und Russisch. Ihr Problem: Von klein auf steckte sie in sowjetischen Schulen. Die Folge: »Meine Mentalität ist mehr russisch als mongolisch. Die mongolische Sprache beherrsche ich unvollkommen. Erst jetzt mit dreißig Jahren finde ich mich mehr und mehr hinein.«
Hieße Tamir Monika oder Katja und lebte sie in Berlin-Ost, wäre

sie wahrscheinlich ein ›Aussteiger‹ und siedelte nach Kreuzberg über. Hier vollzieht sich noch alles in scheinbar gesünderen Formen des Familienlebens. Es ist oft noch Brauch, daß das erste Kind den Großeltern überlassen wird. Es hilft den Alten, z. B. beim Wasserschleppen. Diese Sitte gilt wohl mehr auf dem Land. Trotzdem, einer der Jungen Tamirs wächst bei den Großeltern auf. Jetzt während der Ferien ist er in Polen.
Ich habe den Verdacht, der Bruch zwischen den Generationen steht den Mongolen noch ins Haus.

›Der ältere Bruder lehrt,
der jüngere Bruder hört zu.‹

›Ein Stück Holz wird nicht zum Feuer,
ein Mensch ist keine Familie.‹

Welche Harmonie in den Sprüchen. Welches Wüten in den Bussen.

24. August

Im alten Kaisersitz – jetzt Museum – ist ein zorniger Buddha dargestellt, über seinem Haupt starren dem Besucher fünf Totenköpfe entgegen, Sinnbild für die fünf Todsünden. Eine davon ist die Dummheit. Die anderen: Faulheit, Hochmut, sexuelle Ausschweifung, Böswilligkeit.
Der Buddhismus scheint mir die logischste aller Erlösungstheorien, einschließlich der weltlichen. Die einen versprechen dem Folgsamen immer ein Paradies, Gottnähe oder Zuckererbsen. Buddha lehrt als Höchstes das Nicht-Sein. Wer nicht ist, kann nicht leiden. Also laß los, bleib nicht verfangen in den fünf Hindernissen auf dem Weg zum Nirvana. Eine erstaunliche Umkehrung: Während alles nach Unsterblichkeit strebt, danach die Gebete ausrichtet, die Revolutionen, predigt er das Tun mit dem Ziel der Nicht-Wiedergeburt. Hoffen auf das Nicht-Sein. Das nenne ich Dialektik. Ich weiß nicht, was Du beim Lesen eines solchen Spruches empfindest:

›Was immer dem Entstehen angehört,
alles gehört auch der Vernichtung an.‹

Ich finde, er macht bescheiden.

Der Kaiserpalast hat sieben Tempel und ein Wohnhaus. An den Dächern der Tempel sind Glocken befestigt. Vom Wind bewegt, ertönt ein märchenhaftes Geläut. Die farbigen holzgefugten Tempel werden umschlossen von einem grünen Lattenzaun. Die Westseite des Palastes ist noch häßlicher verkleidet: eine rote Bretterwand, davor gelbe Kräne zwischen grün angestrichenen Rohrleitungen.
Ich überquere den Tuul-gol und lief dann über Wiesen den Ausläufern des Chientigebirges zu. Auf einem vorgelagerten Hügel erhebt sich gigantisch das sowjetische Ehrenmal.
Noch nie habe ich einen solchen Duft von Kamille um mich gehabt.

25. August

Nun erkläre einem Tarwa (Sekretär des mongolischen Schriftstellerverbandes für Internationale Verbindungen – ›Außenminister‹ – jeder hier hat eine ›hohe‹ Funktion, und wenn ich nach einem Schriftsteller frage, ist er sicher ein großer, berühmter Dramaturg oder Dichter), nun erkläre einem Tarwa, warum ich in die Gobi will. Das möchte er nämlich exakt wissen, und ich weiß nicht, ob er begreift, was ich meine, wenn ich sage, ich möchte das harte Gras und die Weite dort riechen, wie ich die Kamille gerochen habe, ich möchte meine Hände auf die steinige Erde legen und die Sterne über der Gobi sehen, die Luft schmecken.
Proust ist auf der Suche nach der verlorenen Zeit, wir sind auf der Suche nach den verlorengegangenen Sinnen.
Wir sehen und nehmen nichts auf. Wir hören und verstehen nichts. Wir kauen und schmecken nichts. Wir greifen und fühlen nichts. Wir atmen und riechen nur noch Schwefeldioxyd. So ist uns nicht nur der Himmel verschlossen, sondern auch die Erde. Wir stehen am Bretterzaun und schauen auf die Tempel, zu denen uns der Zugang versperrt bleibt. Manchmal, wenn der Wind

geht, hören wir das Läuten der kleinen Glocken. Aber offen bleibt uns nur der Weg zu den Rohrleitungen und den gelben Kränen.
Ich kenne Deinen Satz: ›Sehnsucht in die Vergangenheit ist Torheit.‹ Ich zweifle ihn nicht an. Ich gestehe unumwunden ein, daß Frauen im allgemeinen wirklichkeitsbezogener sind als die gerissensten Politiker. Und dennoch macht mich das Tempo schwindeln, in dem die Menschen in ihren Suizid rasen. Fünf Schritte vor und keinen mehr zurück.
Mit wem immer ich hier zusammentreffe, den bitte ich um ein Sprichwort. Namdag, von dem ich Dir noch erzählen werde, sagte: »Gras, das nicht einmal ein Kamel erreicht, möchte eine Ziege fressen.« Das ist ein passender Schluß für meine Larmoyanz.

Also zurück zur Gegenwart. Im Religionsmuseum stand ich vor der riesigen Holzskulptur eines Liebesaktes. Der Mann hält die Frau auf seinem Schoß. Ihre Schenkel sind weit geöffnet. Ihm hat der Künstler mehrere Gesicher gegeben: die Vorderansicht halb Mensch, halb Schwein. Die seitlichen Gesichter zeigen Glück, Bosheit, Verzückung, Gewalt. Namdag sah mich vor der Skulptur verweilen, trat neben mich und sagt leise, weil man hier nur leise spricht, und in gutem Deutsch: »Die Liebe bewegt alles und bringt alles hervor, das Heilige und das Bestialische. Freud, bevor er als Jude geboren wurde, war schon längst bei den Buddhisten als Mönch da.«
Namdag ist siebzig Jahre alt und schreibt Gedichte. Während der Weimarer Republik hat er vier Jahre im Thüringer Raum gelebt, vorwiegend in Saalfeld. Von ihm geht etwas Freundliches aus und Ruhiges. Ich fühle mich gut in seiner Nähe. Wir kommen auf das Gandang-Kloster zu sprechen, und ich frage ihn nach dem Unterschied zwischen Buddhismus und Lamaismus. »Buddhismus ist eine Philosophie«, sagt er, »der Lamaismus ein Aberglaube.«
Danach sitzen wir auf den warmen Steinen vor dem Hochzeitspalast. Nahezu 40 Prozent aller Eheschließungen des Landes werden hier vollzogen. Aus allen Winkeln der Mongolei kommen die Paare zu diesem Zweck nach Ulan-Bator. Ein Jeep oder ein Ka-

mel oder ein Pferd bringt sie aus dem Somon zum Flugplatz ihres
Aimaks. Die Maschine holpert dann über eine Sandpiste und
nimmt Kurs auf die Hauptstadt. Heiratszeit ist hier noch eine
Hohe Zeit, nicht so eine Abfertigung zwischen neun und halb
zehn wie bei uns. Jemand nannte das mal einen Karnickelfick. In
seiner Architektur erinnert mich der Palast an einen spitzen
Frauenhut. Dem Baumeister ist hier etwas Schönes gelungen: la-
maistisches Kloster und Moderne in Harmonie vereint. Namdag
erzählt mir, daß die Mönche des Gandang-Klosters abraten, im
›Jahr des weißen Affen‹ zu heiraten. Nach dem buddhistischen
Kalender wird das in zwei Jahren sein. Wer sich im ›Jahr des weißen Affen‹ zusammentut, dem bleiben die Kinder aus, und die
Ehe zerbricht. Sehe ich mich in Leipzig um, muß ich annehmen,
wir leben nur noch im ›Jahr des weißen Affen‹.
Während wir plaudern, ich darauf warte, daß ein Brautpaar in
den Palast hineingeht oder ihn verläßt, schlägt jemand mit der
flachen Hand gegen die Steinplatte, auf der wir sitzen. Hinter uns
steht ein Mann, und ich weiß nicht, ob der Deel, in dem er steckt,
älter ist als er oder der Mann älter als der ausgeblichene Deel.
Namdag erklärt mir, daß es verboten sei, hier zu sitzen und zu
gaffen, und er steht auf, und ich tue es auch. Damit gibt sich der
Wächter zufrieden, nickt mit dem Kopf, und wir dürfen uns wieder setzen.
»Wie ist bei euch die Zensur?« frage ich Namdag.
»Schrecklich.«

               am Nachmittag
›Besser als hundert Gesichter zu sehen, merke dir einen Namen.‹

Ich merke mir Sandou. Bisher hatte ich ihn nur als ›der Rumäne‹
in Erinnerung. Wir begegneten einander vor etlichen Jahren auf
jenem ›Narrenschiff‹, das einen bunten Haufen Dichter den Irtysch hinab in den Ob fuhr. Sandou fiel mir damals auf, weil er
immer korrekt gekleidet ging. Wenn uns in der feuchten Hitze
die Mücken umschwärmten, schlug er nicht wild um sich wie wir
anderen. Nachts auf Deck soff er nicht wie etwa der Moskauer

Liedermacher. Sandou trank. Er schmiß sich nicht an die Weiber. Er machte ihnen den Hof. Als ich heute den Frühstücksraum betrat, kam mir plötzlich Sandou entgegen. Ich erkannte ihn sofort an seiner hohen Stirn, dem weichen Mund, dem grauen Anzug mit Weste – ich möchte meinen, den trug er auch im Tjumener Gebiet. Sandou hätte auch am Hofe Ludwig XIV. eine gute Figur abgegeben. Woran er mich erkannte, weiß ich nicht. Jedenfalls liefen wir aufeinander zu und umarmten uns. Sandou ist wie ich Gast des Verbandes, und wir werden einige Reisen gemeinsam unternehmen. Verständigungsprobleme gibt es zwischen uns nicht. Sandou spricht ein wenig Russisch, ich ein wenig Bulgarisch, und beide sprechen wir ein mangelhaftes Englisch. Aus dem ganzen haben wir unser Esperanto gefunden, er mischt es mit französischen Brocken, ich mit lateinischen. Welchen Vorteil es hat, Sandou am gleichen Tisch sitzen zu haben, zeigt sich darin, daß du von den Serviererinnen dein Essen bekommst, selbst wenn du keiner Delegation angehörst. Als Einzelwesen existierst du für sie einfach nicht. Da helfen auch keine harten Devisen. Und das will schon etwas heißen. Sandou und ich sind von nun an eine Delegazia. O wie gut, daß niemand weiß, daß ich Rumpelstilzchen heiß. Als das nämlich fühle ich mich neben dem durch und durch Würde ausstrahlenden Sandou. Sorbonne, Oxford College, Nobelpreis, wenn er auch nichts davon hat, so glaubt man doch, daß er es hat. Und das Mongolenmädchen mit dem dicken Zopf bringt uns sehr bald den Tee in henkellosen Schalen, und Sandou umschließt seine mit den Händen wie ein Priester am Altar den goldenen Kelch und schlürft das heiße Getränk mit Behagen. »Du mußt nur genügend Salz hinzutun«, sagt er, »dann schmeckt er vorzüglich.«
Ich will wissen, ob er über die Mongolei etwas schreiben wird. »Nein«, entgegnet er, »nur für mich. Shurnal eto shurnal. Literatur – eto literatur.«
Ich nehme meine tägliche Abendmahlzeit ein: bulgarischen Pfirsichnektar und trockenes Brot.
›Ein zu gut gefütterter Ochse schlägt den Wagen kaputt.‹

Darchan, 26. August

Kak partisan.
Nach Meinung des Arztes sehe ich so aus mit dem breiten Pflaster auf dem Kopf. Nun erschrick nicht. Das Mißgeschick passierte mir vor zwei Tagen. Ich suchte irgendwas und stieß dabei gegen die Ecke der Schranktür. Natürlich gab es große Aufregung. Ich blutete sehr stark, und man fuhr mich zur Unfallstation. Nein, nicht im Krankenwagen wie seinerzeit in Burgas mit der Subarachnoidalblutung. Du siehst, ich stecke in Darchan. Die Verletzung ist also harmlos. Der Chirurg hätte mich sonst nicht freigegeben. Ausländische Gäste gehören zu einer besonderen Nomenklatura. Da handelt man sich als Mediziner eine Menge Scherereien ein, wenn ein ›Kunstfehler‹ nachgewiesen wird. Deswegen wollte er mir auch den Kopf ganz umwickeln, nachdem er mir zwei Tetanus-Spritzen gegeben und die Wunde genäht hatte. Dann allerdings hätte ich nicht mehr ausgesehen wie ein Partisan, sondern wie einer, dem Ohren und Nase abgefroren sind. Wir grinsten einander an und einigten uns auf abrasierte Haare, dikken Mull und Kreuzpflaster.
»Fühlen Sie sich gut?«
»Kak partisan.«
»Bajartai«, auf Wiedersehen.
Nun also Darchan. »Konez mira«, sagt Sandou, Ende der Welt. Hörten die Mongolen diese Invektive, es würde sie sehr kränken. Die Stadt liegt ungefähr 240 Kilometer nördlich von Ulan-Bator. Und natürlich wird der Ausländer hierher gefahren, wie wir ja Engländern, Franzosen, Finnen Halle-Neustadt präsentieren und nicht begreifen, daß sie es schrecklich finden. Der Stolz auf das Geschaffene trübt leicht den Blick für die Realität.
So lese ich im ›Neuen Deutschland‹:
›Im April 1961 aus der Taufe gehoben, um der wirtschaftlichen Entwicklung der Mongolei Rechnung zu tragen, ist Darchan heute bereits ein Symbol der bemerkenswert gewachsenen ökonomischen Stärke der MVR. Darchan trägt nicht von ungefähr den Beinamen ›Stadt der Freundschaft‹. Mit Hilfe der sozialistischen Länder ist hier ein Wirtschaftsschwerpunkt geschaffen worden, der jetzt ein Fünftel der industriellen Bruttoproduktion des Lan-

des erzeugt und über die derzeit ergiebigste Steinkohlengrube des Landes verfügt.
Sowjetische Fachleute haben einen entscheidenden Anteil am Tempo auf den vielen Baustellen dieser modernen Stadt, deren Wohngebiete von den Industrieobjekten im Nachbartal umweltfreundlich getrennt sind. Die ČSSR half beim Bau eines großen Zementwerkes, Polen bei der Errichtung eines Werkes für Silikatziegel, Bulgarien baute ein Kombinat zur Verarbeitung von Schaffellen, Ungarn einen fleischverarbeitenden Betrieb. Die DDR lieferte eine große Anzahl wichtiger Industrieausrüstungen. Spezialisten aus den RGW-Staaten unterstützen auch heute mit ihren Erfahrungen die mongolischen Arbeiter der jungen Industriestadt, die noch vor zwei Jahrzehnten eine winzige Station der transmongolischen Eisenbahn war und jetzt 60 000 Einwohner zählt, von denen 80 Prozent unter 30 Jahre alt sind.‹
Das alles ist wahr. Wahr ist aber auch, was ich sehe.
Zuerst die Fahrt: Eine Straße, kaum notdürftig geflickt, der harte Frost des Winters und die Temperaturstürze zwischen Tag und Nacht reißen sie immer wieder neu auf. Der Fahrer muß ständig scharf bremsen, um nicht in die Schlaglöcher zu geraten. Für mongolische Verhältnisse ist die ›Trasse‹ stark befahren. In der Ferne die Berge sind überzogen von einem grünen Fell, so wie ich es vom Flugzeug aus sah. Am Stadtausgang von Ulan-Bator ein Kontrollpunkt. Der Fahrer muß halten, aussteigen, von der Stadtwache einen Ausfuhrstempel auf die Papiere drücken lassen. Am Stadteingang von Darchan die gleiche Umständlichkeit. Bei den Engländern herrschen noch einige Gesetze aus den Zeiten von Richard Löwenherz. In der Mongolei lebt in manchen Dschingis Khan fort.
Ja, Darchan ist jung und zugleich elend wie die Trabantenstädte auf allen Kontinenten. Ich habe das Gefühl, die Natur wird totgebaut. Was bleibt und was nicht zu zerstören ist – wenigstens nicht sofort –, sind die Berge und das Glühen beim Sonnenuntergang.
Ich möchte noch einen Archy. Es ist 21.30 Uhr. Keine Gaststätte. Auch das Restaurant in unserem Hotel hat geschlossen. Bleibt die

Frage: Was machen die vielen jungen Leute in der jungen Stadt.
Pfützen verschmutzen den Weg,
Archy zerstört den Charakter.
Damit tröste ich mich und gehe in mein Zimmer. Ich schaue noch einmal aus dem Fenster. Vieles erinnert mich an Nishnewratowsk, nur sind dort keine Berge. Aber auch hier treten sie weit zurück. Es wartet noch eine große Fläche auf neuen Beton. Ich bin der Mentalität und dem Denken der Menschen in diesem Land noch sehr fern. Was mir gedolmetscht wird, ist Zeitung.
22.00 Uhr – Darchan schläft.
Sajng untaaraj – Gute Nacht.

Sonntag, 27. August
Vor dem Frühstück

Heute mußten wir zeitiger aus dem Bett als gewöhnlich. Du weißt, so eine Erwartungshaltung macht mich nervös, und ich schlafe schlecht. Aber das frühe Aufstehen lohnt. Mein Fenster zeigt nach Osten, und ich sehe den Himmel brennen. Erinnerst Du Dich, auf dem Roten Meer ließen wir uns nachts wecken, um das Kreuz des Südens zu sehen. Wir konnten es kaum erwarten. Und dann waren wir über das kleine schiefe Ding, das da tief am Horizont zwischen Wolken auftauchte, enttäuscht. Wer ausgehungert ist, dem wachsen die Vorstellungen ins Unermeßliche.
Der Himmel über dem mongolischen Hochland ist immer wieder anders, wie das Wasser des Ozeans. In diesem Land, in seiner Einsamkeit, seiner Stille, seiner Weite wächst deiner Seele der Buddhismus einfach zu. Er hat seine Ursache in sich selbst und spannt sich als großer Bogen über die Steppe, das Gebirge, die Wüste und die Flüsse. Marxismus, Materialismus, Atheismus sind den Menschen nur als fremdartiger Deel übergezogen worden.
Zwei Jungen auf einem Pferd reiten durch die morgendlich stillen Straßen Darchans. Die grünen Hügel sind während der Nacht der Stadt nähergerückt. Schafe weiden auf ihnen, und wenn man nur flüchtig hinsieht, könnte man meinen, überall dort lägen weiße Steine verstreut. Was sagst Du zu einem solchen Zahlenverhältnis:

Einwohner 1,5 Millionen
Vieh 25 Millionen.
Da ist es nicht verwunderlich, wenn du während der Fahrt von Ulan-Bator nach Darchan rechts und links der schorfigen Straße immer wieder große Herden siehst: Kühe, Schafe, Pferde, Ziegen oder den würdevollen Zug von Kamelkarawanen. Einige Flecken spart unser Planet auf, um nach dem großen Verderbnis neu beginnen zu können. Es klopft an die Tür. Sajng bajnou. Guten Morgen. Frühstücken und dann weiter nach dem Norden an die sowjetische Grenze ins Revolutionsmuseum Suche-Bator. Ich würde lieber zwischen den ›weißen Steinen‹ auf den grünen Hügeln liegen.
›Und was, o Mönche, ist Kummer? Was da, o Mönche, bei dem einen oder anderen Verlust, von dem man betroffen wird, bei dem einen oder anderen Unglücksfall, von dem man berührt wird, Kummer ist, Kümmernis, Betrübnis, innerer Kummer, innere Betrübnis ist, das nennt man, o Mönche, Kummer ...‹

22.00 Uhr
Bei Dir scheint jetzt die Sonne, oder es regnet. Sieben Stunden trennen uns.
Der Tag war in der Tat ein Sonntag, der Himmel am Morgen wolkenlos, die Luft klar und kalt, die Straßen Darchans um acht noch leer.
Wir fuhren vorbei am neuerbauten Theater. Der Wolga rollte über Asphalt, durch Schlaglöcher und Sand. Wenn Du Darchan verläßt, die neue Betonstadt und den alten Teil mit den Jurten und Holzhäuschen, verborgen hinter geschlossenen Zäunen, findest Du zurück in die Freiheit der bergigen Landschaft – grüne Hügel, Blumen, Steppengras. Du atmest eine Luft, die unser altes, sterbendes Europa nicht mehr kennt. Kühe laufen über den Weg und Schafe, und sie sind ohne Araten. Abends finden sie den Weg allein zur Jurte zurück. Kraniche, riesige Raben – und wenn Du in der grenzenlos scheinenden Weite ein Stück auf die Hügel zuläufst, riechst Du wieder den betäubenden Duft von Kamille. Heuschrecken fliegen vor Dir auf, reiben die langen Beine an den Flügeln, es hört sich an wie ein Schnarren. Ein Schwein trottet den Feldweg entlang. Du siehst nirgends eine Ansiedlung

und fragst Dich: Was für ein Bodhisattva ist bloß in so einem ganz und gar einsamen Schwein wiedergeboren worden. Über all dem die wärmende Herbstsonne. Was Dich an Zivilisation begleitet, sind Telegrafenmaste und die ausgefahrene Straße. Unser erster Halt war in Suche-Bator, einer kleinen Stadt (etwa 17 000 Einwohner), benannt nach dem Revolutionshelden der Mongolen – sozusagen ihr Lenin. Er ist nur dreißig Jahre alt geworden, und einige wollen wissen, Lamas, die man zu dem Kranken holte, damit sie ihn heilten, hätten ihm Gift gegeben. Suche Bator ist 1924 gestorben, im gleichen Jahr wie Lenin. Solange er lebte, hat man noch den letzten Bogdachan regieren lassen. Bis dahin war die Mongolei eine Art konstitutionelle Monarchie. Fünfzig Kilometer nördlich von Suche-Bator liegt unser Ziel: Altan-Bulag, ein poetischer Name: Goldene Quelle. Keine dreihundert Meter jenseits der Straße siehst Du Chart liegen. Das ist bereits sowjetisches Gebiet. Von hier aus griff die Revolution auf Altan-Bulag über, das zuvor Schiwechnagt hieß und von den Chinesen beherrscht wurde. Es hat ja zwischen Mongolen und Chinesen seit Jahrhunderten Grenzkriege gegeben. Die Spannungen sind auch im Sozialismus nicht völlig aus der Welt. Wahrscheinlich steckt in den Chinesen noch das Trauma einstmaliger Unterdrückung durch die Mongolen. Bulgaren und Türken, Polen und Russen, Deutsche und Franzosen, Moslems und Christen, Araber und Israelis, da frißt etwas in den Seelen fort. Ich denke an Saint-Exupéry und daß er sagt: ›Man sieht nur mit dem Herzen gut.‹ Und ich denke, was aber, wenn das Herz kurzsichtig geworden ist und verbraucht und niemand da ist, um eine Beipaßoperation zu machen.
Revolutionsorte haben ihre Gedenkstätten. Altan-Bulag hat das Holzhaus, in dem Suche Bator gewohnt hat, ein Denkmal mit seiner Büste und ein großes Revolutionsmuseum, das die SU den Mongolen geschenkt hat. Darin findet sich das übliche: Fotos, Waffen, Kleidung der Volkshelden, Dokumente, Faksimiles von Lenins April-Thesen. Zum Schluß ein Film, während dem ich ausruhe. Erstaunlich gut gemacht sind die großen Musivarbeiten an den Wänden.

Wir warten auf den Jeep, der aus Suche-Bator kommen soll. Ich gehe allein ein Stück in die Steppe und versuche eine der mir fremden Heuschrecken zu fangen. Es gelingt mir nicht. Dann fahren wir bis zur sowjetischen Grenze – eine erstaunliche Freizügigkeit: Kein Schutzstreifen, kein Zaun, ein Posten, dem wir zuwinken.
Dann endlich der Jeep. Er bringt uns quer durch die Steppe zu einer Jurte. Wir werden erwartet. Was mir zuerst auffällt, ist der moderne hochrädrige Kinderwagen vor dem Nomadenwohnsitz. Und selbstverständlich ist er grün. Ich erinnere mich an das sibirische Surgut, an seine Blockhäuser, nahezu alle waren blau angestrichen, und ich fragte einen sowjetischen Freund nach dem Grund. Er zuckte die Schultern und meinte: »Wahrscheinlich gab es keine anderen Farben zu kaufen.« Möglich, daß es hier ebenso ist. Aber mit diesem Blau und Grün in Zentralasien muß es darüber hinaus eine andere Bewandtnis haben als ökonomischen Mangel. Ich bin nur noch nicht dahintergekommen.

Die Tochter des Araten (er versorgt mit seiner Frau über tausend Schafe) arbeitet in einem weiter entfernten Somon. So wächst das Kind bei den Großeltern auf, die seit zehn Tagen an dieser Stelle der Steppe das Vieh weiden lassen. In wiederum zehn Tagen ziehen sie weiter, zwei Alte, der Sohn, die Schwiegertochter, drei Enkelkinder. Von einem Schwiegersohn erzählen sie nichts, und ich frage nicht. Der älteste Enkel ist etwa dreizehn Jahre.
Der Bevölkerungszuwachs der Mongolen ist ungewöhnlich groß. Noch weisen Aimaksekretäre stolz darauf hin, nennen es einen ›grandiosen Erfolg‹ der Revolution. Aber dem nüchternen Ökonom wird bereits angst, und sie fragen sich, ob es weiterhin angebracht ist, Frauen mit dem ›Orden des Mutterruhms‹ auszuzeichnen: für acht Kinder in Gold, für fünf in Silber. Selbst die Lamas unterliegen nicht mehr dem Zölibat. Männer sind gefragt wie anderswo nach einem großen Krieg. Auf dem Land leben einige Tausend junge Frauen, haben Kinder, deren Vater nur sie kennen. Auch Kindermütter sind nicht selten. War das Volk der Mongolen Anfang des Jahrhunderts noch vom Aussterben bedroht, müssen sie jetzt die Überbevölkerung fürchten. Das hört

sich seltsam an für ein Land, in dem jeder einen Quadratkilometer Erde für sich beanspruchen kann. Doch hast du auch zehn Quadratkilometer zum Wohnen, wenn es Wüste ist, verhungerst und verdurstest du dennoch. Dann ist es schon vergnüglicher, zu zehnt in einer weißen Jurte zu leben.
Vor dem Nomadenzelt steht eines der kleinen mongolischen Pferde. Es ist gesattelt und an einen Pfahl gebunden. Ringsum im Steppengras, aneinandergedrängt, liegen Schafe.
So viele Fliegen wie in der Jurte hast Du sicherlich auch nicht bei Deinem Onkel, dem Fleischer im böhmischen Kamnitz, gesehen. Tamirs fünfjähriger Junge schlägt unentwegt mit Papier nach ihnen. Sie fliegen auf und setzen sich gleich wieder auf die Teeschalen und die Gefäße mit Airag. Zum erstenmal trinke ich gegorene Stutenmilch, und sie schmeckt mir vorzüglich. Das Getränk ist angenehm kühl, und es belebt. Erinnere Dich an den Geschmack von Kisselo mljako, dann hast Du in etwa eine Vorstellung. Und ebenso wie Kisselo mljako für die Bulgaren ist Airag für die Mongolen ein Wundermittel. Grippe, Tuberkulose, Blutarmut, Verstopfung, Potenzstörung, Gastritis, Krebs, alles wird bezwungen von Airag und Kisselo mljako. Und so gewinnen Hirten den Airag, oder wie man ihn in Europa nennt, den Kumys: Die Stute wird gemolken, die Milch in einen Ledersack gegossen, mit einem Stock geschlagen und gequirlt – mindestens sechshundert Mal – und unter Zusatz von gesäuertem Getreide gegoren. Schluderst du nicht, sondern hältst die Rezeptur exakt ein, so hast du am Ende einen Saft, in dem die Kraft von Steppe und Himmel steckt. Airag war's, der die mongolischen Reiter so weit nach Osten und Westen vordringen ließ, Europäer und Chinesen schreckend.
Zu essen gibt es Mantuu, in Dampf gebackene Fladen. Mehrere Teigschichten sind übereinandergelegt. Natürlich darf Aaruul nicht fehlen, flache Scheiben von trockenem, hartem Quark. Auch Gebäck und Milcharchy stehen für die Gäste bereit, die, wie es sich gehört, an der Nordseite der Jurte sitzen, den Blick nach Süden zur Tür.
Du weißt noch, wie Mara sich in Burgas über uns Deutsche lustig machte, weil wir jedem die Hand hinstreckten, ob wir kamen, ob

wir gingen, ob wir uns auf der Straße trafen. Seit dieser Erfahrung warte ich immer ab, was der andere tut. Die Frau des Araten empfing uns in der Jurte, legte in Brusthöhe die Handflächen aneinander und neigte den Kopf. Da ich nicht wußte, wie ich den Gruß erwidern sollte, machte ich es ebenso, und vielleicht wirkten meine Bewegungen eckig und komisch. Aber es lachte niemand. Ich habe noch niemals mit solch freundlicher Würde eine Schale gereicht bekommen wie von dem alten Araten. In der Rechten hält er das Gefäß, mit der Linken berührt er den Ellenbogen. Es geschieht alles, ohne das ein Wort gesprochen wird. Das Gesicht des Mannes ist voller Runzeln, von Hitze und Frost gegerbt. Sein Kinnbart ist dünn wie der eines Chinesen.
Natürlich werden vor der Jurte zum Abschied Fotos gemacht. Der Alte mit dem jüngsten Enkel auf dem Arm, die Frau mit dem zweitjüngsten. Dann der älteste mit seinem Bruder. Zuletzt Gruppenbild mit Jurte. Etwas Merkwürdiges hat diese Fotografiererei schon. Aber ich unterwerfe mich dem Wunsch der freundlichen Gastgeber.

19 Uhr
Zurück in Darchan. Die Sonne ist rasch hinter die Berge getaucht, sie sind jetzt fast schwarz. Der Himmel gibt sich rot und hell ...
Ich werde zum Abendbrot gerufen. Das Mädchen bringt Buus, eine Art Pelmeni. Ich habe mich daran gewöhnt, sie mit den Fingern zu greifen.

Mitternacht
Ich wollte Dir eigentlich noch von dem kleinen Schriftstellerheim in Schamar erzählen, und daß in Scharingol ein Staatsgut ist, wo man auch Sonntagnachmittag in Bretterbuden einkaufen kann, recht billig sogar, Tomaten, Gurken, Mützen, Tuche, und daß von neunhundert Mitarbeitern siebzig Mitglieder der kommunistischen Partei sind. Und weil ich zwei Soldaten fotografiert habe, hätte man mir beinahe den Film weggenommen. Und unser Wolga geriet in eine Fahrtrinne, und wir bekamen ihn nur mit viel Mühe wieder frei. Aber das alles scheint mir plötzlich läp-

pisch. Vielleicht bin ich auch zu müde. Nur eins will ich nicht verschweigen, ich habe Darchan gestern unrecht getan. Mir war es so ergangen wie uns beiden, als wir mit unserer guten alten ›Schwarzburg‹, von Colombo zurück, in Rostock anlegten und abends durch die feuchtkalten Straßen liefen. Weil wir so froren, schienen uns auch die Menschen kalt.

Darchan ist eine Stadt der Kinder. Sie tummeln sich abends noch spät auf der Straße, spielen Ball, werfen Scherben auf das Pflaster, hüpfen, rasen mit Kinderwagen den Gehsteig entlang, spielen Tischtennis – dazu genügt eine zusammengenagelte Bretterplatte, statt des Netzes ein Vierkantbalken, aber Penholdergriff wie bei einem Champion muß sein.

Eine Rotznase hat meinen Dichter-Lektor Sandou aus Bukarest glattweg ausgelacht. Wie wir so durch die Straßen bummelten, über das Leben an sich und die Verrücktheit der Welt für sich schwatzend, stand plötzlich so ein Steppke, nicht älter als ein Jahr, mit krummen Beinen am offenen Fenster einer Hochparterre-Wohnung. Sandou, ganz besorgter Vater, rannte hin und redete in suggestivem Rumänisch auf den Kleinen ein. Wahrscheinlich erklärte er ihm, daß es gefährlich sei, ohne jeden Schutz am offenen Fenster zu stehen. Kleine Vögel fallen aus dem Nest. Der Angesprochene wußte mit dem fremden Gesicht nichts anzufangen, seine dunklen Augen wurden groß und rund und ängstlich, und er ließ sich rücklings fallen. Was wir nicht wußten, er fiel in die ausgebreiteten Arme seines größeren Bruders. Der steckte seinen Kopf aus dem Fenster, lachte und konnte sich nicht beruhigen. Wir kamen uns ziemlich albern vor.

Auch das ist Darchan und ein Stückchen vom Aimak Selenge. Und nun Schluß.

›Obwohl du glücklich bist, singe nicht im Bett.‹
›Obwohl du unglücklich bist, weine nicht im Bett.‹

28. August

Mongolia colonia est – das sagt Sandou unentwegt zu mir, und sicher ist die russische Statthalterschaft hier stärker als bei uns. Tarwa und Tamir schleppen uns in die Läden für ausländische Spezialisten. Wir sind ihr Alibi. Ohne uns kommen sie nicht hin-

ein. Vor dem Eingang drängen die Einheimischen, streiten mit den Wächtern. Wir dürfen passieren. Tarwa und Tamir suchen, was sie in den üblichen Geschäften nicht finden. Das Angebot ist überall dürftig. Hier in Darchan kaufe ich eine Schere, nach der ich in Berlin und Leipzig vergeblich gesucht habe. Preis: sieben Tugrik, siebzig Mungu. Das ist nahezu geschenkt. Sonst halte ich vergeblich Ausschau nach einem Geschenk für Dich und die Kinder.
Heute morgen waren wir im Parteikomitee. Der Abteilungsleiter für Agitation und Propaganda informierte uns über den Aufbau der Stadt. Ziel ist eine Einwohnerzahl von annähernd 200 000. Ich erfahre im wesentlichen nur, was mir die Zeitungen auch schon gesagt haben. Gesellschaftssysteme entwickeln ihren Tonfall, ihre Sprache, ihren Inhalt. Hüben wie drüben. Du schaltest einen Sender ein, selbst wenn du die Wörter nicht verstehst, weißt du bald, ob du in die NATO geraten bist oder in die Zone der Warschauer Bruderländer.
Mein Gott, Tamir ist wie ein aufgescheuchtes Huhn. Sie schleppt uns am Nachmittag auch noch in ein sowjetisches Magazin. Es befindet sich innerhalb eines umgrenzten weiträumigen Areals mit zahlreichen Gebäuden. Ein Städtchen im Städtlein Darchan. Tamir verhandelt mit dem Posten, erklärt ihm, daß ein rumänischer, ein deutscher, ein mongolischer Schriftsteller im Auftrage einer großen Zeitung und einer Rundfunkstation unterwegs seien, dringend Vorsorge treffen müßten, denn es ginge jetzt in abgelegene Steppengebiete, sie bäten die sowjetischen Brüder um einen Freundschaftsdienst. Das macht Eindruck. Der Soldat ruft den diensthabenden Offizier, und der bringt uns persönlich zum Magazin. Dort vergißt Tamir ihre Dichter, wühlt in Kleidern, Tuchen, Mänteln, kommt wieder und will von mir 300 Tugrik. Vor meiner Fahrt nach Darchan habe ich mir von drei deutschen Graphikern 500 Tugrik geliehen und den Fehler gemacht, Tamir davon zu erzählen. Sie will mir das Geld am 15. September zurückgeben. An dem Tag soll ich nach Berlin zurückfliegen. Was aber mache ich in der Zwischenzeit. Der mongolische Verband hält sich bisher mit Zahlungen zurück. Mark der DDR darf ich nicht eintauschen. Ich befehle mich dem Gott des Glücks an und gebe

Tamir das Geld, in der Gewißheit, es nicht wiederzubekommen.
Die Graphiker warten auch noch vergeblich auf 2000 Tugrik, die
ein mongolischer Kollege für sie in Verwahrung genommen
hat.
Wie sagte mein erster Dolmetscher: »Bei uns sind die Menschen
›weis‹, in der DDR hart. Braucht jemand 10 oder 15 Tugrik, so
gebe ich sie ihm und verlange sie nicht zurück.«
Daran muß ich mich erst gewöhnen. Es passiert mir zum ersten
Mal, daß Dolmetscher mich so direkt um Geld angehen. Ich
fühle mich nicht gut, und es tröstet mich nicht, daß mir der sowjetische Offizier auf dem Rückweg erzählt, ein DDR-Kosmo-
naut sei zusammen mit einem sowjetischen ins All geflogen. Ich
empfinde keinerlei patriotische Gefühle. Ich wünsche mich zum
Araten in die Jurte zurück, zu den Fliegen dort und zum Airag.
Wenn es dämmert, würde ich in die Steppe laufen und am endlos
weiten Himmel einsame Sterne sehen.
›Und was, o Mönche, ist die edle Wahrheit von der Leidensentste-
hung? Es ist dieser ‚Durst‘, der zur Wiedergeburt führt, verbunden mit Vergnügen und Lust, an dem und jedem sich befriedi-
gend – die Sucht nach Reichtum ... Und was, o Mönche, ist die
edle Wahrheit von der Aufhebung des Leidens? Es ist eben dieses
‚Durstes‘ Aufhebung durch seine restlose Vernichtung ...‹
Buddha hat gut reden. Und Tamir hat zwei Kinder. Und Tamir
braucht zwei Mäntel und zwei Paar Schuhe und zwei Mützen.
Und der Deutsche kommt aus einem Land, das zu den reichen
zählt. Und er versteht nicht, daß das Glück in Darchan in einer
Neubauwohnung besteht. Es gibt Licht und fließend Wasser.
Und für 3 Zimmer zahlt man im Monat 180 Tugrik.

Übrigens, als wir gestern von Altan-Bulag nach Darchan zurückkehrten, und das Licht der Abendsonne fiel auf die Häuser, dahinter im Halbkreis die Berge, hatte das ganze eine eigene Ro-
mantik. Hast Du schon bemerkt, daß neue Städte immer nur aus
der Ferne schön aussehen?

29. August (wieder in Ulan-Bator)
›Jeder Mensch hat einen Bruder, jeder Deel hat einen Kragen.‹
›Wenn du jung bist, sind deine Zähne weiß; wenn du alt bist, sind deine Haare weiß; wenn du tot bist, sind deine Knochen weiß.‹
›Wer viele Freunde hat, ist groß und breit wie die Steppe. Wer keine Freunde hat, ist klein und schmal wie die Fläche deiner Hand.‹

Ich wohne jetzt im Zimmer 502 des Ausländerhotels mit dem Blick nach Süden. Unter mir die Lenin-Allee, vor mir die von Chinesen erbaute Brücke über den Dund-gol, weit zurück der Hügel mit dem sowjetischen Ehrenmal. Von dort aus siehst Du über die ganze Stadt bis zu den nördlichen Hügeln, dem Gandang-Kloster und dem Fernsehturm.
Die Mongolei ist noch ein Berg und noch ein Berg. Es gibt einen schönen Brauch: Verläßt der Sohn die Jurte, streut ihm die Mutter Milch nach. Unglück soll ihm fernbleiben.
Immer wieder versuche ich, die Seele Ulan-Bators zu erspüren. Fühle ich mich der Stadt nahe, entzieht sie sich mir wieder. Will ich sie festhalten, läßt sie nur den Deel in meinen Händen zurück. Nimm dem ›Schönen Helden‹ die Berge, und du nimmst ihm seinen Himmel, den dauernden Wechsel der Wolken, ihre Vielfalt, die Farben, die Augustgewitter. Was bleibt dann? Die Kinderspielplätze, die zehnstöckigen Wohnkasernen, die weiten, breiten Straßen, das Braun, Blau, Grün der Häuser, die Zäune, die Jurtensiedlungen – eingeigelt im Tula-Tal –, das Riesenrad im Park, der kleine Fluß, Lärchen, Pappeln, Weiden. Gefällig ist Ulan-Bator nicht. Aber da sind nun eben die Berge ringsum, und alle Straßen, glatte und holprige, laufen auf den Ort zu, als sei er der Mittelpunkt allen Seins. Wenn der Städteplaner ein Lama gewesen wäre, könnte ich meinen, er hätte Buddhas achtspeichiges Rad zum Muster genommen. Jede Speiche eine Straße und jede Straße ein Pfad zur Aufhebung des Leidens.
Im Fahrstuhl stand ich neben zwei deutschsprechenden Touristen. Du erkennst ja diese Gattung sofort an ihrer Kleidung und ihren Gesichtern. Froh darüber, die vertraute Sprache zu hören, fragte ich, woher sie kämen. Sie antworteten nahezu aggressiv:

»Aus der DDR.« Sie sprachen jeden Buchstaben großgeschrieben aus. Wahrscheinlich hielten sie mich Individualisten für einen von drüben.
Immer noch dieser idiotische Komplex des DDR-Bürgers. Wo immer er in fremden Ländern einem Bundesdeutschen begegnet, bekommt er seine volkseigene Nase. Erinnerst Du Dich, die Hamburger ›Hohenfels‹ lag in Karatschi neben der Rostocker ›Schwarzburg‹. Den westdeutschen Seeleuten waren die Spielfilme ausgegangen, und sie schlugen einen Tausch vor: ›Karbid und Sauerampfer‹ gegen James Bond – 007. Parteileitung und Schiffsleitung und FDJ-Leitung und Gewerkschaftsleitung. Es wurde zu bedenken gegeben und von der Mannschaft Verständnis eingefordert, und den Jungs von Sankt Pauli wurden Zigaretten angeboten, die sie selbst zur Genüge hatten, auch Whisky, aber sie wollten ›Karbid und Sauerampfer‹, waren sogar bereit, James Bond – 007 von der ›Schwarzburg‹ fernzuhalten. Aber auch das roch nach deutsch-deutschem Gemeinsamkeitsstreben. Und am Abend saßen wir beim Käpten, schälten Ananas, tranken Sekt, und der Chief stand plötzlich auf, tanzte und sang dazu:

Auf einem Seemannsgrab, da wachsen keine Rosen
auf einem Seemannsgrab, da wächst kein Blümelein
den letzten Gruß, den scheißen dir die Möwen
in einem Seemannsgrab, da schläfst du ganz allein.

Und der Käpten sagte: »Ich habe Weisung gegeben, ›Karbid und Sauerampfer‹ wird mir auf diesem Kahn nicht mehr gezeigt.«

Schopenhauer: ›Seit eh und je sagen die Weisen, was gemacht werden soll, und seit eh und je machen die Toren dasselbe, nämlich das Gegenteil.‹

31. August
›Wenn ich doch ein Pferd hätte‹, so sagen die Mongolen. Und wenn Du durchs Land reist, begreifst Du diesen Wunsch. Wir waren in Terelsch – ungefähr 80 Kilometer östlich von Ulan-Bator. Ich weiß nicht, was schöner ist, die Fahrt durchs Chienti-Gebirge oder der Aufenthalt im ›Tal des wilden Rosmarins‹. Terelsch ist

Naherholungsgebiet, Urlaubsort und Touristenzentrum in einem. Die Landschaft ist ganz und gar nicht zu vergleichen mit der Lieblichkeit Deiner nordböhmischen Heimat. Behauptete man hinwiederum, sie sei alpin, so träfe das allerdings auch nicht. Enge und Gedehntheit, Schroffes und Zartes wechseln einander ab wie Wärme und Kälte, Regen und Sonne. Eins geht ins andere über ohne jeden Bruch. Ich wünschte, Du könntest hier sein. Wir würden aus dem Camp in die Stille hinauslaufen, in die farbige Fülle des Herbstes. Da es aber nicht so ist, habe ich für Dich Edelweiß gepflückt. Sie wachsen hier wie Wiesenblumen. Und es gibt den Brauch, daß ein neuvermähltes Paar aus getrockneten Edelweiß ein Feuer anzündet. Man bringt den glückbringenden Göttern ein Opfer, und wenn sie es annehmen, steigt der Rauch auf, und alles wird gut werden. So einfach ist das Leben eingerichtet. Wäre Faust nicht Deutscher, sondern Mongole, er würde hierher geeilt sein und sprechen, was Goethe ihn in der Szene ›Feld und Höhle‹ sprechen läßt. Herzeleide würde ihren Sohn Parzival hier aufwachsen lassen, wo in Jahrtausenden Wind und Schnee, Sonne und Frost, Regen und Trockenheit aus groben Felsen die eigenwilligsten Kunstwerke geschaffen haben: die Schildkröte, das Alte Ehepaar, das Kamel, den Feuerspeienden Drachen, den Lesenden – fast hätte ich hinzugefügt: ›Arbeiter‹ – Du mußt Dir vorstellen, Du pflückst Blumen, achtest auf nichts anderes als auf das für einen Mitteleuropäer schier unfaßbare Bild einer Edelweißwiese, dann richtest Du Dich auf und erblickst eine riesige Gestalt aus Stein. Du kommst Dir ziemlich nichtig vor und fragst Dich, ob das, was Du bisher für ungemein wichtig genommen hast, wirklich wichtig ist.
Es ist unverantwortlich, Indien, Sri Lanka und die Mongolei innerhalb eines Jahres in sich hineinzufressen. Es verdirbt den DDR-Bürger, sein Denk- und Emotionsgefüge, in dem er sich mühsam über Jahrzehnte eingerichtet hat. Um nicht zum Ketzer zu werden, krieche ich schnell in die ›Silberne Höhle‹. Sie erzählt mir, wie verderbnisbringend der Feudalismus für den menschlichen Charakter war, und der Kapitalismus treibt es nicht besser. Du siehst, ich stelle mich vom Kopf wieder auf die Füße. Also: Es lebte ein Fürst mit seiner Frau im Chienti-Gebirge. Und lebte

glücklich mit dem, was er besaß. Aber es lebte inmitten der hohen Berge noch ein zweiter Fürst, und er lebte nicht glücklich mit dem, was er besaß. So zog er mit seinen Reitern aus, um sich zu nehmen, was ihm nicht gehörte. Und er kam ins ›Tal des wilden Rosmarin‹, schlagend und raubend und ohne jedes Maß. Und weil der eine Fürst dem anderen keine Reiter entgegenschicken konnte, sich und das Land zu schützen, packte er all seine Perlen, sein Gold und sein Silber und verbarg den Schatz in einer Felshöhle. Als er, arm wie ein Arate, weiterziehen wollte, raufte sich die Frau das Haar, zerriß ihren seidenen Deel und den perlenbestickten Gürtel und schrie, daß es einer Fürstin nicht anstehe, Aratenfrau zu werden. Man möge Wasser in Schläuche füllen und in Krüge Airag, Aaruul möge man heranschaffen und Honig und Gebäck. Nahrung für zehn Jahre. Die solle man zu den Perlen hinabsenken, zum Gold und zum Silber und sie selbst auch. Das schien dem Fürsten ziemlich albern, aber da wenig Zeit blieb und noch andere schöne Frauen im Chienti-Gebirge lebten, hieß er seine Knechte tun, was die Starrsinnige verlangte. Niemals wieder ist er an den Ort zurückgekehrt. So steckt das raffgierige Weib noch heute in der ›Silbernen Höhle‹. Schon viele haben sich aufgemacht, den Schatz zu suchen. Um den Ort zu finden, wo der Reichtum liegt, lassen sie getrocknetes Fleisch in die Schlucht hinab. Schon mancher hat nur das leere Seil wieder heraufgezogen. Und wenn er sich über den dunklen Spalt beugte, hörte er aus der Tiefe gellendes Lachen.
Jetzt weißt Du, warum Suche Bator in Altan-Bulag Lenins April-Thesen verkündete.

Wir hätten auch ein Zimmer im Hotel nehmen können, aber Sandou und ich zogen die Jurte vor. Natürlich ist unser Filzzelt nicht mit dem eines Araten zu vergleichen. ›Exklusiv‹, das ist das richtige Wort, und irgendwie fühlte ich mich in dem Luxus betrogen: Strom, Teppiche, Radio, Spiegel, Couch. Trotzdem, der eiserne Ofen wärmte nicht nur den Raum, sondern auch unsere Seele. Wir kauderwelschten in unserem ›Esperanto‹, und ich erfuhr, daß Sandou strenger Baptist ist. Später kam Tamir mit einer Flasche Archy, und es wurde spät, bevor wir zur Ruhe kamen.

In der Nacht regnete es. In Terelsch regnet es im Herbst nahezu jede Nacht. Wir hatten nicht genügend Holz für den Ofen, so begannen wir zu frieren und streiften uns zum Schlafen die Pullover über. Am Morgen schien wieder die Sonne.
Wie heißt es doch im Lied: Ich wäre so gerne noch geblieben, aber der Wagen, der rollt. Als offizieller Gast bist du immerzu ein Gehetzter. Ich beneide die drei Graphiker. Sie treiben ohne jede Begleitung schon mehrere Wochen durchs Land, sehen verwildert aus, sind ausgehungert, aber gestern saßen sie in der Abendsonne vergnügt vor ihrer Jurte. Die jüngste, eine Berlinerin, sagt: »Ich bin dem Land verfallen.« Sie will wiederkommen. Allein. Für eine lange Zeit. Sie ist eine Besessene und wird es schaffen. Waltraut Fischer. Merk Dir den Namen.
Der erste Satz, den Sandou heute sprach, war: »Ich bin doch kein Ball. Ich will nicht von einem Ort zum anderen gerollt werden.« Du siehst, ihm geht es nicht anders als mir. Ich bin noch allein zum Gebirgsfluß gegangen. ›Terelsch-gol‹ heißt er. ›Gol‹ ist das Wort für Fluß. Das Wasser ist klar wie vor tausend und tausend Jahren und auch so kalt. Ich stieg barfuß hinein und suchte Steine für Yana. Ich glaube, damit mache ich ihr eine größere Freude als mit einem Souvenir aus der Kaufhalle. Meine Ausbeute ist ein kleiner Feuerstein mit Abdrücken von Farnen aus früher Zeit. Nach dem Mittagessen drängte Tamir zum Aufbruch. Ihr Junge wird von einer Nachbarin versorgt. Bevor wir auf die Asphaltstraße stießen, kamen uns drei junge Araten entgegen. Sie sahen aus wie Cowboys. Der eine trug seinen Deel wie eine Husarenjacke um die Schulter. Ich bat unseren Fahrer zu halten, um die Reiter zu fotografieren. Als sie meine Absicht erkannten, rief einer von ihnen: »Uns holst du nicht ein!« Er wollte sagen: Wir sind schneller als deine Kamera. Sie stießen den kleinen Pferden die Absätze in die Weichen und stoben davon. Wenn überhaupt etwas auf meinem Foto ist, dann nur aufgewirbelter Sand.
Ungefähr fünfzehn Kilometer von Ulan-Bator entfernt, entdeckte ich einen Friedhof. Ich habe zwar noch den Geruch vom Burning Gate in Kalkutta in der Nase, aber Du weißt, wie sehr es mich in fremden Ländern auf Friedhöfe und Terminals zieht. So bestand ich darauf, daß wir von der Fernverkehrsstraße abbogen und die

fünfhundert Meter zum Friedhof fuhren. Ich weiß nicht, warum Tamir sich so sehr dagegen sträubte. Mir scheint, Mongolen haben mit Toten nicht viel im Sinn. Möglich, daß noch von alters her die Vorstellung in ihnen steckt, in den Körper eines Leichnams fahren böse Geister, und denen geht man am liebsten aus dem Wege. Als ich das eine und das andere Grab, aufgehäufte Steine, fotografieren wollte, wurde Tamir zornig. So ließ ich es. Es ist ein ziemlich räudiger Friedhof. Wer soll auch fünfzehn Kilometer aus der Stadt zurücklegen, um ein Grab zu pflegen. Gestorben und der Erde zurückgegeben. Einmal wird daraus eine neue Form Leben. Hüte den Stein gut, den wir aus Thatta mitgebracht haben. Er wird mich an den wie ein Ruinenfeld wirkenden Friedhof vor den Toren Ulan-Bators erinnern.

Ich bin wieder in meinem Zimmer im ›Bajan-Gol‹-Hotel und habe soeben mit dem Botschafter telefoniert. Er heißt Rommel wie der ›Wüstenfuchs‹, der im zweiten Weltkrieg Tobruk genommen hat und El Alamain und beinahe bis Alexandria vorgestoßen wäre. Aber mit des ›Teufels General‹ hat er nichts zu tun. In meinem Hirn sind Seismographen installiert. Bei bestimmten Wörtern und Namen schlägt die Nadel aus. Der Politoffizier auf der ›Schwarzburg‹ hieß Adolf und war doch ein lieber Kerl. Der Leiter des Kulturzentrums in Prag hieß auch Adolf und war kein lieber Kerl. Lieb oder unlieb, welche Eltern gaben ihren Kindern in der deutschen Volkstumszeit einen solchen Namen?
Also, Botschafter Rommel war nicht erfreut, daß ich ihn zu Haus anrief. Wahrscheinlich aß er gerade Abendbrot oder studierte das ›Neue Deutschland‹. An diesem Blatt halten sich die Botschaftsangehörigen der DDR in allen Ländern fest wie die Moslems am Koran. Sie suchen nach Sätzen, die im wogenden Gras der langen Reden versteckt sind wie Alraunwurzeln. Die Chinesen sind da besser dran. Sie können ihr Ginseng essen, es schützt vor zu schnellem Altern.
Ich kann mich nicht konzentrieren, schwatze und schweife ab. Die außergewöhnliche Schönheit des Chienti-Gebirges hat mich erschöpft und euphorisch gestimmt, und die Ungewißheit, was

nun weiter mit mir werden soll, macht mich depressiv. Natürlich war es dumm von mir, den ›Steppenfuchs‹ Rommel anzurufen. Wenn die Mongolen mich nicht in die Gobi lassen wollen, kann er auch nichts machen. Irgend jemand behauptet, in der tschechischen Gobiexpedition sei Typhus ausgebrochen. Miro lief mir über den Weg, ich fragte ihn, was daran wahr sei, und er sagte: »Was für ein Quatsch bloß.« Dann rannte er weiter. Der Fahrer der tschechischen Botschaft stand vor dem ›Bajan-Gol‹ mit einigen Flaschen Bier.
Weißt Du, ich werde die Gobi aufgeben. Ich werde einfach an den lichtfarbenen blauen Himmel der syrischen Wüste denken, an die heißen Steine, die stacheligen harten Sträucher, und ich werde mir einbilden, die Gobi ist im Grunde genommen nicht anders. Um etliches größer, na und, erfassen können meine Augen ja doch nur das Weite bis zum Horizont.
Und jetzt gehe ich heißen Tee trinken. Und wenn Sandou von der kleinen Mongolin wieder einen besonders fetten Hammelschwanz aufgetischt bekommt, werde ich schadenfroh grinsen. Sandou leidet unter der Zuneigung des Mädchens. Jedesmal ist ihm nach dem Abendbrot übel. Ich tröste ihn dann weise: »Wenn du ihren Airag trinkst, mußt du auch ihren Hammelschwanz essen.«

1. September

Den Tag vergeudet, in der Nacht tasten.
Genau so ist es um meine Stimmung bestellt. Sandou ist weg, zurück nach Bukarest. Tamir ist weg. Wohin, weiß ich nicht. Mit Tarwa bin ich ins Krankenhaus gefahren. Die Fäden sind gezogen, das Pflaster ist erneuert und um die Hälfte kleiner ausgefallen. Ich bin nicht mehr ›kak partisan‹, sondern wieder ›kak tschelowek‹. Ich habe aufgehört zu fragen. Tarwa lieferte mich im Hotel ab, und wir lächelten einander zu. Wir haben noch keine Sprache miteinander gefunden, und ein neuer Dolmetscher wird erst noch gesucht. Ich bekam nur mit, ich soll nach Underchan fliegen. Das liegt ungefähr 340 Kilometer östlich von Ulan-Bator. Was mir im Augenblick bleibt, ist warten. Hier geschieht tagelang nichts, und dann plötzlich ist alles wieder irgendwie im Gange.

Ich suche meine Sprichwörter-Sammlung heraus und finde statt Trost Provokation:
›Besser ein dummer Wanderer ...

Underchan, 4. September
... als ein Weiser, der zu Hause sitzt.‹
Den zweiten Teil der Philosophie liefere ich Dir heute nach. Mitten in meinen Betrachtungen wurde ich gestört. Bataa, mein neuer Dolmetscher, hatte Flugtickets, eine Reisetasche in der Hand und vor dem Hotel eine Auto. Natürlich flogen wir mit Verspätung ab. Die AN 24 mußte erst noch nach Suche-Bator. Wir hockten am Rande des Rollfeldes im Gras, und Bataa erklärte mir das Wesen des mongolischen Zeitempfindens. In Bulgarien hieß es: ›Nemsko wreme ili bulgarsko wreme‹. Der Unterschied machte eine halbe Stunde aus. Hier potenziert sich die Differenz. »Sehen Sie«, sagt Bataa – der Jüngere spricht den Älteren mit ›Sie‹ an, ich sage ›Du‹ zu ihm –, »Sehen Sie, die Mongolen hatten früher keine Uhr. Sie sagten: Wir treffen uns am Abend, wenn die Sonne untergeht. Nun fällt es ihnen schwer, nach der Stunde zu leben.« Aber nachdem ich einmal die Häuser Ulan-Bators hinter mir hatte, war es plötzlich nicht mehr wichtig, die exakte Startzeit zu erfahren. Ich richtete mich für die Nacht ein, doch nach zwei Stunden stieß die Maschine aus den Wolken. Ich war der einzige Ausländer unter den Fluggästen, und ich nehme an, mir zu Ehren wurden die üblichen Ankündigungen auch in deutscher Sprache durchgegeben, soweit die Stewardess es vermochte. Aber es war eine freundliche Geste, und ich habe mich darüber gefreut.
Der Flug dauerte eine knappe Stunde. Aus der Höhe sah ich, daß die Berge beginnen, sich rot zu färben. Wenn ich Dir schrieb, die nördliche Mongolei ist ein Berg und noch ein Berg, so ist die Steppe kein Baum und noch kein Baum. Ich erlebe das Land zu einer guten Jahreszeit. Du weißt ja, wie sehr ich den Herbst liebe. Das liegt wohl daran, daß ich mehr zur Elegie neige als zum Aufbruch.

Underchan ist Verwaltungszentrum des Aimaks. Hier leben ungefähr zehntausend Menschen. Aber Du darfst Dir keine Stadt in unserem Sinne vorstellen. Es ist genau umgekehrt wie in China. Fährt man dich von Shanghai hinaus und du näherst dich einem Ort, von dem du wissen willst, wie er heißt, antwortet man dir: Ach, es ist nur ein unbedeutendes Dorf. Vielleicht hat es dreißigtausend Einwohner oder vierzigtausend.
Man könnte Underchan für eine Siedlung nehmen mit seinen Jurten und Blockhäusern. Ich weiß auch nicht, wo die zehntausend Seelen stecken. Möglich, daß dreitausend noch als Baby in einer Wiege schaukeln, und man heißt die Mädchen Solongo – Regenbogen oder Enchzezeg –, friedliche Blume, und die Jungen Munchshargal – ewiges Glück. Schöne Namen, nicht wahr, weniger martialisch jedenfalls als Diethelm oder Sieghart.
Der ›Park‹, auf den uns der Parteisekretär des Komitees voller Stolz hinweist, ist eine kleine Fläche, spärlich mit Bäumen bewachsen. Zwischen ihnen, auf einem Betonsockel, steht ein Panzer aus irgendeinem Kunststoff, man könnte meinen, es sei Pappmaché. Die Underchaner haben das Panzerdenkmal in Ulan-Bator für ihre Verhältnisse nachgebildet. Dieses kümmerliche Monument im kümmerlichen Park ist komisch und rührend zugleich. Wie wenn ein Kind den Eltern zu Weihnachten eine selbstgefertigte Plastik schenkt. Während des zweiten Weltkrieges haben die Araten für die SU eine halbe Million Pferde aufgebracht. Das eine und andere davon ist bis nach Berlin gelaufen. Die mongolischen Mütter aber, deren Söhne im Kursker Bogen, in Leningrad oder sonstwo in der Weite Rußlands gefallen waren, schrieben den russischen Müttern und baten um eine Handvoll Erde. Und sie bekamen, worum sie baten, und bewahren den Lehm und den Sand in einem heiligen Winkel der Jurte auf.

Der auf einem Mast installierte Radiolautsprecher kreischt, die Sonne fällt hinter die Steppe, weit, weit im Norden über den Gipfeln der Berge dehnt sich ein Streifen Licht.

Ich weiß nicht, ob ich hier leben könnte, und ich fragte Bartaa. Er zögerte mit der Antwort, dann sagte er: »Es gibt eine gewöhnliche« – er meinte ›Gewöhnung‹. Er hat ja recht. Aber kannst Du mir sagen, wann rettender Trost umschlägt in dahinvegetierende Stupidität. Nazagdorsch hat für eben diesen Zustand in seiner Erzählung ›Der Sohn der alten Welt‹ ein schönes Bild gefunden: ›Am Horizont war seine Welt zu Ende. Er lebte wie unter einem umgestürzten Kessel.‹ Aber das ist wohl nicht nur hier so. Schaue ich mich um, so leben wir alle unter einem umgestürzten Kessel. Nur wenigen ist es vergönnt, darunter hervorzuschlüpfen. Und was dann?

Underchan hat ein ›Hotel‹. Und dieses ›Hotel‹ hat einige Sonderappartements für Gäste: Schlafzimmer, Wohnzimmer, Bad, sogar eine Sitzbadewanne, eigener Radioapparat. Auch wenn es augenblicklich weder Wasser noch Strom gibt und wir im Restaurant das Bier aus Konservengläsern trinken müssen und die Zigarettenasche auf die Erde stippen und die Mädchen, die uns bedienen, es für selbstverständlich nehmen, denn es gibt keinen Aschenbecher, bin ich doch froh, dem Nichtstun in Ulan-Bator entzogen zu sein. Obwohl, der Abschied von unserer ›Internationale‹ stimmte uns alle traurig. In den wenigen Tagen hatten wir zueinander gefunden: ein Kunsthistoriker aus Prag, ein Journalist aus Ostrawa, ein Ethnograph aus Plovdiv, aus Museumsspezialist aus Łodz, ein mongolischer Geologe, der Rumäne Sandou und ich. Ein letztes Mal saßen wir im Zimmer des Polen zusammen. Er besaß einen kleinen Tauchsieder und braute in mehreren Etappen für alle Kaffee, den wir aus Zahnputzgläsern tranken. Der Bulgare war es wohl, der den Kanon zu singen begann – diesen Bim-Bam-Bum-Kanon. Und siehe da, Sandou stimmte ein, der Pole und der Journalist aus Ostrawa. Jeder sang in seiner Sprache. Inzwischen kostete der Kunstprofessor aus Prag den harten ›Aaruul‹, den ich ihm gab. Er hatte noch einen Schrecken zu verkraften, und ihm war nicht nach Bim-Bam-Bum. Auf dem Lumpenmarkt, nicht weit vom Gandang-Kloster, war er von der Miliz aufgegriffen worden, weil er einige Händler und ihre ›Waren‹ fotografiert hatte. Weißt Du, wie mir die Gesellschaft im Zimmer des Polen vorkam? Treibholz, das nach Ulan-Bator geschwemmt wurde. Die Flut trägt es wieder fort. Und als ich das Bim-Bam-Bum hörte, dachte ich darüber nach, ob wir am Anfang eines neuen Turms von Babel sind oder am Beginn einer möglichen Verständigung.

Jetzt am Abend kommt Wind auf und wirbelt roten Sand hoch. Zum Abendbrot haben wir Buuz gegessen und Tee getrunken. Beides war sehr fett, und es ist mir nicht bekommen. Vielleicht habe ich auch den Fehler gemacht, nachmittags das Faßbier aus unsauberen Konservengläsern zu trinken. Ich bin doch sonst vorsichtiger. Archy, nach dem es mich verlangt, wird an Privatgäste nicht ausgeschenkt, aber die Restaurantleiterin gab mir dennoch ›sto gram‹.
Morgen sollen wir mit einem Jeep 140 Kilometer südwestlich durch die Steppe in einen Somon. Ich bete: ›Abends wenn ich schlafen geh, vierzehn Englein bei mir stehn.‹ Und ich bete: ›Lieber Gott, gib dem Archy Wunderkraft, daß er Buuz und Bier aus meinem Magen vertreibt, bevor der dumme Geschichten anfängt.‹
Der Schokoladenkäfer, den du mir als Talisman zugesteckt hast, ist plattgedrückt, Yanas Stoffmaus gequetscht, aber sie begleiten mich überallhin. Ich werde mir jetzt beides auf den Bauch legen. Und wenn die Englein kein Einsehen haben, dann heilen mich vielleicht die ramponierten Maskottchen. Bona Notte. Bim, bam, bum.

5. September, Mittag

Warten, warten, warten. Wer nicht warten kann, sollte nicht in die äußere Mongolei reisen.
Für zehn Uhr war der Jeep bestellt, jetzt ist es 12.15 Uhr. Inzwischen waren wir beim Zweiten Sekretär der ›administrativen Verwaltung‹. Nicht anwesend. Wenn der Staatsapparat nicht hilft, dann die Partei. So haben wir es doch in drei Jahrzehnten Sozialismus gelernt. Und da die ›Mühen der Ebene‹ sich in allen Bruderländern so erschreckend ähneln, kamen wir zu dem Schluß, daß auch hier das Wort gilt: ›Du mußt einen Parteisekretär zum Onkel haben.‹ Also hin zum Verwandten zweiten Grades. Warten. Dann öffnete sich schließlich die Tür zum Zimmer des Kultursekretärs.

»Wie haben Sie geschlafen?«
»Sehr gut.«
»Sie fühlen sich gesund?«
Ich hätte jetzt antworten müssen: ›Ganz und gar nicht. Mein Magen ist krank, und meine Nerven sind durchgescheuert.‹
Aber ich wußte, daß man hier am Anfang einer Begegnung nur Freundliches sagt, und so erwiderte ich: »In Underchan fühlen sich die Tiere wohl und die Menschen.« Und der Kultursekretär lehnte sich im Sessel zurück und erklärte, daß die Aimak-Hauptstadt immerhin 500 Kommunisten aufzuweisen hat und mit Hilfe der Sowjets – er sagte natürlich Sowjetunion – ein Staatsgut errichtet wird. Dreißig Arten Bäume wachsen im Aimak, und der höchste Berg mißt 2450 Meter. Die Temperaturen im Sommer erreichen 40, im Winter minus 56 Grad. Auf 50 000 Menschen kommen 1 400 000 Stück Vieh. Die gliedern sich auf in 0,9% Kamele, 12% Pferde, 15% Rinder.
Ich hörte sehr zerstreut zu und weiß daher die restlichen Prozent nicht bis zu Ende aufzuschlüsseln. Ich wollte ja erfahren, ob wir einen Jeep erhielten, und nicht, daß der Bevölkerungszuwachs jährlich 3,5 Prozent ausmacht und für 600 Menschen ein Arzt zur Verfügung steht. Schließlich wagte ich den Sprung. »Wir sind ohne Jeep.«
Der Mann, ich kann es nicht anders sagen, war durch und durch von mongolischer Gastfreundschaft. Er telefonierte mit diesem, mit jenem, mit einem dritten. Der Jeep, der uns fahren sollte, war kaputt. Ein anderer mußte her. Es gibt nur zehn, und es ist Erntezeit. Wir schieden mit der Zusicherung, um dreizehn Uhr stünde ein Fahrzeug vor dem Hotel.

Bataa ist auf seinem Zimmer, und bestimmt schläft er. Wie ich ihn beneide. Um ruhig zu werden, schreibe ich Dir und sinne über einen Spruch nach, den Bataa gestern meiner Sammlung beigesteuert hat.
›Schmalz deckt das Loch der Unwissenheit.‹
Er lächelte vieldeutig. Ich weiß nicht, zielten die Worte auf mich oder auf den offiziellen Aimakvertreter, der mit uns Abendbrot aß? Welcher Art ist das Schmalz? Und wer ist es, der es in das

Loch der Unwissenheit stopft? Tun es die anderen, tu ich es selbst? Und zu welchem Zweck? So viele Fragen, so viele Antworten. Du siehst, selbst in Underchan ist Brecht, der Ajatollah des Sozialismus, nicht vergessen.

Das Wetter schlägt um. Gestern war es sehr heiß, heute ziehen große Gewitterwolken über das kleine Underchan. Als wir vom Parteigebäude zum Hotel liefen, wölbte sich ein riesiger Regenbogen über dem Ort. Er leuchtete plötzlich, wie ich es noch nie sah, und mit ihm leuchtete die ganze Siedlung, und ich machte die Entdeckung, daß nichts so häßlich ist, daß es nicht auch wieder schön sein kann. Hätte ich schon vor zwei Jahrzehnten diesen Regenbogen über Underchan gesehen, würde ich Dich überredet haben, eine unserer Töchter ›Solongo‹ zu nennen.

Das ganze Hotel riecht nach Schaf, Milch, Buuz, Reis, Tee und Hammelschwanz. Es ist eine Mixtur von Gerüchen, die ich nicht mit der Nase wahrnehme, sondern mit dem Magen. Ich sehne mich nach dem Gestank der Pleiße. Wenn ich früher meine Schüler Variationen schreiben ließ über Ostrowskis Ausspruch ›Das Wertvollste, was der Mensch besitzt, ist das Leben. Es wird ihm nur einmal gegeben‹, so würde ich es jetzt dahingehend ändern, daß es hieße: Das Wertvollste, was der Mensch besitzt, ist sein Magen.

Ein Pferd müßte man haben, unbegrenzte Tugriks und eine staatliche Reiseerlaubnis. Ohne die nimmt Dich kein Hotel auf.

In meinem Gesprächsbuch Deutsch-Mongolisch lese ich die hilfreichen Sätze: ›Lassen Sie bitte diesen Anzug ausbürsten.‹ – ›Können Sie mir die Bluse waschen und bügeln lassen?‹ – ›Bringen Sie das Frühstück bitte auf mein Zimmer.‹ Ich lerne diese Nonsenssprüche auswendig. Ähnliches riet mir einmal ein Psychotherapeut. ›Nehmen Sie Faustan im Wechsel mit einer anderen Medizin, dergestalt, daß Sie eine beliebige Zeitung wählen, jeweils die Überschriften laut vor sich hinsprechen und sich dabei vorstellen, Sie seien Moses auf dem Berge Sinai.‹

Der Jeep ist da!!!

6. September, im Somon Darchan
Herr, es ist Zeit
der Sommer war sehr groß ...

Ich weiß nicht, ob Rilke jemals die Steppe gesehen hat. Aber er könnte die Verse hier geschrieben haben. Und wenn jemand sagt, die Steppe sei langweilig, dann begreift er sie ebensowenig, wie derjenige, der das Meer eintönig findet.

Ich fragte einen Araten, was ihm besser gefiele, die Steppe oder die Berge. Er antwortete: »Ich lebe hier schon mein ganzes Leben. Ich weiß, wo das Vieh Futter findet, deswegen liebe ich die Steppe.« Es könnte wie Nützlichkeitsdenken scheinen, das ist es aber keineswegs. Der Mann heißt Dulamschjab, ist fünfzig Jahre alt, seine Frau einundvierzig, der Sohn acht. In der Jurte leben noch die Mutter der Frau und ihre Schwester.

Wenn die Kinder hier zur Schule reiten, auf kleinen Pferden mit bunten Sätteln, Schülerkleidung, rotem Pioniertuch, Schultasche auf dem Hals des Pferdes, dann frage ich mich, wie wird es ihnen in der Stadt ergehen, später beim Studium oder in der Fabrik.
Der Prager Professor erzählte mir auf dem Weg über die Hügel vom Gandang-Kloster ins Bajan-Hotel von seinem mongolischen Gast. Der hat auf dem Wenzelsplatz plötzlich durchgedreht, fing an zu schreien, daß er das alles nicht aushalte, die Menschen, den Lärm, die Autos.
»Sehen Sie«, sagte der Tscheche, »in der Mongolei ist er wer, in der europäischen Großstadt ein Nichts, und das löst in seinem Kopf und in seinem Herzen einen Schock aus.«

Mir geht es nicht anders als den Kindern. Der Tag hat sie mit Erlebnissen überschüttet, und abends haben sie Mühe, Ordnung in ihren Kopf zu bekommen. Also hab Geduld, wie Du mit Yana Geduld gehabt hast, wenn sie aus dem Kindergarten heimkam und plapperte und plapperte, und die Sätze waren ein einziges Kauderwelsch.

Die Reihenfolge geht so:
Der Jeep stand nahezu pünktlich vor dem Hotel, und wenig später war schon nichts anderes mehr um uns als Gras und Steine, darüber der unendliche Himmel. Ich weiß nicht, wonach der Fahrer sich orientierte, denn nirgendwo gab es eine Straße oder auch nur eine vorgefahrene Spur. Der Jeep hüpfte und sprang, und wer sich nicht am Lenkrad oder am Sitz festhielt, hüpfte und sprang gleichfalls. Gegen siebzehn Uhr erreichten wir Darchan. So heißt der Somon, nicht anders als die Industriestadt nördlich von Ulan-Bator. Der Vorsitzende, der Parteisekretär und noch ein Dritter hatten sich gerade entschlossen, nicht länger auf uns zu warten. Sie trugen keinen Deel und keine Stiefel, vielmehr einen Anzug, Halbschuhe, und um den Hals hatten sie einen Binder geschlungen. Diesen ›Staat‹ legen sie wahrscheinlich auch an, wenn Zedenbal, ihr Generalsekretär, persönlich aus Ulan-Bator angereist kommt. Ich muß sagen, glücklich sahen sie in ihrer ›Uniform‹ nicht aus, und bestimmt warfen sie das Zeug, wenn sie ihre Jurte betraten, sofort wieder in eine Truhe.
Ich mußte mir als erstes das Somon-Museum ansehen, auch wenn mir der Sinn nicht nach Gestein stand, nach Tierskeletten, ausgestopften Vögeln, Gründungsurkunden, Produktionskurven, Belobigungen, Fotos von Suche Bator, Lenin und Zedenbal. Ich wäre gern in die bereitgestellte Jurte gegangen, um mich auf ein Fell zu legen. Aber ich mußte der Regel leben: ›Wie müde du auch bist, stütze dich nicht auf die Peitsche‹. Nach dem Museum folgte der Vortrag des Vorsitzenden über die ökonomische und soziale Entwicklung des Somons. Und ich lächelte, und mein Magen kniff, und Bataa machte ein Gesicht wie Winnetou, denn so etwa sieht er aus. Seine Vorfahren müssen Indianer gewesen sein. Manchmal, wenn er sich unbeobachtet glaubt, spricht er vor sich hin. Man könnte meinen, er redet mit Manitu. Nach dem Vortrag mußten wir natürlich essen und trinken, und ich hob das Glas und sagte, daß ich vor einem halben Jahr noch die vielen kleinen Kuhmistfeuer unter der Howra-Bridge in Kalkutta gesehen habe und daß es mir hier im Steppengras zumute ist wie Buddha unter der Krone des Boddhi-Baumes, als er zu den vier edlen Wahrheiten fand. Meine Gastgeber lächelten mich an. Mag

sein, daß sie mich verstanden, mag sein, daß sie mich nicht verstanden.
Nun endlich liegt alles Offizielle hinter mir. Ich lief noch allein ein, zwei Kilometer in die Steppe: links der Darchan-Felsen, rechts gegen das Licht der Schattenriß eines wiederkäuenden Kamels, gleichsam Inkarnation der Würde, vor mir die ewige Weite. Ich hätte fort und fort gehen mögen, aber ich mußte bald zurück. Denn kaum überträgt die Sonne ihr Glühen den Wolken, wird es kalt.
Unsere Jurte besitzt keinen Ofen. Sie ist ausschließlich für Gäste vorgesehen, und die bleiben im Winter aus.
Bataa hat den Filzstreifen bis auf den Boden heruntergelassen und das Urch zugezogen. Das Dieselaggregat dröhnt wie eine Ansammlung von Zweitaktern in einer Wellblechgarage. Die 40-Watt-Lampe neben meiner Holzliege gibt schwaches Licht. Den Schalter brauchen wir nicht zu bedienen, um 23 Uhr wird das Aggregat abgestellt. Dann hörst Du nur noch den leichten Wind, der durchs harte Gras streift. Die Steppe atmet.

7. September
Dieser Tag, meine Liebe! Ich werde ihn nicht vergesssen, obwohl immer noch eine leichte Schwäche in mir steckt. Ich verfluche das Bier in Underchan.
Bataa schlief noch, als ich aus der Jurte in den kalten Morgen hinaustrat. Aber er sieht nicht nur aus wie ein Indianer, er hat auch das Gehör eines Apachen. Ich war noch nicht fertig mit meinem Dehnen und Strecken, da stand er schon neben mir.
»Mann, Mann«, sagte ich.
»Was für ein Mann?« fragte Bataa.
»Er sitzt da oben auf dem Darchan-Felsen und hält uns an Fäden, damit wir nicht irgendwohin stürzen. Siehst du ihn?«
»Dir geht's nicht gut«, erwiderte Bataa.
Zum erstenmal duzte er mich. Und wir blieben bei der vertrauteren Anrede.
Zum Frühstück kaute ich Zwieback, den Sandou aus Bukarest mitgebracht und mir vor der Rückreise überlassen hatte, da er ihn nicht mehr brauchte.

Wir schlenderten zwischen den Jurten hindurch, und mir wurde bewußt, was für ein Potemkinsches Dorf der Touristenort Terelsch gegen einen mongolischen Somon ist.
›Darchan‹ heißt ins Deutsche übersetzt Schmiede. Die Siedlung verdankt ihren Namen dem nahegelegenen Felsen, bei dem das Erz frei zutage tritt. Neben den Jurten findest Du vereinzelte Häuser. Ihre Dächer sind grün gestrichen wie anderswo auch. Wer ein Häuschen besitzt, bewohnt es zumeist nur während des Sommers. Im Winter zieht er sich mit der Familie in sein dickes Filzzelt zurück.
Mir fiel ein Flachbau auf, vor dem an die zwanzig Pferdchen standen, mit Leinen an eine Leine gebunden, die zwischen zwei Pfähle gespannt war. Aus Westernfilmen kennst Du die Cowboy-Saloons. Daran wurde ich erinnert, und es hätte mich nicht verwundert, plötzlich Country-Sound aufklingen zu hören. Aber was so nach Wildwest oder Wildost anmutet, ist nichts anderes als die Somon-Schule. Die Pferde gehören nicht Goldschürfern, sondern Schülern der unteren Klassen. Die Tiere warten geduldig, ist der Unterricht beendet, galoppieren sie ihren Reiter zum Weideplatz der Eltern oder des Großvaters. Nur im Winter sind die Kinder in einem Internat untergebracht. (Junge wie Mädchen – kaum vier Jahre alt, werden sie auf ein Pferd gesetzt.)
Die Schule arbeitet im Drei-Schicht-System. Die letzte Schicht beginnt um 17.00 Uhr.

Der Jeep brachte uns am späten Vormittag zu einem Rinderhirten. Ich habe aufgehört, mich um Entfernungen zu kümmern, sie spielen hier keine Rolle. Schade, wir waren angekündigt. Die gesamte Familie hatte ihre Festtagstracht angelegt, als wäre Namdaam. Die junge Frau kniete beim Ofen und warf immer wieder Holz ins Feuer, nicht getrockneten Kuhmist wie sonst. Meine Gedanken machten einen gewaltigen Sprung nach Bitterfeld. Dort wurden dem Kraftwerk für einen Tag hochwertige Exportbriketts geliefert statt der üblichen salzhaltigen Braunkohle. Und das, weil der Umweltminister mit schwedischen Gästen anreiste. Aber zurück in die Steppe. Ich mußte fortwährend auf den Araten schauen, der einen kleinen Jungen auf seinem Schoß zu sitzen

hatte und seine Nase an der des Kleinen rieb. Mich erinnerte das Bild an Großvater und Enkel aus Aitmatows ›Weißen Dampfer‹. Rechts vom Ofen an der Zeltwand, dessen unterer Filzstreifen hochgeschlagen war, hockten zwei alte Frauen, auch sie im schönen, farbigen Deel, der sonst säuberlich gefaltet in der Truhe liegt. Ich habe Dir vom Hirten in Altan-Bulag erzählt. Die Gastlichkeit war hier nicht anders, auch Getränke und Speisen auf dem niedrigen Tisch waren gleich. Ich konnte nur nichts davon nehmen, und es war mir unangenehm, Bataa immer wieder erklären zu lassen, daß mein Magen krank sei. Es ist schon seltsam um uns Menschen bestellt, daß wir ein schlechtes Gewissen haben, wenn wir die Tafel eines freundlichen Gastgebers verschmähen müssen, hingegen Finanzämter ohne jeden Skrupel um Steuergelder betrügen und volkseigene Betriebe um Ersatzteile jeglicher Art.
Zum Protokoll gehörte noch, daß ich nach dem Milchertrag der Kühe fragte. Sie werden nur einmal am Tag gemolken, und geben sie drei Liter, werden sie als gut eingestuft. Man muß das dünne trockene Steppengras gesehen haben, dann erstaunt einen die dürftige Menge nicht.
Nicht mehr zum Protokoll gehörte die Frage des Araten, ob ich Lust hätte, mit ihm Murmeltiere zu jagen. Ich fühlte mich plötzlich gesund. Alles, was ich bisher von Murmeltieren wußte, war in dem Satz zusammengefaßt: Du schläfst wie ein Murmeltier. Ich habe den Alten im Verdacht, daß er der engen Jurte entfliehen wollte, sein Angebot also nicht frei war von Eigennutz. Diese Art von Egoismus ist eine Form der Selbsterhaltung und keineswegs moralisch zu bewerten. Ein Arate wohnt in der freien Steppe, die Jurte ist ihm lediglich zeitweiliger Aufenthaltsort: Wenn er krank ist, Schneestürme rasen, der Tod sich meldet.
Nun mußt du wissen, es gibt in der Mongolei zwei Arten von diesen putzigen Tieren, im Hochgebirge den Altai-Murmel, in der Steppe den Tabargan. Neugierig sind sie beide, und das eben ist ihr Verderben. Ernsthafte Rinderhirten und seriöse Europäer machen die lächerlichsten Faxen und dionysische Bocksprünge, um die Tierchen aus ihrem Versteck zu locken, und während die noch ihre Ohren spitzen und mit kindlichen Augen um sich

schauen, trifft sie schon die tödliche Kugel. Dämpfe also Deinen Wissensdurst, bescheide Dich mit dem Kulkwitzer Teich, dem Rosental und dem Warenangebot in den Leipziger Konsumgeschäften, sonst ergeht es Dir wie den Murmeltieren. Nicht umsonst geben uns kluge Menschen zu bedenken: ›Den Berghirsch gesehen, möchtest du den Ochsen, auf dem du reitest, verlassen‹. Der mongolischen Schulweisheit zum Trotz ist ein Tabargan unbelehrbar. Und weil er es ist, sein Fleisch ein Leckerbissen und sein Fell ein begehrter Artikel, darf er nur von Mitte August bis Mitte September geschossen werden. Der dann noch lebt, schläft sechs Monate in seinem Erdloch den berühmten Murmeltierschlaf. So ausgeruht, paaren sich die Tiere, bringen bis zu sieben Junge zur Welt, pflegen sie, und alles beginnt von vorn – oder sollte ich besser sagen ›endet‹ von vorn.
Es ist mir ein Trost, wir haben keinen Tabargan geschossen. Nur hier und da lugte einer aus seinem Versteck. Ich nehme an, der Benzingestank des Jeeps war nicht geeignet, Neugier zu wecken. Unser Hirt schickte uns daher auch einige hundert Meter fort, legte sich, mit dem Gewehr in Anschlag ins Gras, den Lauf auf einer in den Boden gerammten Holzgabel, und wartete, fünfzehn Minuten, zwanzig oder mehr.
Am Ende gab er auf, und statt eines Tabarganzahnes schenkte er mir zum Abschied ein kleines Lammfell. Ich weiß nicht, ob ich es durch den Zoll bringe. Sandou hat noch am letzten Tag in einem finsteren Winkel nahe dem Hotel seine Jeans-Jacke gegen eine Ikone getauscht. In Bukarest soll er davon eine ganze Sammlung haben. Der mongolische Zoll ist mild bei Parteidelegationen, erträglich bei der Einreise, unerbittlich bei der Ausreise von Einzelpersonen.

gegen Abend und später
Die Frau, die uns so freundlich Frühstück und Abendbrot in die Gastjurte bringt, ist bekümmert, weil ich nichts esse. Sie nennt mich Sohn und gibt mir Sulfonamide. Ich sage ›Eetschee‹ zu ihr – Mutter, das Wort ist heilsamer als alle Antibiotika. Ich preise Sandou, der mir seinen Zwieback ließ, und wünsche ihm zum Lohn einen blinden Zollbeamten. Hätte ich drei Murmel-

tierzähne, würde ich einen Dir schenken, den zweiten behalten und den dritten Sandou zum Dank für den Zwieback überlassen. Wer einen Tabarganzahn bei sich trägt, dem geben die Geister Gesundheit, jugendliche Kraft und ein langes Leben. Die Mongolen sind klüger als die Mondgöttin Selene, die für ihren Geliebten Unsterblichkeit erflehte und nicht bedachte, daß zu Unsterblichkeit ewige Jugend gehört, sonst ist sie nicht Glück, sondern Strafe.

Das Dieselaggregat wird noch eine Stunde lang Lärm gegen die Jurten schleudern. Ich werde alle meine Pullover anziehen, zwei Decken um mich wickeln, dem Schwellengeist meinen Nachtgruß sagen, damit er Wölfen, Dieben und sonstigem Übel den Weg zu uns sperrt. Und wenn ich auf der Filzmatratze liege, werde ich die Augen schließen und sehen, was man mit offenen Augen am Tage nicht sieht und was doch eindringt in uns und uns anfüllt und uns die Träume gibt, die guten und die bösen. Der Pferdehirt, dem wir in der Steppe begegneten, wird an mir vorbeijagen, seine Uugra schwingen und das Lassoseil einem aus der Herde ausbrechenden Tiere um den Hals werfen, es so zu Boden reißend. Die nicht weit davon weidenden Kamele werden mit halbgeöffnetem Maul und stoischem Blick gelangweilt zuschauen. Durch ihre Nase ist ein Holzstab gestoßen, damit man ihnen besser seinen Willen aufdrängen kann, wenn man sie reitet oder die Karren ziehen läßt.

Als wir heute ein Stückchen den Darchan-Felsen hinaufkletterten, die Wolken am Himmel brachen auf, wir setzten uns auf die Steine, sahen die weißen Jurten, das sich leicht wellende Steppengras, und es leuchtete, wie morgens das Meer leuchtet, da gingen Bataa und mir die Worte aus ... Das war er, dieser Zustand: dazwischen. Vielleicht ist er das Eigentliche jedes Lebens, und wenn nicht des Lebens, so doch aller Poesie. Erst als wir wieder am Fuße des Felsens standen, sagte Bataa: »Die Glücklichkeit des Mannes ist die Weite des Landes, wenn er dort allein ist.«

In mongolischen Erzählungen findest Du des öfteren den Satz: ›Der Weg eines Mannes ist weit.‹

Es liegt noch etwas aus der fernen Zeit des Matriarchats in solchen Aussprüchen und zugleich das Selbstbewußtsein des Araten der Frau gegenüber, die zu Haus in der Jurte bleibt. Aber ich will vorsichtig sein. Die Literatur hier ist eine von Männern gemachte.

Ich war noch einmal vor der Jurte. Der Wind, der am späten Nachmittag aufkam, hat sich gelegt. Das Aggregat ist ausgeschaltet. Du kannst das Kreisen des vollen Mondes hören. Die Nacht wird sehr kalt.

8. September, wieder in Underchan.
Ist Kalkutta die Hölle, so Underchan ihr Karzer.
Ein böser Satz. Aber es hätte nicht sein dürfen, von Eetschee fortgehen zu müssen, und wenn, dann nicht hierher. Du wirst es nicht glauben, als wir den Somon verließen, schaute ich aus dem Jeep zurück und hoffte insgeheim, die gute Frau würde mir Milch nachstreuen. Aber wahrscheinlich fütterte sie ihre Hühner. Sie hatte mir zum Frühstück drei weichgekochte Eier gebracht, bestand darauf, daß ich sie esse, wartete, bis ich wirklich eins löffelte und dazu den heißen Tee schlürfte. Ich bin überzeugt, Eetschee ist eine Zauberin. Mein Magen gehorchte ihr. Aber als sie aus der Jurte war, gab ich die restlichen Eier Bataa, man soll des Mystischen nicht zu viel tun.
Die Temperatur war nachts um mehr als zwanzig Grad gefallen. Die Sonne schien, aber der Wind blies eisig.
Die Steppe um den Darchan-Felsen kannst du lieben. In Underchan ähnelt sie einer Müllkippe. Ich gebe zu, der Nerleen nimmt dem Bedrückenden etwas von seiner Last, wie ja auch der leuchtende Regenbogen die Aimakhauptstadt erträglich machte. Wie die Flüsse in der Mongolei sind, schrieb ich Dir schon aus Terelsch. Glückliches Land, das noch so ein Wasser hat, ohne Pestizide, ohne Nitrate. Der Nerleen ist die Lebensader von Underchan. Jungen werfen ihre Angelschnuren aus, Pferde stillen ihren Durst, Hunde streunen am steinigen Ufer entlang. Frauen und Mädchen schöpfen Wasser in Kannen, heben sie auf zweirädrige Holzkarren, spannen sich davor und zerren sie zu ihrer Hütte oder Jurte. Rede den Leuten von Geburtenregelung, sie werden

Dir antworten: Wer gibt dir zu trinken, wenn du alt bist, wer sammelt Argal, wer schlägt die Stutenmilch?
Die Brücke über den Nerleen ist ein erstaunliches Gebilde. Ein gütiger Brückengeist muß in ihr wohnen. Du glaubst, sie stürzt jeden Augenblick in sich zusammen. Aber sie trägt selbst hochbeladene Lastwagen. Nur Reiter steigen ab und führen das Pferd über die angefaulten Bretter.
Vor mir steht eine Flasche Archy. Ich habe sie zur Hälfte geleert. Unseren Politikern rate ich, schickt jeden, der einen Ausreiseantrag stellt, nach Underchan, er kommt als Patriot zurück, und er wird weiterhin bereit sein, vom Deel hinten ein Stück abzuschneiden, um ihn damit vorn zu flicken, wie man hier sagt. Was auch soll's: ›Vom Feuer weggelaufen und ins Wasser gefallen ...‹

Mein Magen ist gesund, mein Kopf krank. Ich schlafe meinen Rausch aus ...

danach ...
Und jetzt erzähle ich dir, warum ich mich dem Trunk ergeben habe.
Gegen 12.30 Uhr standen wir vor dem Hotel, und ich wollte schnurstracks in mein Zimmer. Aber zwischen Bataa und dem Natschalnik gab es Gerede und Palaver, und ich wurde immer nervöser, weil ich nichts verstand und Böses ahnte. Ein ZK-Mitglied mit einem Vertreter der Weltgesundheitsorganisation war angereist, erfuhr ich schließlich. Mein ›Appartement‹ war belegt, und man steckte Bataa und mich in einen Raum, der mich an die Massenunterkunft in Buna erinnerte, als wir dort die Fundamente für den 2. Karbidofen gossen. Ein Provisorium, versicherte der Buudlyn darga, blickte zu Bataa, dann zu mir und legte die Hände vor der Brust zusammen, und ich tat es ihm gleich, weil doch die Lamas im Gandang-Kloster beherrschtes Gehen lehren, beherrschtes Sitzen, beherrschtes Stehen.
›Was es auch immer, o Mönche, für Dinge gibt im Rahmen des Geburtenkreislaufes – all diese haben nicht den Wert eines Sechzehntels der Liebe, der Gemütserlösung. Wie, o Mönche, aller Sternenglanz nicht den Wert eines Sechzehntels des Mondscheins

hat ...‹ Na also. Welcher Idiot in dir treibt dich immerzu in die Welt, dachte ich und kaufte eine Flasche Archy.
Der Weltgesundheitsmann, heißt es, würde sehr bald nach Ulan-Bator fliegen, dann wäre jedes Zimmer im Hotel für mich zu haben samt einem Balkon, von dem ich auf den Park schauen könnte und auf den Panzer dort aus Pappmaché. Mongolei – und ›sehr bald‹, Gesellschaftswissenschaftler der Humboldt-Universität würden dies als antagonistischen Widerspruch definieren. Außerdem habe ich weder einen Vertreter der Weltgesundheitsorganisation noch ein ZK-Mitglied ausfindig machen können. Allerdings begegnete ich dem stellvertretenden Vorsitzenden des Aimaks. Solche Leute sind auch hier immer in Eile. Ich kann dem ehrenwerten Mann Unrecht tun, aber er zwang mich an Sinowjew zu denken und an das, was er über Arbeit und Scheinarbeit sagt: ›Den Scheinarbeitsablauf kann man sich als eine grandiose Theatervorstellung vorstellen. Konferenzen, Symposien, Rechenschaftsberichte, Reisen, Gruppenkämpfe, Führungswechsel, Kommissionen. Für eine Arbeit werden oft nur ganz wenige Leute gebraucht. An einer Scheinarbeit ist dagegen eine Vielzahl von Leuten beteiligt.‹
Arbeit hin, Scheinarbeit her, der Genosse besaß Einfluß genug, mich aus dem ›Wartesaal‹ herauszuholen. Und wenn ich auch die Protektion ›an sich‹ verdamme, ›für sich‹ gesehen empfindet sie jeder, dem sie zufällt, als angenehm.
Für die nächsten zwei Tage bin ich erträglich untergebracht. Wann wir dann nach Ulan-Bator fliegen, weiß niemand, nur daß wir fliegen, daran zweifelt keiner.
Ich muß in meinem Zorn heute sehr böse Worte gesagt haben. Bataa hat wahrscheinlich nicht alles übersetzt. Während des Abendbrots war er sehr still, und als wir uns vor dem Schlafengehen verabschiedeten, zeigte er auf das Heftchen, in dem meine Notizen stehen, und sagte: »Wenn man mit Holz schlägt, tut es dem Fleisch weh. Wenn man mit Worten schlägt, tut es den Knochen weh.«
Solcher Art beschämt, ziehe ich die Decke über mich.

9. September
Owoo! - Was ist das, willst Du wissen. Ich könnte sagen, ein Stein und noch ein Stein. Ich könnte aber auch sagen, ein Stückchen von dem, was in jedem Mensch aus nicht mehr bestimmbarer Zeit fortlebt, ein Mythos, ein Märchen, die vernünftige Unvernunft.
Die Parteiväter von Underchan waren froh, mich aus der Stadt zu haben, und sie schenkten mir für einen ganzen Tag abermals einen Jeep und einen Fahrer, und der beriet sich mit Bataa, und beide entschieden zu tun, was Bataa ›die Glücklichkeit des Mannes‹ nennt. Sie ließen sich von der Küchenleiterin rohe Fleischstücke geben, Zwiebeln, Gewürze, Talch, also Fladenbrot, und taten mir gegenüber sehr geheimnisvoll.
Südlich von Underchan breitet sich die Steppe aus und nördlich von der Stadt das Gebirge. Wege gibt es nach hierhin nicht und nicht nach dorthin. Wir hielten direkt auf die Berge zu, und der Jeep kletterte über steinige Pfade und Hänge wie eine Gemse. Du siehst, ich bin ein wenig euphorisch. Ein Jeep in solchem Gelände ist doch eher ein humpelndes Maultier, das sich die Hufe wundgerissen hat. Was soll's, ich war eben hochgestimmt, um nicht zu sagen aufgedrieselt, und ich glaube, selbst dem Vertreter der Weltgesundheitsorganisation, sollte er jemals Underchan besucht haben und noch hier sein, wäre ich mit Herzlichkeit begegnet, und Tarwa, der mich nicht in die Gobi gelassen hat, und Tamir, die mich auf unverschämt liebenswürdige Art um 300 Tugriks brachte, wünschte ich Ruhe und Frieden.
Fährst Du am Rande einer Wüste entlang, ob in Asien oder Afrika, und findest unterwegs irgendwo einen einsamen Baum, dann kann es passieren, daß Du nahe dem Stamm kleine Dankesgaben entdeckst, die Vorüberziehende eingegraben haben: ein Kettchen, ein Geldstück, einen schönen Stein, eine schriftliche Nachricht. Er hat dem Wanderer Schatten gegeben, neben dem Wasser das Kostbarste, was die Wüste zu geben hat.
Hier oben auf dem Gipfel, den wir erreichten, findest Du keinen schattenspendenden Baum, dafür den Owoo - einen hoch aufragenden Kegel, aus vielen tausend Steinen zsammengetragen, großen und kleinen. Jeder, der herkommt, legt einen weiteren dazu,

am Fuß, in der Mitte, auf dem oberen Rand. Du läßt auf dem Owoo noch etwas ganz Persönliches zurück: Haar vom Schweif des Pferdes, Süßigkeiten, Tugriks. Ich fand Wasserkessel, Messer, Schuhe, ein schütteres Tabarganfell. Der Berggott nimmt alle Dankesopfer an. Auf der Spitze des Steinhügels hat jemand einen Pfahl errichtet, daran wehen viele bunte Stoffetzchen. Auf das eine oder andere waren kleine Pferde gemalt, oft sehr ungelenk, die Seidenfähnchen zumeist vom Regen verwaschen, von der Sonne gebleicht. Diese Pferdchen haben die Gabe, Wünsche in Windeseile an jeden beliebigen Ort zu tragen. Auch ein Windpferdchen von mir, mit Filzstift aufs Taschentuch gezeichnet, reitet jetzt dort oben. Und damit es unterwegs nicht stolpert, bin ich entgegen dem Uhrzeiger einmal um den Owoo gelaufen. Das nämlich gehört dazu. Wenn in den Straßen Leipzigs jemand an Deinem Ärmel zupft, und Du siehst diesen Jemand nicht, denn erschrick nicht. Setz Dich in der grauen Stadt auf ein Stück Ruinenmauer, achte nicht auf die Leute, die an Dir vorbeirennen, sondern höre auf das, was Dir mein Windpferdchen erzählt. Und damit er hierher zurückfindet, gib ihm einen Schluck Wasser und ein Stückchen Zucker.

Heute hab ich mir gewünscht, Maler zu sein.
»Du mußt im Frühling kommen«, sagte Bataa, »da ist die Steppe in Saftigkeit und stark und nicht so schwach wie jetzt.«
Nun gut, Bataa ist jung, und ich wollte nicht mit ihm streiten über Saftigkeit und Schwäche. Während er und der Fahrer Fleischstücke auf kleine Äste spießten und sie dann über die Feuerstelle legten, saß ich einige Schritte von ihnen entfernt auf warmen Steinen und blickte durch kniehohe Sträucher auf das Hochland vor mir, die Schluchten, den Fluß, der das Tal zerschneidet und an dessen Ufer Nomaden ihre Jurten aufgereiht hatten. Die Sträucher nennen sie hier Borgaaz, und sie sind im Herbst nicht in ›Saftigkeit‹, sondern leuchten übergangslos in kräftigem Gelb, Grün, Braun, Orange, Lila. In irgendeiner Reisebeschreibung las ich das Wort ›Farbsymphonie‹, und es grauste mir vor soviel ›Poesie‹. Aber diese Fülle von Farbtönen unter der milden Herbstsonne verleitet nicht nur zum Ausruhen, sondern auch

zum Pathos. Unser Geist ist ja in den letzten Jahrzehnten zuschandegeprügelt worden mit Begriffen wie ›Objektiver Idealismus‹, ›Subjektiver Idealismus‹, ›Dialektischer Materialismus‹. Ist man erst einmal beim Schreien, weiß man bald nicht mehr, wo zu recht geschrien wird und wo zu unrecht. Wenn ich aus der Mongolei etwas mitnehme in den Lärm der Marx-Engels-Plätze, so ist es das Wissen um ein Stückchen Steppe bei untergehender Sonne, um die leuchtenden Büschel dünnen Grases, mit denen sich im Herbst die Berge schmücken, und die Erinnerung an einen weiten Himmel, der Raum hat für alle dummen und guten Wünsche der Menschen.
Übrigens der Schaschlyk schmeckte ausgezeichnet. Das Fleisch hatte mit dem Rauch zugleich den Duft des glimmenden Steppenholzes in sich aufgesogen. Der Fahrer zog eine kleine Flasche Mongol-Archy aus seiner Beuteltasche. Wir saßen am Feuer und tranken reihum, und vor dem ersten Schluck mußte jeder seinen Spruch sagen.
»Du sollst immer stark bleiben, Vater«, sagte der Fahrer.
Bataa: »In einer Stunde lernt man sich kennen, hundert Jahre dauert die Freundlichkeit.«
Mir fiel zunächst nichts ein. Dann plötzlich sagte ich: »Die Glücklichkeit des Mannes ...« Ich dachte, die beiden jungen Burschen würden lachen, aber sie lachten nicht.

Was für eine Unerfahrenheit der Vögel. Sie fliegen erst auf, wenn das Rad des Jeeps sie zu überrollen droht. Und dann sind sie außer sich, flattern und rufen und können sich nicht beruhigen. Die Steinbrocken wiederum rühren sich nicht von der Stelle, lassen sich ein auf das Wer-Wen, und der Jeep verliert den Wettstreit. Immer wieder mußten wir aussteigen, die Vorder- oder Hinterachse anheben, damit dem Wagen nicht der Boden aufgeschlitzt wurde. Plötzlich fing das Vehikel an zu qualmen, und wir fürchteten, die vierzig Kilometer nach Underchan laufen zu müssen. Aber dann entdeckten wir, lediglich das ständige Bremsen hatte zur Überhitzung geführt. Es stimmt nicht, daß ein Berg nur das Pferd quält, er quält auch einen Jeep. Ich wollte meine letzten Tugriks verwetten, von einem Reittier wäre der Fahrer abgestiegen und hätte es achtsam zwischen den Felsbrocken hindurchgeführt. Dem Jeep gab er Peitsche und Bremse.

Über die Stühle in meinem Zimmer sind weiße Tücher gelegt, auch Bett und Sofa sind eingehüllt. Der Zimmerschlüssel steckt im Maul eines gewaltigen Metallfisches. So ein Vieh muß es gewesen sein, das den biblischen Jonas geschluckt und mit sich herumgetragen hat.
Es ist 19.30 Uhr, ich sitze auf dem Balkon und schreibe Dir von dem Tag, über den ich sagen möchte, er ist ›beslozzen in mînem herzen‹. Und ich sage Dir auch, daß die Vögel in den Bergen nördlich von Underchan bald ihre Unbefangenheit verlieren werden. Das alles hier wird entdeckt werden wie Terelsch oder Andalusien, und der Owoo wird bis zur spitzen Mondsichel hochwachsen, gedüngt mit Coca-Cola-Flaschen, Bierdosen und Mon-Chéri-Schachteln.
Ich habe Edelweiß gepflückt für unseren ersten Enkel. Die Welt möge ihm gut sein.
Es ist die letzte Nacht in Underchan. Vor dem Balkon der Panzer aus Pappmaché, im Zimmer grüne Tapeten und ein rosafarbener Fenstervorhang. Ich male ein Windpferdchen für Deinen Traum.

12. September, über dem Ural
›für Erinnerung an ihren armen Dolmetscher‹
Bataa hat mir zum Abschied ein Mongol-Schuudan geschenkt, ein kleines rotes Briefmarkenalbum mit einer Zwanzig-Mungu-Marke. Inmitten grüner Berge – weiße Gipfel im Hintergrund –, einem vollen Mond am dunkelblauen Himmel schwingt ein mongolischer Held, nicht unähnlich einem Samurai, sein Schwert gegen einen zähnefletschenden, großmäuligen Drachen. Das christliche Sankt-Georg-Motiv. Sämtliche Farben, die den Mongolen wesentlich scheinen, sind auf diese Marke gedruckt: Rot für die Freude, Gelb für die Liebe, Weiß für die Unschuld, Dunkelblau für die Ewigkeit. Und im nachhinein wird mir bewußt, daß auch Teppiche und Möbel in den Jurten vorwiegend diese Farben tragen.

Die Abreise war nicht weniger chaotisch als die Ankunft. Obwohl – wenn ich Dir das so schreibe, empfinde ich mich lächerlich. Aber die Deutschen haben nun mal ihren Ordnungsdrang, der von den einen bewundert, von den anderen belächelt wird, und sie werden sich so schnell nicht ändern.
Noch gestern stand ganz und gar nicht fest, ob ich jetzt 10 000 Meter hoch über dem Ural dahinfliegen würde. Selbst in dem kleinen Gebäude auf dem Underchaner Flugplatz wußte niemand zu sagen, ob eine AN 24 landen würde oder nicht. Was also sollte meine alberne Argumentation, ich müßte Mittwoch in Berlin sein. Die Antwort: »Wenn gutes Wetter ist, wird ein Flugzeug fliegen. Wenn schlechtes Wetter ist, wird kein Flugzeug fliegen. Oder wollen Sie ›krchch‹ machen?« Nein, ich wollte nicht ›krchch‹ machen. Aber ich war schon bei miserablerem Wetter geflogen.
Und dann schlenderten wir durch die ›Stadt‹, und ich setzte gerade an, Bataa den Bim-Bam-Bum-Kanon beizubringen, da legte mein Apache den Kopf zur Seite, lauschte und sagte: »Hörst du?« Ich hörte nichts. »Ein Flugzeug«, rief Bataa, rannte, ohne sich weiter um mich zu kümmern, ins Hotel zurück, telefonierte mit der Abfertigung des Flugplatzes, bekam mitgeteilt, daß in der Tat eine Maschine aus Ulan-Bator Underchan anflöge, weitermüßte nach Barun-Urt, in drei Stunden jedoch wieder zurück sei mit Kurs Ulan-Bator.
So kam ich wohlbehalten ins vertraute ›Bajan-Gol‹. Die Serviererin erkannte mich wieder, und auch ohne die Gegenwart Sandous, also als Nicht-Kollektiv, bekam ich meinen Bituu-tsai, und ich gab viel Salz in den heißen Tee und schlürfte ihn genüßlich und fühlte mich auf dem Pfad zu den edlen vier Wahrheiten.
Einmal möchte ich die Grenze sehen zwischen Europa und Asien, aber der Ural verweigert sich mir. Ich fliege hin, ich fliege zurück, immer wieder. Mal stecke ich in den Wolken, mal bin ich über ihnen. Ich neige dazu zu behaupten, den Ural gibt es gar nicht. Er ist eine Erfindung derer, denen Grenzen das Wichtigste menschlicher Existenz sind: Abgrenzung, Umgrenzung, Zugrenzung, Ausgrenzung. Aufgrenzung – das Wort würde genügen, aber ich glaube, es muß erst noch gefunden werden.
Ich werde mir von der Stewardess einen Wodka bringen lassen.

Und wenn sie meine Bitte abschlägt, werde ich mit leidendem Blick auf meinen Bauch zeigen, und weil ich das Russische nicht beherrsche, werde ich das Bulgarische zu Hilfe nehmen, von dem es ja heißt, es sei Russisch mit sechs Fehlern: ›bolen stomach‹. Dieses Abrakadabra weckt das Mütterliche in jeder Frau.
Ich fliege gegen die Zeit, und es könnte sein, daß ich nicht altere, wenn ich nur lange genug flöge. Aber um solchem Übermut entgegenzuwirken, ist ja schon der Satz gesprochen worden: ›Hunde, wollt ihr ewig leben.‹
Es war ein verrückter Einfall, und ich weiß nicht, welcher Teufel mich ritt, als ich heute vormittag beim Gandang-Kloster die Gebetsmühle drehte, schneller und immer schneller, und dabei den Satz als Formel sprach, der ja dem Geist militanter Unteroffiziere zugeordnet ist und nicht einem lamaistischen Mönch.
Ich wollte Abschied nehmen von Ulan-Bator. Mir war bewußt, daß ich niemals mehr hierher zurückkehren werde, und wenn, dann wird der ›Schöne Held‹, der nicht gegen die Zeit fliegt, sondern mit ihr, stolz darauf sein, in Stiefeletten zu gehen mit hohen Absätzen, und Jeans zu tragen, die Mädchen werden kurze Röcke anhaben, auf Plätzen werden Rockgruppen spielen, und Suche-Bator wird inmitten emphatischer Teenager stehen und wird sagen: ›O wie gut, daß niemand weiß, daß ich Suche-Bator heiß.‹
Den Abend zuvor hatte ich für Dich ein kleines Rollbild erhandelt gegen meine Jeanshose und zehn DM. Um das ›Bajan-Gol‹ streunen beim Dunkelwerden dunkle Gestalten, um ihre Tauschgeschäfte zu machen. Daher wohl der Rat der Rezeptionsfrau am ersten Tag, nachts nicht allein durch die Straßen der Stadt zu laufen. Auch Bataa war skeptisch, als ich ihm voller Freude mein Rollbild zeigte. Er meinte, es gibt unter den Schwarzhändlern welche, die mit dem Zoll zusammenarbeiten. Heute die Ware verkauft, morgen vom Zoll beschlagnahmt, übermorgen wieder verkauft, wieder beschlagnahmt undsoweiterundsoweiter. Nein, das Rollbild steckt in meiner Jackettasche, auch jetzt noch, da ich den Ural unter mir weiß. Niemand wird es mir mehr streitig machen. Entwendet hat mir die zornige Zollfrau den Stein, den ich in Terelsch aus dem Fluß genommen habe und der für Yana sein sollte. Auch ein schöner Kupferkrug vom Lumpenmarkt durfte

nicht passieren. Es gab große Aufregung bei der Gepäckkontrolle. Ich war ja kein VIP, der durch einen Sondereingang geleitet wird, und auch kein Mitglied einer Delegazia. Butterlämpchen, Aratenpfeife, Rollbild und Mönchsglöckchen sind dennoch durchgeschlüpft. Ich greife immer wieder nach meinen kleinen Kostbarkeiten, ob sie auch wirklich noch da sind, und es reizt mich, das Glöckchen zu schwingen wie die Mönche heute morgen im Gandang-Kloster, und ich stelle mir vor, alle Reisenden der TU 134 hocken im Yogasitz auf ihren Sesseln, murmeln Gebete in tibetanischer Sprache, der Flugkapitän schlägt gegen einen großen metallenen Gong, und er trägt nicht seine blaue Aeroflot-Uniform, sondern einen gelblichen Umhang mit roten Tüchern über der rechten Schulter, und seine Beine stecken in großen weiten Stiefeln, deren Sohlen vorn nach oben gebogen sind, denn der Teppich im Flugzeug ist der heilige Körper Buddhas und darf von Schuhspitzen nicht verletzt werden.
O ja, das Gandang-Kloster auf dem baumlosen Hügel, ich wollte noch einmal dort sein, ohne jeden Begleiter. Ich habe eine Zeitlang neben der Tür gestanden und habe dann, wie es sein soll, schweigend meinen Rundgang im Tempel gemacht. Und bei den Gebetsmühlen draußen schlug die Wehmut des Abschieds in Wut um, deren Ursprung ich auch jetzt nicht zu erklären vermag.
›Hunde, wollt ihr ewig leben.‹

Noch zwei Stunden bis Scheremetjewo. Was ich bei diesem Namen empfinde, begreifst Du, wenn ich Dir einen Spruch hinschreibe, den der Prager Kunstprofessor zu mir sagte. Er hatte ihn von seinem Dolmetscher, der ihn trösten wollte, nachdem der gute Mann auf dem Lumpenmarkt von der Miliz aufgegriffen und erst nach einer Weile wieder freigelassen worden war.
›Wenn du Angst hast, bewegt sich selbst der Argal.‹

Zabrze

I

Ich suche keine Kindheitsmuster, kein Land Karalautschi. Niemand findet am Ende sich selbst, nur Bruchstücke von sich, und aus dem Ganzen wächst die Legende, der er lebt.

Zabrze verfolgt mich. Und wenn ich sagen sollte, ob mir die Stadt mit dem Weitergehen der Jahre näherkommt oder ob sie sich von mir entfernt, so muß ich gestehen, ich weiß es nicht. Da sich das Alter nicht nach der Zukunft sehnen kann, im günstigsten Fall nach dem Tod, der allein den wirklichen Frieden bringt, dessentwegen angeblich die Menschheit immer zerstörerische Kriege führt – in Wirklichkeit sind es Gier, Machtverlangen und Unvernunft –, da es nun mal so ist, träumt sich der Alternde in die Kindheit zurück. Dabei geschieht es nicht selten, daß sich eine bittere Wirklichkeit, wenn auch nicht in eine goldene, so doch in eine frohere Zeit verklärt als die gegenwärtige, die es zu ertragen gilt. Mir sind Menschen begegnet, die sich mit traurigem Glanz in den Augen nach dem Konzentrationslager zurücksehnten. Das hört sich schrecklich an oder zynisch. Aber die Wahrheit hat immer etwas Erschreckendes. Niemandem bleibt eine zunehmende Vereinsamung erspart. Der Unterschied ist allein der, daß die einen darauf vorbereitet sind, die anderen nicht.

Zabrze – zwischen der Stadt und mir liegt einmal ein Gebirge und einmal eine Steppe. Die Entfernung ist unverändert. Nur die Vorstellung von ihr verändert sich mit dem jeweiligen Zustand meines Gemüts. Fremdheit und Nähe, Dornröschenschloß und verlorene Illusionen, Vergessen und Erinnern, Nostalgie und ironische Selbstbetrachtung. Wieso sollte es Zabrze anders ergehen, als es der Liebe ergeht, den großen Plänen und allem, von dem wir glauben, daß es ewig dauert. Die Stadt, zusammengemengt aus vielen Dörfern, wurde Stadt, und als diese erhielt sie ihren ersten Namen, Hindenburg, vier Jahre, bevor ich geboren wurde, also 1922. Wenn auch Zaborze-Poremba und Zaborze B, Biskupitz und Dorotheendorf, Mikultschütz und Zabrze, das dem allem heut seinen Namen gibt, Jahrhunderte alt sind, so lagen die Stadt und ich nahezu im gleichen Kindbett. Vielleicht rührt daher unsere Ähnlichkeit, einmal die Unfähigkeit, einem Apparat zu gehorchen, und als zweites ein gewisses Barbarentum, sollen unsere Urväter doch Silingen und als solche den Vandalen zugehörig gewesen sein, welche die zivilisierten Römer das Fürchten lehrten.

Auch Städte können heimatlos sein wie Menschen. Und keine großen Sprüche geben ihnen, was die Geschichte ihnen vorenthalten hat oder ein Schicksal, von dem niemand weiß, was es ist. Im Mai 1968 besuchte der große de Gaulle Warschau. Von dort aus reiste er, gefeiert wie ein römischer Triumphator, auch nach Oberschlesien, dem ursprünglichen Wirkungsgebiet des großen Edward Gierek, der später wie so manch anderer der zeitweilig Unantastbaren in Schande davongejagt wurde. De Gaulle kam auch nach Zabrze, und er nannte es die ›polnischste aller polnischen Städte‹. Dann eilte er zurück nach Paris, denn dort probten die Studenten seinen Sturz und eröffneten das, was in die westeuropäische Geschichte als die 68er Bewegung eingegangen ist und letztendlich nicht ganz ohne Einfluß auf Osteuropa blieb, nur daß es hier von den einen ›Prager Frühling‹, von den anderen ›Konterrevolution‹ geheißen wurde.

Der Satz de Gaulles erregte damals nicht nur bei Journalisten und Politikern einiges Aufsehen. Ganz unvermittelt sah auch ich mich mit ihm konfrontiert. Gleichfalls aus Warschau kommend, fuhr ich nach München. Der bundesdeutsche Grenzschutzbeamte prüfte meinen Paß, stellte fest, daß ich in Hindenburg geboren bin, sah mich lächelnd an und fragte: »Was sagen Sie zu de Gaulle?« Ich lächelte zurück, denn ich wußte keine gescheitere Antwort, wenigstens keine, die sich auf einen Satz bringen ließ, und zu mehr blieb keine Zeit.

Franzosen sind Franzosen. Sie hatten ihren Ludwig XIV. und ihren Robespierre. Voltaire und die Guillotine. Ihre noch heute nirgendwo in der uns bekannten Welt verwirklichte Losung: Freiheit, Gleichheit, Brüderlichkeit und ihren Rußlandfeldzug. Ihren

Maquis und ihren Petain. Und wenn Cäsar schrieb: Gallia est omnis devisa in partes tres, so sagte ein französischer Dichter und Politiker: Ich liebe Deutschland so sehr, daß ich es am liebsten zweimal haben möchte. Kurz, Deutschland ist ihr Trauma. Und niemand kann es ihnen verdenken. Frankreich ist bekannt ob seiner Bildung. Aber Oberschlesien ist ihm ein Berg Sesam. Als nach dem ersten Weltkrieg Polen und Deutsche dieses Gebietes wegen einander umbrachten, war die Alliance gefordert. Frankreich wurde Hauptschutzmacht. Durch den Namen Ober-Schlesien verleitet und in völliger Unkenntnis der geographischen Lage, schickte seine Heerführung Alpenjäger nach Hindenburg und Gleiwitz und Beuthen. Nun gut, die Weltgeschichte kennt größere Witze, und de Gaulle war ein gerissener Politiker, kein Alpenjäger wie etwa Präsident Wilson, der Galizien mit Schlesien und Irak mit Iran verwechselte – das zumindest hielt ihm sein republikanischer Gegner White vor. De Gaulles Formulierung, möchte ich meinen, war eine Demonstration für die Anerkennung der neu gezogenen Grenzen nach dem zweiten Weltkrieg. Hätte er seine Rede in Bytom gehalten, wäre Bytom die polnischste aller polnischen Städte geworden.

Noch einmal, Zabrze/Hindenburg zieht mich an und stößt mich fort, gemäß dem Spruch: Der Weg aufwärts und der Weg abwärts ist ein und derselbe. Aus amerikanischer Gefangenschaft geflohen, in russische geraten und wieder freigelassen, wollte ich nach Hause. Meine Eltern wohnten noch in einem der beiden Werkshäuser auf dem Gelände der Donnersmarck-Hütte, die heute Huta Zabrze heißt. Meine Großmutter war da, in jenem nach Katzenkot und faulem Fleisch stinkenden Hinterhof der Stallmachstraße gleich gegenüber dem Admiralspalast. Und Pfarrer Thomeczek war da und trauerte um die Zerstörung der kleinen Hl. Geist-Kirche, in ihrer Art dem Barock nachempfunden und also eine ›Perle‹ in der schmucklosen Sandkolonie. Ein sowjetischer Offizier hatte den Befehl gegeben, sie niederzubrennen, denn aus ihr war geschossen worden. »Unsere Befreier«, sagt der jetzige Pfarrer zu mir, als er mich durch die wieder aufgebaute Ducha Swietego führt. Und natürlich ist das Kirchlein keine ›Perle‹ mehr, nur ein geschliffener Kieselstein, weil ja alles

Schöne, wurde es erst einmal ruiniert, von keinem noch so guten Willen gleich schön zurückgeholt werden kann. Tot bleibt tot, und das Neue ist nicht besser, lediglich anders.

Als ich im August 45 am Ufer der Oder stand, habe ich nicht gewußt, daß meine Reise nach Zabrze vierundvierzig Jahre dauern würde und daß Gräber am Ende einer untergehenden Zeit weit verstreut liegen. Das meiner Großmutter ist mir ganz und gar verlorengegangen. Dabei stand mir die gute Alte einmal sehr nah. Haldenstraße – Stallmachstraße, das war, wie man so sagt, nur ein Katzensprung weit voneinander entfernt, und man lief vorbei an kleinen Holzställen, in denen Kohle lagerte, Tauben nisteten, Hühner gackerten, Kaninchen gefüttert und in der Vorweihnachtszeit Gänse gestopft wurden, was zwar verboten war, aber kaum jemanden bekümmerte. Ob in Oberschlesien der Alkoholverbrauch überdurchschnittlich hoch ist, weil dort so viel fettes Fleisch gegessen wird, oder ob Schweine gemästet und Gänse gestopft werden eben des überdurchschnittlichen Alkoholgenusses wegen, das ist auch heute noch nicht von Soziologen, Ethnologen, Psychologen und Politologen entschlüsselt worden. In der Schneiderstube meiner Großmutter, die wir alle nur Omama riefen, lernte ich Fliegen mit der Hand fangen. Von mir lernte es meine Tochter, von der mein Enkelsohn. So etwas nenne ich Tradition, oder wie es im Sprachgebrauch gehobener politischer Kreise unseres Landes heißt: Übergabe des Stafettenstabes. Felder werden Gräber, Gräber Felder. Auch das ist Kontinuität.

II

Korfanty kam geritten
auf einem Ziegenbock,
da dachten die Polacken,
es ist der liebe Gott.

Dieser Schimpfvers fällt mir ein, als der Zug, von Leipzig kommend und nach Krakau fahrend, sich Zabrze nähert. Nicht Eichendorff, nicht die schlesische Dichterschule, exakt diese vier

Zeilen. Man könnte versucht sein, einen verdrängten Nationalismus in mir zu vermuten. Aber ich fühle mich weder als Deutscher noch als Pole. Früher nannte man solche Heimatgebundenen ohne Heimat ›vaterlandslose Gesellen‹. Vielleicht kann ein eventuell vereinigtes Europa, von dem viele wenn schon nicht einen ewigen, so doch einen länger währenden Frieden erhoffen, nur von eben denen zustande gebracht werden, die durch die Länder streunen, ohne einen Platz zu finden, der ihnen Ausruhen gibt oder das, was man ›Heimat‹ heißt oder ›zu Hause‹. Nicht nur die Juden haben ihren Ahasver.

Ich hatte das Abteil verlassen, um mit niemandem reden zu müssen. Als ich durchs Zugfenster den Bahnhofsplatz sah – die Post stand, wo sie immer stand, die Stufen zur Dorotheenstraße hatten kein anderes Aussehen, die Bahnhofsstraße führte immer noch zum Peter-Paul-Platz (in meinem Hirn waren noch die alten Namen gespeichert), da klopften meine Finger die ungehörigen Jamben gegen die schmutzige Scheibe. Ich weiß nicht, was ihnen den Befehl dazu gab. Womöglich eine aufsteigende Sentimentalität, denn als Sechsjähriger hatte ich mit anderen Kindern den Vers auf der Straße gegrölt mit dem gleichen Unwissen und Vergnügen, wie ich in dem von Nonnen geleiteten Kindergarten während des Spaziergangs in Reih und Glied, die Gartenstraße hinunter, die Bismarckstraße hinauf, aus Herzensgrund das Lied schrie:
Wenn die Soldaten durch die Stadt marschieren,
öffnen die Mädchen die Fenster und die Türen,
ei warum, ei darum,
ei bloß weg'n dem Tschingdarassa
Tschingdarassa Bum.

Korfanty und die Kuh, die er jedem versprach, der seine Stimme dem Mutterland Polen gibt, die Insurgenten und die Schlacht um den Annaberg, das war für mich nichts anderes als die schaurig schönen Märchen vom Wassermann Utopietz und dem Räuberhauptmann Pistulka. Der allerdings, das galt mir damals als ebenso unumstößlich wie die mich begleitenden Schutzengel –

zwei zu meiner rechten, zwei zu meiner linken –, Pistulka hatte am Heiligen Annaberg den Djobok in Gestalt des Korfanty besiegt, und wenn ich groß sein würde, wollte ich kein Duppaleja sein und kein Ciulik und kein Sknyra, sondern auch ein Räuberhauptmann Pistulka im Guidowald. Dieses Gehölz im Südwesten der Stadt schien mir unermeßlich weit. Ein Friedhof ist dort, und mein Bruder liegt da begraben, und sein Tod ist für mich ebenso ein schauriges Märchen wie das von Korfanty und dem Räuberhauptmann Pistulka.

Nostalgie der Rückkehr. Ebenso Ratlosigkeit. Vielleicht war es gut, daß der Zug nach zwei Minuten Aufenthalt wieder anfuhr und mir noch weitere fünf Tage Zeit gegeben waren, bevor ich in Krakau ein Auto mietete und nun von Kattowice und Bytom her Zabrze erreichte.
Den Abend zuvor saß ich mit einem Fachgutachter von Mannesmann zusammen. Wir aßen im Restaurant am gleichen Tisch, und ich schielte zur Bild-Zeitung hinüber, die der Fremde neben seinem Teller zu liegen hatte.
»Sie können sie haben«, sagte er, schob mir das Blatt zu, und ich nahm es.
»Deutscher?«
»Ich auch.«
Er kannte Gliwice und Katowice und Zabrze, und er sagte mir, daß die Donnersmarck-Hütte jetzt Huta Zabrze heißt und daß es Probleme mit der Qualität der vertraglich zugesicherten Erzeugnisse gäbe.
»Dreimal im Jahr Ostblockstaaten. Überall dasselbe.«
Was er mir erzählte, erzählen wir uns in Leipzig auch. Mich interessierte die Route nach Zabrze.
»Achtzig Kilometer.«
Irgendwann hatte sich die Zahl in meinem Kopf festgesetzt.
»Nein«, sagte er, »hundertzwanzig.«
Merkwürdig, denke ich, wohin wir auch kommen, immer sind sie schon da. ›Ick bin allhier‹, ruft der Igel, und der Hase hetzt sich zu Tode.

Mit der ›Schwarzburg‹ fuhr ich von Wismar nach Indien. In Hamburg begegneten wir der ›Hohenfels‹. Ich weiß nicht, wie die Westdeutschen das machten, erreichten wir Suez, waren sie da. Legten wir in Bombay an, ankerte dort die ›Hohenfels‹. Colombo, Kalkutta und wieder Hamburg, immer grinste uns die ›Hohenfels‹ entgegen. Dabei hatten wir einen hervorragenden Kapitän. Erst in Rostock waren wir wieder unangefochtener Träger des Blauen Bandes.

»Gibt es nicht Probleme mit der Frau, wenn Sie so oft fort sind?« fragte ich mein Gegenüber.
»Wieso?«
Da erzähle ich ihm die Story vom Monteur für Backmaschinen in Homs. Dort trank ich im Foyer des kleinen Hotels einen Arrak. Am Nebentisch saßen drei Männer, und kaum zu glauben, in diesem Winkel Syriens sprachen sie miteinander deutsch. Der bayerische Dialekt des einen war unverkennbar. Er versuchte den beiden anderen deutlich zu machen, daß die Berufsverbote unabdingbar wären für den Schutz der Demokratie. Das wollte dem Jüngsten von ihnen partout nicht einleuchten. Später erfuhr ich, es war ein Grieche, der in Westberlin Jura studiert hatte. Der dritte hielt sich aus dem Streit heraus. Er war Spezialist für Backmaschinen, hauste seit drei Monaten in einem Mansardenzimmer des Hotels, zu Haus ging ihm die Frau fremd, und für ihn gab es im heißen Homs nicht mal einen Puff. Auf der Rückfahrt von Aleppo nach Damaskus nahm ich im selben Hotel wiederum ein Zimmer. Der Bayer war inzwischen in Teheran, aber der Grieche war noch da und auch der von sexueller Not geplagte bundesdeutsche Monteur, der den Syrern zeigte, wie man Brötchen bäckt, von ihnen dafür viel Geld erhielt, aber keine Frau, mit der er auf seine Art hätte Brötchen backen können. Politik hin, Politik her. Palästinensischer Staat, israelischer Staat, deutscher Staat einmal, deutscher Staat zweimal, wir tranken Whisky, der Ostdeutsche, der Grieche, der Westdeutsche, wünschten dem Bayern in Teheran die satanischen Sprüche Khomenis, uns selbst aber Frauen, die nicht davonlaufen, wenn wir durch die Welt treiben zum Wohle

Europas, seines Sozialismus, seines Kapitalismus, seiner paktgebundenen Staaten, seiner nicht paktgebundenen Staaten, seinem ganzen Durcheinander von Anstand und Korruption, und wir kamen zum Ergebnis, daß keine Ideologie länger Bestand hat als die Ideologie von Arrak und Whisky. Am Morgen ging der eine zu seinen Backmaschinen, der andere zu seinen Geschäften, ich zum Auto, das mich nach Damaskus brachte. Wir sind einander nicht mehr begegnet und leben wie gehabt: jeder hinter seiner verschlossenen Tür.

Ich erzählte mit einigem Eifer, aber den Mann von Mannesmann bewegte meine Geschichte nicht sehr. Er sagte plötzlich: »Etwas müßt ihr doch falsch machen.« – »Ja, natürlich«, antwortete ich, »schon seit ein paar tausend Jahren.«

III

Du legst dich nicht zweimal ins selbe Bett.
Eine Nacht in Homes ist anders als eine Nacht in Krakau. Vielleicht ist Polen auch den Deutschen zu nah und Deutschland den Polen. Die Weltverbesserer siedelten ihr Land Utopia zumeist im Irgendwo an, um nicht zu sagen im Nirgendwo.
Etwas müßt ihr doch falsch machen. Aber gewiß. Nur was? Marx ist tot, und Lenin ist tot. Majakowski hat sich erschossen, und Jessenin hat sich erhängt. Che ist in Boliviens Wäldern umgekommen, und Fidels Reden sind kürzer geworden. Ortega bittet in London und Paris für sein Land um Hilfe. Mao schaut wortlos auf den Platz des Himmlischen Friedens, dort erschlagen Soldaten Studenten und Studenten Soldaten. Breshnew, Gomulka, Ulbricht, Kadar – sag mir, wo die Namen sind, wo sind sie geblieben.
Wer kennt nicht den Wert dessen, was der Volksmund ›harte Währung‹ nennt. Es gibt die Begebenheit jenes Symphonikers, der mit seinem Orchester aus Berlin – Hauptstadt der DDR – nach London kommt, dort eine Notenbank aufsucht und dem Schalterangestellten einen Hundertmarkschein zum Tausch anbietet. Der Engländer nimmt das Dargebotene mit zwei Fingern,

hält es gegen das Licht und sagt ohne jeden Ausdruck im Gesicht: »That's no money, Sir.«

November 1988, Schwarzmarktkurs an den Tuchhallen: für den Unkundigen 100 DM = 100 000 Zloty, für den Informierten 20 000 dazu. Drei Lehrergehälter. Die Spanne wird mit Sicherheit wachsen, nicht so sicher der Lohn. Also Zweitarbeit und Drittarbeit. Das bringt, was man fürs Leben braucht. Mein Gott, die Franzosen machen es doch auch: Assistentenstelle an der Sorbonne, Nachdichter, Stadtführer. Alles eine Etage höher als in Polen, aber dafür haben die Pariser ihren Sturm auf die Bastille schon 1789 hinter sich gebracht. Solidarnocz nimmt erst den zweiten Anlauf, und Lech Wałesa konsultiert seinen Landsmann Woytila, der von Rom aus den Erdball durchmißt und, wo immer er mit seinem Jet landet, als erstes die Erde küßt, dann steigt er in einen kugelsicheren gläsernen Kasten. ›Gott zum Gruß, lieber Neffe‹, schrieb mir einst regelmäßig meine Tante vom Rhein.

Aus der Offenbarung am Horeb: Auf jeden Fall hüte dich und nimm dich sehr in acht, daß du die Dinge, welche du mit eigenen Augen gesehen hast, nicht vergessest und sie dir Zeit deines Lebens nie aus dem Sinne kommen, tue sie vielmehr deinen Kindern und Kindeskindern kund ...

Einen Tag Krakau-Zabrze-Krakau mit Lada nebst Fahrer kaufe ich für 50 DM, inklusive ein bißchen Elegie, aber aus diesem Brunnen trinken wir das Wasser des Nicht-Vergessen-Könnens.

Bogda fährt, sehr zerstreut, sehr nervös. Vor unserem Treffen im Hotel mußte sie noch ihren Mann zum Zug bringen, dann den siebenjährigen Sohn versorgen – den Abend zuvor hatte er Tinte getrunken, was wird er nun schon wieder anstellen. Zu alldem kam auch noch ein jugoslawischer Freund. Es mußte Zeit bleiben für eine Tasse Kaffee. Jetzt der Deutsche. Sie floriert, die Emanzipation.

Krakaus Einbahnstraßen liegen hinter uns, da sagt Bogda: »Fünfzig D-Mark sind zu viel.« Dazu fühlt sie sich verpflichtet.
»Um Zabrze kann ich nicht feilschen wie um einen Sari oder alten Käse«, gab ich zur Antwort.
Das leuchtet ihr ein.

Ich will über Biskupitz nach Zabrze, exakt auf der Straße, die ich oft mit dem Fahrrad entlanggefahren bin. Aber Bogda ist nicht zu bewegen, auf die Karte zu sehen, sie meint den Weg zu kennen. Und natürlich verfehlen wir Biskupitz, kommen plötzlich die Straße von Mikultschütz herab, die geradenwegs zur Huta Zabrze führt. Und da bin ich sehr erregt.

    Manchmal geschieht es in der Nacht,
    daß der Wind wie ein Kind erwacht,
    und er kommt die Allee allein,
    leise, leise ins Dorf herein.
    Und tastet bis an den Teich,
    und dann horcht er herum:
    Und die Häuser sind alle bleich,
    und die Eichen sind alle stumm.

        Rilke: Heimatsehnsucht

»Gefühl ist Luxus«, sagte mein Bruder zu mir. Wir saßen in seinem Haus in Spanien, und die Sonne war untergegangen, und wir hörten das Meer in der Bucht. Und er sagte es so aufgebracht, daß er mir leid tat. Und wenn ich jetzt hinschreibe, ›Heimat ist Luxus‹, tu ich mir auch leid, denn ich bin mir des Selbstbetrugs bewußt. Der zweite Weltkrieg kostete fünfzig bis sechzig Millionen Menschen das Leben. Viele starben, ohne zu wissen, warum und wofür. Aber nicht weniger viele meinten für die Heimat zu sterben. Was für eine Fehlleistung der Gefühle. Was für ein Luxus. Spieglein, Spieglein an der Wand, wer ist die schönste Heimat im ganzen Land.

Bei der Donnersmarck-Hütte gab es noch nie einen Rilkeschen Teich, nur das Beuthener Wasser, in welches das Werk, sich reini-

gend, seine Kloake ergoß. Heute ist es ebenso. Lediglich die Namen haben sich geändert: Huta Zabrze und Bytomka. Und wenn ich, meinen Weg durch Zeiten und Ortschaften betrachtend, feststellen muß, mein ganzes Leben habe ich an dreckigen Flüssen zugebracht, so schließt das nicht die Sehnsucht nach Rilkeschen Teichen und Alleen aus. Auch ohne Krieg wäre ich aus Hindenburg fortgelaufen. Auch ohne neue Grenzziehung hätte ich mir anderes gesucht. Was also läßt mich zurückkommen? Manche kehren im Alter an den Ort ihrer Kindheit zurück, um da zu sterben. Nein, Anna-Friedhof und Andreas-Friedhof sind nicht letztes Ziel meiner Sehnsucht. Dann also Neugier? Neugier triebe mich woanders hin. Womöglich also doch ›Kindheitsmuster‹, ›Land Karalautschi‹, das ich suche, selbst wenn ich nur Bruchstücke finde oder eine schöne Lüge.
Natürlich habe ich in der Deutschen Bücherei die Jahrgänge des Heimatblattes ›Oberschlesischer Kurier‹ durchgeblättert und fünf Bände ›Oberschlesien im Bild‹ – Erscheinen eingestellt 1936. Und natürlich durfte ›Hindenburg O/S‹ nicht fehlen, das mit Unterstützung der Patenstadt Essen in erster und erweiterter zweiter Auflage erschienen ist und demnächst in einer dritten, abermals erweiterten Ausgabe herausgebracht wird. Horst Bieneks ›Letzte Polka‹ soll ebensowenig vergessen sein wie der Anruf aus Solingen, zu dem es einen ehemaligen Luftwaffenhelfer der Batterie 252 auf dem Rudaer Berg drängte, einzig aus dem Grund, mir zu sagen, er müsse eine Beleidigungsklage gegen mich anstrengen, denn niemals hätten sich sechs Luftwaffenhelfer in einer Baracke dort nacheinander über eine Straßenbahnschaffnerin hergemacht, wie ich es in einem meiner Bücher geschrieben hätte. Sie seien sauber gewesen, Mädchen unter die Röcke fassen und in die Blusen ... Er müsse alles tun, daß seine Kinder das Buch nicht in die Hände bekämen (nachgerechnet: die Kinder sind wohl dreißig und darüber). Außerdem seien nicht drei russische Gefangene geflohen, nur zwei, dazu nicht an einem kalten Tag, vielmehr an einem warmen im Sommer. Der Spieß, der allerdings sei wirklich ein fieser Kerl gewesen, jedoch Küchenfrauen hätte er nicht ins Bett gzogen. Eine Wanda gab es schon gar nicht, könne also auch niemals in Ruda erhängt worden sein. Der Mann beschimpfte

mich eine halbe Stunde, es war ihm die Telefongebühr zum Hochtarif wert.

Als ich fragte, welcher Tätigkeit er nachginge, erfuhr ich, er sei im öffentlichen Dienst beschäftigt und dort speziell für den Umweltschutz zuständig. Auch ein kleiner Witz der Weltgeschichte. Alpenjäger, Präsident Wilson, de Gaulle und Herr Twardawa aus Solingen. Hindenburg verfolgt mich.

IV

Bogda ist Zabrze nicht so vertraut wie mir, dem Leipziger auf Widerruf. Ich leite sie zum Bahnhofsplatz. Dort finden wir eine Parklücke. Parkuhren gab es zu ›meiner Zeit‹ nicht. Auch das Bahnhofsgebäude ist neu. Ich kenne noch die Zweiteilung: Polnischer Bahnhof und Hauptbahnhof. Von dem einen fuhren die Züge nach Kattowitz, von dem anderen nach Breslau, Heidebreck und Glatz. Aber sonst ist alles so anders nicht. Und wiederum doch. Nicht auf dem Bahnhofsplatz grüble ich darüber nach, warum der Admiralspalast, obwohl er wie eh und je dasteht, grau und klotzig und in einem konischen Halbrund, nicht mehr der Admiralspalast ist, in dem meine Großmutter noch als Siebzigjährige halbnackten Tänzerinnen zuschaute, ich tue es jetzt, da ich, längst nach Sachsen zurückgekehrt, auf eine Waldwiese sehe, auf Margeriten, Hahnenfuß, Männertreu und Sauerampfer. Das Anderssein kann doch wohl nicht daher rühren, weil dieses architektonische Monstrum – 1927 eröffnet, Ausdruck wachsenden Stadtbewußtseins und zu erwartender Prosperität – nun ›Hotel des Bestarbeiters‹ heißt. So wenigstens übersetzt Bogda mir die neue Aufschrift. Die in Stein gehauenen Matrosenköpfe – Asiaten, Europäer, Afrikaner – blicken immer noch von hoch oben auf die Kronprinzenstraße, die jetzige ulica Wolnosci, Straße der Freiheit. Merkwürdig, denke ich – wieder erst jetzt –, das Kosmopolitikum der Rassen paßte ebensowenig zu den darunterhängenden Hakenkreuzfahnen, wie sich der Name vom erstrangigen Arbeiter zu den Seeräuberköpfen fügen will. Aber der Oberschlesier war schon immer international. Er hat den Polen gehört, den Österreichern, den Böhmen, den Ungarn, den Preußen, den Hunnen und noch früher – ich sagte es – den Vandalen. Gut zu wissen, daß mein Flickwerk von Seele sich historisch erklärt. In Zabrzes Gassen und Hinterhöfen lernte ich die Weisheit, zu der Adam gelangte, nachdem er vom Apfel der Schlange gekostet hatte: Du mußt Gott eine Kerze weihen, dem Teufel aber zwei. Und wenn mir auch das nicht weiterhilft, richte ich mich an Sefflik Klappidudeks beachtenswertem Spruch auf:

Wenn dir bese Menschen kränken
muß du dich nichs Schlimmes denken
sonnern bei Gelegenheit
sei zur edles Tat bereit

Ieberschrift: Die Bakfeife

Das war die Promenierstrecke der Pennäler: Bahnhofsstraße, Peter-Paul-Platz, Kronprinzenstraße, Bahnhofsplatz. Prima: weiße Mütze, Sekunda: schwarze Mütze, Tertia: gelbe Mütze. Ich kam über die rote des Sextaners nicht hinaus, denn dann machte der Gauleiter oder sonstwer Schluß mit dem humanistischen Königin-Luisen-Gymnasium. Auch die Oberprimaner gab es nicht mehr, die Feuerzangenbowlen-Aristokratie, die Sehnsucht jedes Sextaners. Was ist der dritte Stand? Gar nichts. Was will er sein? Alles. So begann die französische Revolution. Und so etwa fühlten wir uns, dort ganz unten. Aber wir schmeckten das ›süße Leben‹ der da ganz oben früher, als wir je zu hoffen gewagt hätten. Und das nicht erst als Oberprimaner, sondern als Oberschüler der sechsten Klasse. Zwar nicht mit der schwarzen Mütze einstiger Obersekundaner, sondern anfänglich mit dem blauen Schiffchen der Flaksoldaten, später mit einer gleichfarbigen Schirmmütze, die extra für uns Luftwaffenhelfer entworfen wurde, eine Mixtur aus Hitlerjugend, Alpenjäger und Luftwaffe, aber eben doch mehr Reichsjugend als Wehrmacht, was uns zutiefst erboste. Wieder dritter Stand in einer neuen Hierarchie. Was seid ihr, was wollt ihr sein? Alles. Auf dem Rudaer Berg die Erniedrigten, jedoch in der Schule die ›Herren‹. Denn über uns gab es nichts mehr. Höchstens den und jenen Wehruntauglichen. Die anderen hatte längst die Cyrenaika geschluckt, der Kursker Bogen, die zweite Front war auch nicht mehr weit. Noch aber gehörte die Promenierstrecke zwischen Bahnhof und Kronprinzenstraße uns. Und in Ermangelung Besseren ließen sich die Mädchen von Versatz-Soldaten in das an der Schleife gelegene Kino führen: ›Heimatland‹ und ›Wunschkonzert‹ und Rühmann in ›Quax der Bruchpilot‹. ›Ich such ein kleines Zimmer‹ und ›Mama, du sollst doch nicht um deinen Jungen weinen‹ und Moser: ›Ich muß im frühern Leben eine Reblaus g'wesen sein‹. Und danach gingen wir in die Grünanlagen vor der Anna-Kirche oder den kleinen Park gleich hinter der Kamillus-Kirche. (Herrn Twardawa zur Rechtfertigung, und damit er diesen Text vor seinen ›Kindern‹ nicht auch noch verbergen muß: Das taten nur die ›schmutzigen‹ Luftwaffenhelfer, die ›sauberen‹ putzten am Geschütz ›Dora‹, deren Rohr von sieben Komma fünf auf acht Komma acht geweitet worden war, Munition oder in der Baracke dem Unteroffizier Hanko, der erst später Wachtmeister wurde und noch später gefallen ist, die Stiefel.)

Deutschland, Deutschland und Auferstanden aus Ruinen, ich wünschte, ich könnte zurückschlüpfen in das Ei, aus dem ich gekrochen bin, und wiedergeboren werden als Vandale, denn, so erzählen die Alten, Phönix mußte verbrennen, bevor er aus seiner Asche leuchtender emporsteigen konnte. Manchmal überfällt mich Angst, sie könnten recht gehabt haben.

Als dreijähriges Kind glaubte ich, die Welt sei ein Haus in der Bismarckstraße – ich habe es nicht mehr ausfindig machen können, es sind zu viele Klinkerbauten dort, eines sieht aus wie das andere –, ein Hof und ein Keller mit einem Faß Sauerkraut. Und das Sauerkraut kommt dadurch zustande, daß eine Frau im Faß steckt, mit dicken Beinen darin herumtritt, und wir Kinder dazu rufen: »Kapusta stampfen, Kapusta stampfen.«
Mit sechs hatte ich Dorotheendorf erobert, mit neun Biskupitz, mit zwölf Mikultschütz. Ich sagte ja bereits, diese Arbeiterdörfer in Summe sind neben anderen das eigentliche Zabrze. Klein-Zabrze, Alt-Zabrze, Dorotheendorf, Gutsbezirk Zabrze zusammengeklaubt, avancierten 1915 zu ›Hindenburg‹, dem Manne zum

Lob, der die Russen bei Tannenberg in die Sümpfe getrieben hatte. Aber da blieb das Teilganze – selbst mit dem den Dingen innewohnenden Drang zur Expansion – immer noch ein Dorf, das größte Deutschlands zwar, aber eben ein Dorf, was auch die Volksabstimmung 1919 bewies. Da nämlich erhielten die Polen in diesem Hindenburg die absolute Mehrheit. Die Landbevölkerung votierte damals zumeist für Polen, die Städter für Deutschland. Die erneute Wahl im März 1921 allerdings läßt in Hindenburg die Deutschen triumphieren. Korfanty kam geritten auf einem Ziegenbock und versprach jedem eine Kuh. Die Deutsch-Oberschlesier jedoch hielten dagegen. Aus jedem Winkel des Reiches kamen sie am Wahltag ins umstrittene Gebiet, denn stimmberechtigt war jeder, der dort geboren war. ›Zabrze ist polnisch!‹ ›Hindenburg ist deutsch!‹ Die Klugen dachten: ubi bene, ibi patria, denn sie wußten, warum Polen und Deutsche am Annaberg einander umbrachten: Kohle, Kohle, Kohle.

1760 entdeckt man den Reichtum, 8,5 Milliarden Tonnen. Und schon 1791 gibt es die erste Förderanlage Oberschlesiens, die Königin-Luise-Grube, im heutigen Zabrze. Andere Schächte folgen, die Hetz beginnt: 1870 zehn Millionen Tonnen Steinkohlenproduktion, 1900 dreißig Millionen, 1914 vierzig Millionen, 1939 allein im deutschen Teil achtzig Millionen.

Was ist des Deutschen Vaterland, was des Polen Mutterland? Was des Europäers gemeinsames Haus? »Paris ist eine Messe wert«, sagte Heinrich IV. und verabschiedete sich von den Hugenotten. August der Starke wurde in Piekar Katholik, weil er anders nicht König von Polen werden konnte. Wenn Paris eine Messe wert ist, die polnische Königskrone einen Kniefall in Piekar, dann doch wohl auch das schwarze Gold eine Schlacht um den Annaberg.

V

Die Größenverhältnisse haben sich in Zabrze für mich nicht verändert. Ich war siebzehn, als ich fortging, da weiß man die Entfernung zwischen zwei Punkten schon einzuschätzen. Vom Bahnhof zur Huta Zabrze werde ich zehn Minuten brauchen, wenn ich nicht zwischendurch im Stadthaus Paternoster fahre. Kitschiges Gebaren der Alten, exakt das tun zu wollen, was sie einmal als Kind getan haben. Immer der Drang zurück, wenn der Sack, in dem man steckt, nirgendwo mehr einen Ausgang hat. Alle Mühe des Hausmeisters, uns das Paternosterfahren zu verwehren, war vergebens. Ich beobachte die Gruppe von Kindern im Hochhaus Leipzig/Grünau, und ich weiß, daß sie Unfug im Kopf haben, wenn sie mit dem Fahrstuhl in den fünfzehnten Stock fahren. Sie werden die Knöpfe jeder Etage drücken, und die nach ihnen Einsteigenden werden sich über den zunehmenden Mutwillen der Jugend echauffieren. Und die heute im Fahrstuhl ihre Lust austoben, werden späteren Generationen rücksichtsloses Benehmen zusprechen. Saulus wurde Paulus, nachdem er ausreichend von der Sünde gekostet hatte. Auch Buddha war ein Wüstling, bevor er sich unter einen Boddhibaum setzte, nichts aß, nichts trank, ausschließlich meditierte. Die Verfasser der weisen Hinterlassenschaften litten entweder an einem Gebrechen und starben früh, die anderen genossen die weltlichen Laster und beschrieben sie danach als eitel. Das alles mit einem ›Körnchen Salz‹ gesagt und mit der Erfahrung: Wo eine Regel, da eine Ausnahme. Ich habe den Spruch unseres Zeichenlehrers im Ohr. Während des Krieges hatte man ihn an die Oberschule zurückgeholt, obwohl er schon das Pensionsalter überschritten hatte: Es gibt eine verhätschelte Generation und eine verprügelte. Und natürlich waren wir für ihn die verhätschelte, ebendieselbe, die heute von sich sagt: Wir sind um unsere Jugend betrogen worden. Und die nach uns Kommenden behaupten: Nicht ihr steht draußen vor der Tür, wir sind es. Die Lehrstühle sind vergeben, die Ämter besetzt, die Revolutionen gemacht. Und merkwürdig, jeder besitzt seinen Teil Wahrheit. Die Gerechtigkeit ist nach vorn offen, die Ungerechtigkeit auch. So leiden die Väter an den Söhnen, die Söhne an den Vätern. Die Wissenden beneiden die Unwissenden, die Unwissenden die Wissenden.

Das zwanzigste Jahrhundert ist nicht nur das Jahrhundert der Atombombe, der künstlichen Erdsatelliten, der Mikrobiologie und des Ozonlochs, es ist auch das Jahrhundert der Vertreibun-

gen. Und da sich die Leute aus Zabrze gerade darin gut auskennen, wurde der erste Oberbürgermeister von Hindenburg, Dr. Lukaschek, erster Vertriebenenminister bei Adenauer. Das fällt mir ein, während ich den Paternoster im Stadthaus suche. Der gute alte Pieron ist nicht mehr da, statt dessen ein ordentlicher Fahrstuhl. Knopfdruck, Lift gerufen, automatisches Öffnen und Schließen der Tür. Das kann ich ebenso in Shanghai haben, da muß ich nicht nach Zabrze fahren. Das zwanzigste Jahrhundert ist auch das Jahrhundert der zunehmenden Gleichschaltung der Kontinente.
Immer suchen wir etwas. Mir ist der Paternoster abhanden gekommen. Und vor der Huta Zabrze der halbhohe Eisenzaun mit dem Gebüsch dahinter. Und wo die kleine Eingangspforte war, da sitzt jetzt kein Wächter, sondern der Hl. Florian paßt auf, daß die Huta Zabrze nicht im Feuer untergeht. Auch die Hl. Barbara finde ich in Zabrze öfter als auf verblichenen Fotos in Hindenburg. Sie hebt die Hand und lächelt ihr heiliges Barbaralächeln. Sie kennt ihre Gorny Slasker, die fluchenden, die schuftenden, die besoffenen, die sentimentalen. »Mann, Mann«, sage ich, und Bogda weiß nicht, was ich meine.
»Das ist der Hl. Florian«, sagt sie.
Und ich denke, wofür hältst du mich. Ich kannte den Hl. Florian schon, da schwammst du noch im Teich beim Utopietz. Und die vielen Hl. Barbaras sind wahrscheinlich meinetwegen aus ganz Polen nach Zabrze gekommen.
Seit ewigen Zeiten lächelt die Hl. Barbara. Und ich möchte meinen, die Bergleute in Oberschlesien haben sie allein deswegen zu ihrer Schutzpatronin gemacht. Was ist das Lächeln der Mona Lisa im Louvre zu Paris gegen das Lächeln der Hl. Barbara vor den Schachtanlagen in Zabrze. Und wie lächelt sie erst, wenn Bergleute sie am 4. Dezember inmitten eines langen Zuges tragen. Alle Räder stehen still, wenn die heilige Barbara es will. Ich würde schon gern wissen, wie die polnischen Bergarbeiter Baburka, den Barbaratag, feiern. Aber wir schreiben erst den 3. November, und bis zu ›Baburka‹ kann ich nicht warten. So bleibt mir nur die Erinnerung, das ›Glück auf, Glück auf‹ von Bergmannskapellen, das Heulen von Grubensirenen, das Läuten von

Kirchenglocken. Pfarrer Thomeczek predigt, und wohin ich in der Kirche schaue, überall Männer. Viele von ihnen haben sich in der Nacht zuvor schon vollaufen lassen. Aber auch sie machen fromme Gesichter, denn es ist der Tag des gegenseitigen Verzeihens. Denen vergeben, die ihr Böses taten, hat nämlich auch die Hl. Barbara, das Mädchen aus Kleinasien, genauer gesagt aus Nikodemien. Ihr Vater hieß Dioskorus, und er sperrte die Tochter in einen Turm, damit sie dem Kirchenlehrer Origines, den kein heidnischer Gelehrter zu widerlegen vermochte, nicht länger zuhören konnte. Aber sie fand Wege, Origines zu lauschen. Und sie ließ sich taufen und floh vor ihrem erbosten Vater in die griechische Bergstadt Laurion. Sie versteckte sich in einem Stollen, und sie war voller Furcht, und sie bat den Christengott um Hilfe. Das alles passierte vor tausendsiebenhundert Jahren zur Zeit des römischen Kaisers Maximilian. Und die schaurig schöne Geschichte inspirierte den Bergmannsdichter Willy Bartok zu den Zeilen:

    Da stand vor ihr – fast wäre sie erschreckt –
    plötzlich ein Mann im schlichten Arbeitskleid
    und sprach: ›Komm mit, wir halten dich versteckt
    vor deiner Feinde Haß und Grausamkeit
    ...
    hier triffst du gute Freunde an.‹

Das sei ein für allemal festgehalten: Vor der Rache des Vaters haben Bergleute die Hl. Barbara gerettet, nicht Glockengießer, Artilleristen, Feuerwerker, Dachdecker, Baumeister, Seeleute, Fischer. Sie alle haben die Hl. Barbara zu ihrer Patronin gemacht und wollen von ihrem Lächeln partizipieren. Aber das ist Diebstahl. Nur der Grubiosch hat ein Recht darauf, die Hl. Barbara zu begießen in der Nacht vor dem Meßamt und am Tage danach. Und wenn ihm das Herz schwer ist, bricht er zu ›Baburka‹ drei Kirschenzweige, gibt jedem einen Wunsch bei, steckt sie ins Wasser und wartet ab. Blühen die Zweige zu Weihnachten, erfüllen sich die Wünsche. Blüht nur ein Zweig, erfüllt sich der an ihn gebundene Wunsch. Blüht keiner, nun gut, dann wird das Leben auch weitergehen. Baburka im Regen, das Christkind im Schnee gelegen. Das auf jeden Fall hat Bestand.

Der Tag des Bergmanns in Eisleben und Baburka in Hindenburg/Zabrze, das ist wie eine Papiernelke und eine duftende Wiese.

VI

›Auf der Heide blühn die letzten Rosen‹ hat mein Vater immer gesungen und zum Hochamt ›Maria zu lieben‹. Meine Mutter hieß Maria, doch mein Vater dachte an eine Wanda oder Renata, und meine Mutter wußte das und trieb ihn in die Kirche, Sonntag für Sonntag. Das nämlich war ihre Rache dafür, daß der Matschek, der sich einmal hatte drücken wollen, sie zu heiraten, nachdem es zwischen ihnen ›passiert‹ war, daß eben der Matschek jeden Sonnabend zum Tag des Herrn machte und erst nachts vom Treffen des Kriegervereins im Admiralspalast, oder wo er sich sonst noch herumtrieb – so meine Mutter –, nach Hause zurückkehrte, leicht angetrunken der goldene Heikehei, friedlich heiter und durchaus bereit, die aufgebracht wartende Frau zu versöhnen dadurch, daß er zu ihr ins Bett kroch oder sie in seins holte. Woche für Woche über die Silberhochzeit hinaus. Und ich bekam das alles mit, denn noch mit elf Jahren schlief ich zwischen den Eltern. »So ein Smiedek«, sagte meine Mutter immer. Und der ›Smiedek‹ war ich, einer, vor dem man alles verstecken muß, das Reden und die Schokolade, die Wurst und die Andeutungen. »Kuck mal bloß, was der wieder aufpaßt.« Und dann sprach sie mit den Frauen weiter in dem ihr vertrauten Wasserpolnisch, das ich nicht verstand. Vor dieser Nacht zum Sonntag im Bett meiner Eltern hatte ich zunehmend Angst.
»Is was?«
»Nich is.«
»Doch is was.«
»Ach, her schon auf.«
Und dann nächsten Morgen um zehn, den ›Schott‹ in der Hand:
Zum Altare Gottes will ich treten.
Aber über den Katholizismus in Zabrze wird an anderer Stelle zu reden sein. Jetzt stehe ich mit Bogda, deren Junge den Tag zuvor Tinte getrunken hat, vor dem großen neuen Eingangstor zur

Huta Zabrze. Vor Pförtnern habe ich eine ähnliche Erwartungsangst wie als Elfjähriger sonnabendnachts im Bett meiner Eltern.
Der Mann ist damit beschäftigt, einen Lastwagen durch die Kontrolle zu lassen, aber ich merke schon, er ist ein ›Smiedek‹. Ein Auge hier, das andere dort. Mensch, paßt der auf, daß ihm keiner in die sozialistische Hütte kommt.
»Wir können fragen«, sagt Bogda.
»Ach laß.«
Nemci ante portas. So ist es doch. Tausendmal gehabt in den heißen und kalten Jahrzehnten, dem Überholen ohne einzuholen hier, den brüderlich-schwesterlichen Margarinepaketen dort. Böhmen, Ostpreußen, Schlesien. Sie reisen an, die Deutschen, mit Interflug und Lufthansa, Bussen und eigener Limousine. Türglocke. Guten Tag. Wir sind. Dürfen wir mal. Und die neuen Besucher, nicht selten auf andere Art Herumgestoßene, geben sich zumeist höflich. ›Eine Tasse Tee, Zucker und Kaffee‹, das habe ich auch von den Nonnen im Kindergarten gelernt. Daran muß ich denken und an das ›Suum cuique‹ über dem Lagertor in Buchenwald. Ich will nicht, daß Bogda den Pförtner fragt, ob der Deutsche aus Leipzig zu den zwei rotzigligen Wohnhäusern darf. Sie fragt dennoch, denn sie hat 50 DM in der Tasche zu stecken, und sie meint, im Preis sei eine Wohnungsbesichtigung einbegriffen. Der Pförtner ist wie alle Pförtner in dem RGW. Manche nennen das asiatischen Stil, andere Agentenkomplex, dritte Schutz des sozialistischen Eigentums. Wie schön vertraut mir doch alles ist zwischen Moskau und Havanna, Peking und Sofia, Leipzig und Zabrze: Wo ein Genosse, da die Partei. Wo die Partei, da ein Pförtner. I like Gorbatschow. In Leipzig-Grünau verkaufen Polen gläserne Plaketten. Das Stück zu fünf Mark. Und auf dem Tiananmen-Platz in Peking harren Zehntausende des großen Michail. Und der wird vom kleinen Deng Xiaoping ins Reich der Mitte eingeschlichen.
Denk ich an Gorbatschow, denk ich an Heines Grab auf dem Montmartre. O ja, hier ruhen sie aus, Degas und Dumas, Berlioz und Offenbach, die Kameliendame Alphonsine Plessis und Heine, der sich seinen eigenen Grabspruch geschrieben hat:

> Wo wird einst des Wandermüden
> Letzte Ruhestätte sein?
> Unter Palmen in dem Süden?
> Unter Linden an dem Rhein?
>
> Werd' ich wo in einer Wüste
> Eingescharrt von fremder Hand?
> Oder ruh' ich an der Küste
> Eines Meeres in dem Sand?
>
> Immerhin! Mich wird umgeben
> Gotteshimmel, dort wie hier,
> Und als Totenlampen schweben
> Nachts die Sterne über mir.

Als ich hinkam, fand ich zwischen Blumen einen unscheinbaren Zettel. Die Dichterverse aufnehmend, hatte jemand mit Bleistift darauf geschrieben:

> Und da liegt der alte Heine,
> Fern der Wüste, fern dem Sand,
> Kam zur Ruhe nicht am Rheine,
> War zu rot für's Vaterland.

Die Franzosen haben den Friedhof von Père Lachaise und Montmartre, die Russen die Kremlmauer und den Jungfrauenfriedhof. Was Moskau und Paris unterscheidet, ist das Protokoll.

VII

Die Birnbäume auf dem Hof sind gefällt, die Sträucher am Zaun von einer breiten Werkstraße verdrängt. Ich stehe am Gittertor, sehe hin zum vierstöckigen Haus, das sich zur Betriebspoliklinik gewandelt hat, und denke, dahinten also hat sich alles vollzogen. Am 1. September 1939 bist du zwischen den Kastanienbäumen herumgesprungen und hast gerufen: »Keine Schule, es ist Krieg. Keine Schule, es ist Krieg.« Und kaum war der Polenfeldzug zu Ende, hast du mit dem Fahrrad bei Ruda die ehemalige Grenze überquert und fühltest dich wie Hannibal, als er die Alpen überschritt, und doch auch wieder, als liefest du nachts am Friedhof vorbei hinein in den Guidowald. Und am 24. Januar 1945 rasselten russische Panzer am frühen Morgen die Straße von Mikultschütz/Klausberg herunter, von wo niemand sie erwartet hatte, und Hindenburg wurde Zabrze, und das kehrte heim ins polnische Mutterland, so steht es auf einer Gedenktafel beim einstigen Casino der einstigen Donnersmarckhütte. Dahinten hat Matschek mit seiner Frau noch Jahre nach dem großen Krieg gewohnt, hat die Adressen an die zwei verbliebenen Söhne geschrieben, die Mutter die Briefe, und sie haben Pakete über die Schweiz in die Ostzone geschickt und wollten nicht, daß ich heimkehre ins polnische Mutterland und in die rotgeziegelte Stadt. Und ein Vierteljahrhundert später mußte ich mir von Jan Pierzchała, der heute Vorsitzender des Schriftstellerverbandes in Katowice ist, den Satz anhören: »Du bist ein Irrtum der Geschichte.« Wir standen auf einem Hügel in Tobolsk, unter uns der Irtysch. Jan sann Katyn nach und den russischen Zaren, die Jahrhunderte hindurch polnische Intellektuelle nach Sibirien gesteckt haben – die verfallene polnische Kirche in Tobolsk verletzte seine polnische Seele – und ich der Bedeutung seines Satzes, den er ganz unvermittelt gesagt hatte, ohne jeden Zusammenhang. Und Juliusz Zychowicz, der liebe gute Juliusz, der meine Bücher für ›Cytelnik‹ und ›Wydawnictwo Literackie‹ übersetzt, bedrängte mich in Krakau: »Schreib auf, was passiert ist. Schreib alles auf.«

Aber was weiß ich schon, was wirklich passiert ist. Und wie dem Irrlicht Zabrze entfliehen? Ich fühle mich merkwürdig stumpf, während ich in den Vorhof zur Hütte schaue. Was ich sehe, ist kein Paradies, keine Hölle, kein Fegefeuer. Ich finde keinen Namen dafür. Und hast du nicht den Namen, hast du nicht die Seele.
Bogda redet noch immer auf den Pförtner ein, aber ich will ja gar nicht mehr nach dahinten in die Parterre-Wohnung, in der jetzt vielleicht eine Laborantin einen zu hohen Cholesterinbefund notiert. Parkinson und Diabetes, Sklerose und Prostata, so hat mir die Huta Zabrze den Matschek, als er 67 war, zurückgegeben. Der

Weg aufwärts und der Weg abwärts ist ein und derselbe. Aber es gibt welche, die laufen immer in die verkehrte Richtung. Es ist ihm vorausgesagt worden, dem Panje Maximowitsch. Und der Prophet war ein russischer Major im April fünfundvierzig.
»Kommen Sie mit uns nach Dresden, Panje Werkmeister. Sie dürfen mitnehmen, was auf einem Lastwagen Platz findet.«
Meine Mutter sagte später: »Er war ein Straschek. Er war schon immer ein Straschek. Die Weiber sind hinter ihm her gewesen und er hinter den Weibern. Aber er war ein Straschek.«
Der sowjetische Major hat gewußt, was geschehen wird, wenn die Rote Armee weiterzieht nach dem Westen.
»Ich habe den Polen nichts gemacht.«
Heilige Einfalt, Panje Matschek, gemacht oder nicht gemacht. Sie sind Deutscher. Und die Demontage der Maschinen – Ziel Ural – haben Sie auch geleitet. Den Russen gegeben, den Polen genommen. Sie geraten ins weltpolitische Gerangel. Exilregierung in London, heimkehrende Kommunisten aus Moskau. Noch eine kleine Weile, und Churchill wird sagen: »Wir haben das verkehrte Schwein geschlachtet.« Und noch eine kleine Weile, und es gibt den kalten Krieg und den Stellvertreter-Krieg in Korea, die Berlin-Krise und Frieden schaffen mit immer neuen Waffen. Ostmark und Rubel und Złoty fallen weiter ... Ich höre das Palaver zwischen Bogda und dem Pförtner. Und ich denke, so etwa wird es dahinten in der fußkalten Wohnung zugegangen sein. Ein Palaver um Leben und Sterben zwischen einem durch den Krieg wissend Gewordenen und einem Straschek, der als Maat die Seeschlacht bei Skagerak mitgemacht und als Geschützführer auf der ›Kronprinz‹ das Eiserne Kreuz zweiter Klasse bekommen hat und der lügen konnte wie Münchhausen, wenn er von seinen Abenteuern zur See erzählte und vom Grafen Luckner, der den Beinamen ›Seeteufel‹ führte und der dem Seemann aus Zaborze B eine runtergehauen hat, daß er das Deck entlangsegelte und Backbord gegen die Reling knallte, und das alles, weil der Seemann aus Zaborze B vom Landgang zu spät an Bord zurückgekehrt war und zudem stockhagelbesoffen. Keine Eintragung ins Wachbuch, kein Bau, keine Urlaubssperre. So ging der ›Seeteufel‹ mit seinen Männern um, und sie waren ihm treu wie Hagen dem

König Gunter, und deswegen sind sie auch die Helden von Skagerak geworden.
Wenn nicht Räuberhauptmann Pistulka, dann wollte ich Graf Luckner werden. Und meine Mutter zu ihrem Matschek, der ein Straschek war, aber der Nazipartei trotzdem nicht beitrat und sich um eine Karriere brachte, meine Mutter: »Mach mir die Jungs nicht verrückt.«
    Ruft einst das Vaterland uns wieder
    als Reservist als Seewehrmann,
    dann legen wir die Arbeit nieder
    und folgen treu der Fahne dann.

Dieser Spruch hing einmal dahinten im Korridor der Parterre-Wohnung, Peter-Paul-Straße 12, der jetzigen Betriebspoliklinik ›Huta Zabrze‹ und über dem Spruch das Foto des Seemanns aus Zaborze B, der die Hälfte seines Urlaubs allein dafür verbrauchte, um von Hamburg nach Hindenburg zu kommen, weil er der goldene Heikehei war, der schon als Vierjähriger am Fenster stand und zur Straße hinunterkrähte: ›Kommt rauf, ihr schönen Mädchen, ich bin euch gut, ich bin der goldne Heikehei.‹ So wenigstens erzählten es seine älteren Schwestern, die sich vom verhinderten Bohemien aushalten ließen, bis dann die Frau kam, die ihm fünf Kinder zur Welt brachte – drei sind ihr wieder gestorben – und die zuerst in einer Kneipe arbeitete, dann in einem Schuhgeschäft, später Lebensmittel verkaufte und die das Geld zusammenhielt. Sie hat ihm all die Jahre über nicht eine geknallt wie Graf Luckner, sondern hat immerzu ›gebrummt‹ und hieß dessenthalb der ›Brummer‹, und der Seemann aus Zaborze B lief ihr auch als Werkmeister davon und zuletzt mit Prostata und Parkinson ihr voraus auf den Gertraudenfriedhof zu Halle an der Saale. Aloahe.
»Kommen Sie mit uns nach Dresden, Panje Max.«
»Ich habe den Polen nichts gemacht.«
»Sie sind Deutscher.«
»Und meine Jungs, wo werden sie mich finden?«
»Jupp twoi match, dann krepieren Sie eben.«

›Es waren einmal vier Brüder, und jeder hatte eine Kuh, nur der Vater hatte keine.‹ So beginnt ein Märchen, das mein siebenjähriger Enkel erfunden hat. Das Märchen von Zabrze müßte anfangen: Es war einmal ein Mann, und es waren einmal drei Brüder, und jeder lebte, wie er wollte. Nur die Frau lebte, wie sie mußte ...
Den Vater habe ich geliebt. Die Mutter hat mir leid getan. Heute weiß ich, es hätte anders herum sein müssen, wenn es gerecht in der Welt zuginge. Aber es geht nicht gerecht zu. Und weil es so ist – der Tausende Kilometer durch den Krieg getriebene russische Major wußte es –, haben Polen den Nemiec in der Nacht nach dem Abzug der Russen in einen Keller im Stadthaus gesperrt, wo einstmals Dr. Lukaschek residierte, und die Frau, die sich vor den Straschek stellte und mit ihrem Wasserpolnisch auf die Burschen einschrie, erhielt einen Tritt in den Hintern, und die Wohnung wurde geplündert. ›Jup twoi match.‹
Du bist ein Irrtum der Geschichte. Vielleicht. Nahezu alles Unglück in der Welt begründet sich aus einem Irrtum. In Dresden wäre Towarischtsch Max trotz Kriegerverein und Skagerak Werkdirektor geworden, und sicherlich wären wieder Weibergeschichten passiert, und um vor dem ›Brummer‹ Ruhe zu haben, wäre er auch in Dresden sonntags zum Hochamt gegangen, hätte ›Maria zu lieben‹ gesungen, und das Leben wäre ihm ein La Paloma gewesen. In Zabrze steckte er in einem kalten Loch und heulte. So bin ich um die Chance gekommen, ein Protegierter zu werden. Wuitscho Wladika, sagen die Bulgaren – du mußt einen Bischof zum Onkel haben. Ich hätte in der Ostzone einen russischen Major zum Onkel gehabt und einen Werkdirektor zum Vater und also ein Zimmer in einer von den Nazis geräumten Villa, Intelligenzpakete und einen Studienplatz: Fachrichtung Medizin. Aber der Tatullek war von einem Tag zum anderen ein Pamponjek geworden – ein Kellerbewohner, und wenn er etwas gefragt wurde, wimmerte er: Nie rosumiem po polsku. Und nachts setzte sich ihm die Mora auf die Brust und rief: Kommt rauf ihr schönen Mädchen, ich bin euch gut, ich bin der goldne Heikehei. Und ihm ging dabei der Atem aus.
Meine Mutter hat ihren Matschek wieder herausgeholt. Aber die

vierzehn Tage waren für ihn vierzehn Tage zuviel gewesen. Da unten im Stadthaus gingen ihm alle Märchen verloren, Graf Luckner und St. Pauli. Einmal noch nach Rio, einmal nach Shanghai, die weiße Taube hatte gebrochene Flügel.
Ist es das, was ich aufschreiben soll, Juliusz Zychowicz? Ich erinnere mich an den Abend vor meiner Fahrt nach Zabrze. Wir saßen in deiner Wohnung im Krakauer Neubaugebiet, und ich sagte etwas über die Gastunfreundlichkeit des Krakauer Schriftstellerverbandes. Du schlepptest einen Packen schlecht ausgestatteter Bücher herbei, stelltest ihn vor mir auf den Tisch und sagtest: »Das sind die eigentlichen, der ›zweite Kreis‹. Sie gehören nicht zum Verband, den nämlich kannst du vergessen.« Damals hatte das alles noch einen Hauch von Illegalem. Nun hat Solidarnocz bei den Parlamentswahlen mehr gewonnen als erhofft und bekommt plötzlich Angst vorm eigenen Erfolg. Opposition ja, Regierungssessel nein. Das haben die Grünen in Deutschland West auch einmal gesagt. Aber wie lange geht das gut? Fundamentalisten, Realisten, irgendwie schmeckt die Macht jedem, nur hat jede Zunge ihre eigenen Geschmacksnerven. Wie singt ihr doch schon seit langer, langer Zeit, Kommunisten und Christen, Oppositionelle und Parteitreue: Noch ist Polen nicht verloren. In der Schule habe ich das Gesetz der Energie gelernt: Nichts geht in der unendlichen Materie verloren. So wird es wohl sein.

Wenn ich sagte, meine Mutter hat den Ängstlichen herausgeholt, so muß es präziser heißen, sie ging zum Direktor der Huta Zabrze, und der verlangte seinen Maschinenbaumeister zurück. Die Ingenieure waren fortgelaufen, nur der goldene Heikehei war geblieben – ich habe den Polen nichts gemacht –, und das Werk mußte produzieren, ob als Donnersmarckhütte oder als Huta Zabrze. Wseschko jedno.
Meine Mutter hat meinem Vater viele Namen gegeben, auch noch, als sie sein Grab in Halle mit Stiefmütterchen und Eisblumen schmückte: Klippa, Tuleja, Kleta, Duppa, Ciulik, Hacher, Teta. Für diese Wörter findet sich kaum eine entsprechende Übersetzung. Für die Polen nicht und für die Deutschen nicht. Nur der Oberschlesier begreift sie ganz. Und wenn man ihn fragt:

»Was ist ein Duppaleja?«, antwortet er: »Duppaleja, Mensch, wie soll ich sagen, Duppaleja, da gibt nichts, wie man sagen kann.«

Komm, Bogda, die Pförtner bei euch und die Pförtner bei uns haben das gleiche Genom. Er schickt uns zum Natschalnik und der zum Obernatschalnik, und der fragt bei der Wojewodschaft nach und die Wojewodschaft beim Ministerium in Warschau und das Ministerium in Warschau beim Zentralkomitee, und bevor eine Antwort herfindet, ist unsere Begeisterung matt geworden. Du kennst den Witz vom Sand, der in der Wüste knapp wird, wenn der Sozialismus sich darüberlegt. Weißt du, was wir falsch machen? Es gibt Gesellschaftsmodelle, die reichen nur zum Sieg auf den Barrikaden. Dann kommen die Orden und die Witze.

VIII

Haldenstraße 18. Es stimmt also nicht, was mir die Krakauer Diplomandin seinerzeit schrieb, als ich zum erstenmal fest entschlossen war, nach Zabrze zu fahren, es dann aber nicht tat wegen des von Jaruzelski gerade ausgerufenen Kriegsrechts im Lande. Die Linden sind da, und das Haus – natürlich wieder roter Klinker – ist auch da. Die Gärten auf der Rückfront schienen mir früher größer. Hier also doch ein gestörtes Verhältnis zum Ausmaß der Dinge. Die abgrenzenden Holzzäune sind vermodert, die Beete grasüberwuchert. Für einen Augenblick zögere ich, den an und für sich wertfreien Tatbestand hinzuschreiben.
»Wir geben die Wahrheit denen, die sie brauchen«, sagte jüngst ein Mitglied der pädagogischen Akademie und provozierte damit provokative Fragen: Wer sind diejenigen, die dem Wahn leben, die Wahrheit zu besitzen und sie nach eigenem Augenmaß austeilen zu dürfen? Wo ist die Grenzlinie zwischen Verantwortung und Arroganz der Mächtigen? Ich habe das in Deutschland Ost und West wieder zunehmend gebrauchte Wort von der ›polnischen Wirtschaft‹ vernehmlich im Ohr. Aber ebenso gespeichert hat mein Hirn jenen alle Argumente tötenden Begriff vom klassenfeindlichen ›Objektivismus‹. Die ›goldenen‹ fünfziger Jahre.

So mancher sehnt sich nach ihnen zurück. Hier wie da. Aber auf Lehrerkonferenzen wurde damals verkündet: Wir geben unseren Kindern nicht giftige Pilze zu essen, um sie wissen zu lassen, was giftige Pilze sind. Diese Maxime ist nicht falsch. Aber paradoxerweise besteht in der Stimmigkeit ihre Demagogie, dann nämlich, wenn die Pilze der Erkenntnis den giftigen zugerechnet werden. ›Das zu Sagende ausloten‹. Tausend kleine Richtigkeiten ergeben in der Summe etwas zerstörerisch Falsches.

Das als Assoziation hinter mich gebracht, widersetze ich mich der selbstverschuldeten Zensur und schreibe auf, was ich, das Haus Haldenstraße 18 umkreisend, am 3. November 1988 sehe. Und ich schreibe auf, daß der Ölsockel im Treppenflur noch derselbe ist wie vor fünfzig Jahren und daß das Mauerwerk Löcher und Risse hat und daß in der zweiten Etage, wo ehemals ein Prokurist der Donnersmarckhütte gewohnt hat, ich kenne sogar noch seinen Namen, Labs hieß der Mann, und er war evangelisch wie viele Diplomingenieure und höhere Beamte des Werks, daß in eben dieser Etage die feingeschnittene doppelflügelige Tür ausgewechselt wurde gegen einen rohen Verschlag aus billigem Holz. Und ich schreibe hin, an Leipzig denkend und an die Vandalen, von denen ich ja herkomme, ohne jede Emotion, so wie man vermerkt, heute ist Mittwoch, der 3. November 1988: Alle Zeit und jedes Werden hat sein Barbarentum. Und der nächste Satz lautet: In der heißen Mansardenwohnung im heißen September 1937 lag mein Bruder Max drei Tage in einem offenen Sarg in dem Zimmer, das wir das ›gute‹ nannten.

Aus dem Tagebuch des Siebzehnjährigen, begonnen in Hindenburg, weitergeführt in Christus Rex, Schule des Bettelordens der Franziskaner zu Falkenhain bei Altheide-Bad:

26. 10. 34

Herr, es ist dunkel vor meinen Augen. Verleihe meinem Willen unbeugsame Starrheit.

10. 11. 34

Die engen Bindungen liegen mir wie eiserne Fesseln um die Glieder. In manchen Augenblicken scheint mir dieser Zustand unerträglich. Meine Lehrer kann ich nicht achten. Meine Mitschüler widern mich nahezu an.

11.12.34
Heute erklärte mir jemand, von dem ich es nicht erwartet hätte, folgendes: Ich darf dich nicht abhalten, in den Orden einzutreten, darf dich aber gleichfalls nicht auffordern einzutreten. Mein Gewissen gebietet es, dir gegenüber die volle Wahrheit zu sagen. Du führst als Ordensmitglied einen aussichtslosen Kampf und gehst daran zugrunde. Man kann nur einfältige und beschränkte Seelen gebrauchen.
Soll ich den schweren Kampf auf mich nehmen? ...
27.12.34
Ich flüchte von einem Zimmer zum anderen. Es ist ein typischer Tag im Kloster.
13.1.35
Saarabstimmung! Vor einiger Zeit war ganz Deutschland voll von dem Gerücht, nach der Abstimmung bräche bestimmt Krieg aus. Nach dem Übereinkommen mit Mussolini in Rom war alles wie weggeblasen. Nun rechnet man mit einer Art von Kulturkampf. Die Regierung wird, so lautet diese Meinung, einen offenen Kampf mit der Kirche beginnen, um ihre Schwächen und ihre Mängel zu verdecken. Mit großer Erwartung schaue ich auf diesen Tag, aber er will nicht kommen. Dann würde ich endlich auf die entscheidende Bahn gedrängt.

Zwei Jahre später, aus Falkenhain nach Hindenburg zurückgekehrt, muß er als Oberprimaner am noch existierenden Königin-Luisen-Gymnasium seinen Lebenslauf schreiben. Er beginnt so:

›Ich, Max, Gerhard, Johannes Heiduczek,
Sohn des Werkmeisters Max H. und dessen Ehefrau Marie, geb. Dronka, bin am 11. September 1917 in Hindenburg geboren. Unsere Familie ist katholisch ...‹ und dann: ›Alles war mir bekannt, was im Kloster vor sich ging, und langsam ahnte ich die Zusammenhänge. Ich sah die engen, kleinlichen Verhältnisse, unter denen die Patres in der Missionsschule aufgewachsen waren. Mit größtem Verdruß erkannte

ich den Grundsatz, dem alle dienten: Tradition über alles! Weh' dem, der dagegen angeht! ... und betrachtete mit scheuem Argwohn die ‚Modernen‘, deren geistiges Haupt man in mir vermutete ... Ich verließ das Kloster. Ich brauche eine hohe Aufgabe ... Ich erkenne den Beruf eines Theologen in seiner ganzen Erhabenheit, aber auch in seiner übermenschlichen Forderung der Selbstaufgabe an. Ich ziele nach dem Höchsten und wage den Schritt. Gott wird mir seine Gnade nicht verwehren.‹

Er hat sie ihm verwehrt. Ein halbes Jahr später war ›Ich, Max, Gerhard, Johannes‹, den wir Maxel riefen, tot. Das Arbeitsdienstlager in Martinau war kein Bettelorden. Der Oberfeldmeister kein Pater Superior Bonaventura, der Truppführer kein Pater Sigisbert. Ein Rückfall in die Pubertät der Klosterjahre: ›November 1934. Es reizt mich, den Haß aller Menschen auf mich zu nehmen und mit gleicher Münze zurückzuzahlen.‹ Er war doch schon weiter gewesen. Die letzte Eintragung in Falkenhain zeigt es: ›Wer mehr sieht, muß mehr tragen. Aber aus diesem Trümmerfeld muß neues Leben erblühen. Ich will wieder aufrecht, wenn auch mit der ersten, bitteren Falte der größeren Enttäuschung, in meine Bahn eintreten.‹
Training des aufrechten Ganges und am Ende ein sinnloser Tod.
Medizinisch gesehen durchaus logisch, eine verschleppte Blutvergiftung, Sepsis, und Penicillin – groteske Übereinstimmung der Jahreszahl – wurde erst 1937 entdeckt, gerade noch rechtzeitig für den zu erwartenden Krieg. Aber der, den wir Maxel nannten, der die ›Unbekannte aus der Seine‹ liebte und nach seinem eigenen Tod der Mythos in unserer Familie wurde, starb nicht an einer Blutvergiftung, er starb an seinem Stolz und dem der Jugend eigenen Unvermögen, Tapferkeit und Hochmut auseinanderzuhalten.
Und während ich unter den herbstlichen Kronen der Linden stehe und hochschaue zu den kleinen Fenstern des ›guten‹ Zimmers, und ich sehe wieder das tote Gesicht und das weiße Hemd und den weinroten Binder – den Toten zwang man nicht mehr in

eine Uniform –, stellt sich mir aufs neue die Frage: Wann ist es geboten, den Körper zu krümmen, um der Seele ihren geraden Gang zu lassen, und wann eben ist dieses Krümmen lediglich Vorwand für eine bereits gekrümmte Seele? Wer immer sich einer entarteten Welt entgegenstellt, balanciert auf dem schmalen Grat zwischen moralischem Exhibitionismus und Opportunismus. Und immer ist die Entscheidung eine sehr einsame. Und ich sinne darüber nach, ob mein Bruder ein Bonhoeffer hätte werden können, ein Pater Kolbe, wenn er sich nicht auf einen so ungleichen Kampf mit dem Truppführer eingelassen hätte: Arbeitsmann Heiduczek bittet um die Erlaubnis, den Gottesdienst besuchen zu dürfen. Jede Woche neu der Gang nach Canossa, aber statt barfuß und im Büßerhemd mit herablassendem Lächeln, das der andere als Grinsen deutet und also zurückschlägt in der blödprimitiven Art, die das Unteroffizierskorps in aller Welt auszeichnet: schlecht gebautes Bett, Dreck auf dem Spind, Rest auf dem Spaten, Hocker in Vorhalte und eins und zwei, und das auch noch, nachdem sich eine Stoppel auf dem Feld zwischen zwei Zehen gebohrt hat und das Fieber steigt. Agnus dei, qui tollis pecata mundi, und eins und hoch und zwei und hoch. Das Ende: der eine tot, der andere drei Tage Bau. Man reagierte noch auf eine Anzeige wegen Schikane. Der Oberfeldmeister drückt sein Beileid aus, schickt einen Trupp Arbeitsmänner, kommt selbst, nimmt das Kreuz in Kauf, das dem Leichenzug vorausgetragen wird, und besäuft sich anschließend im ›guten‹ Zimmer, in dem drei Tage lang der Sarg gestanden hatte, die Wohnungstür auch nachts nicht verschlossen, die Fenster geöffnet, glimmende Räucherhütchen sollen die Luft erträglich machen.
Zwei Jahre später ist Krieg.

IX

Märtyrer und Großinquisitor, alles war angelegt, und niemand weiß, was zum Reifen gekommen wäre. Und wenn ich sagte: ein sinnloser Tod, so ist das vielleicht vorschnell gesagt. Womöglich hatte das frühe Sterben meines Bruders den Zweck, mir Spiegel zu sein und Warnung. Die Natur ist ohne Zorn und Eifer. Wenn

es sein muß, kehrt sie zurück zu Staub und Steinen und probiert eine neue Variante Leben. Sie kennt nicht gut, sie kennt nicht böse. Sie läßt eins sterben, das andere leben. Und dieses andere muß keineswegs das bessere sein. Der Tod gibt manchem die Chance zu reifen, was unter anderen Umständen verkümmert wäre.
Ich erinnere einen Vorgang, den andere wegen seiner scheinbaren Banalität kaum zur Kenntnis nahmen. Zwischen dem Königin-Luisen-Gymnasium und der Oberrealschule wurden jährlich Sportwettkämpfe ausgetragen. Dazu gehörte auch ein 3000-Meter-Lauf. Mein Bruder und sein Freund P. Bartsch, gleichfalls ehemaliger Klosterschüler, vertraten in dieser Disziplin das Gymnasium. Beide hatten eine Rundentaktik vereinbart, nur sie wurde nicht eingehalten. Bartsch ließ abreißen. Also lief Max gegen zwei, lief von der Spitze, wie mit dem Freund ausgemacht, aber nun ohne dessen Hilfe. Seinem Charakter gemäß – Herr, verleihe meinem Willen unbeugsame Starrheit – war er nicht bereit, den einmal festgelegten Plan zu ändern. Vielleicht konnte er es nicht, vielleicht überschätzte er seine Kraft. Ein kleiner dürrer Junge überspurtete ihn auf der Ziellinie. Und Maxel, Primus des Klosters, Primus des Gymnasiums – er ist es, dem Oberstudiendirektor Schustalla später die Ehre der Abschlußrede nach dem Abitur in der überfüllten Aula zuteil werden läßt –, mein großer Bruder Maxel wurde vom Stadion, auf der Stange eines Fahrrades sitzend, nach Haus geschleppt, weil er unfähig war, einen Schritt selbst zu gehen. Ich war neun Jahre alt, und ich habe alles miterlebt, und ich habe niemals darüber gesprochen. Aber diese unbedeutende Szene in einer Zeit von Tragik und Wahn und der für den Charakter meines Bruders nahezu zwangsläufige Tod ließen mich schon als Kind erfahren: Das Geheimnis manchen Erfolges liegt in der Kunst, warten zu können.
Haldenstraße – Stallmach ulica. Und jeden Sonntagnachmittag an der Seite der Eltern denselben Weg: Kronprinzenstraße, Peter-Paul-Platz, Dorotheenstraße, Kampfbahnallee, Josephskirche, Anna-Friedhof. Und immer wieder der Satz meiner Mutter: Warum gerade er. Und ihr war die ganz und gar unverzeihliche Grausamkeit nicht bewußt, die hingegen wir, die zwei noch Ver-

bliebenen, sehr wohl heraushörten: Warum nicht ihr, wenn schon einer gehen mußte. (Das Haus in Spanien und die Bucht und das Meer und der Ausspruch meines Bruders: Gefühl ist Luxus.) Und Hl. Abend der leere Stuhl am Tisch und das zusätzliche Gedeck und das Kruzifix und die angezündete Kerze vor jedem Teller und die mir den Hunger verschlagende Angst, die Flamme meiner Kerze könnte flackern, und ich müßte im darauffolgenden Jahr sterben, und das unerbittliche Gebot, das mir bis auf den heutigen Tag gilt und mit dem ich sogar meine Kinder vergiftet habe: Nicht aufstehen vom gemeinsamen Mahl Hl. Abend, wenn im Flur die Glocke anschlägt, denn Maxel in seiner Überhebung mußte dafür büßen. So nämlich hat es sich vollzogen – merkwürdig, daß sich mir das Wort ›vollzogen‹ immer wieder in den Text drängt – Hl. Abend im Jahre 1936. Die dickflüssige, süßsaure Suppe mit Pfefferkuchen, Backpflaumen, Mandeln, Rosinen ist aufgegessen. Vater hat den gekochten Karpfen auf seinem Teller, wir anderen jeweils ein Stück vom gebratenen und Kartoffeln und Kraut, da geht die Klingel. »Nicht aufstehen«, sagt meine Mutter. Und Maxel, der den Bettelorden der Franziskaner hatte erneuern wollen, nun seine Aufgabe im weltlichen Priestertum sieht, also auch im Kampf gegen oberschlesischen Aberglauben, blickt zur Mutter, lächelt wie immer, wenn er sich überlegen fühlt, steht auf und sagt: »Mal sehen, ob ich nächstes Jahr tot bin.« Er war es.

Das hört sich an wie eine dramaturgische Erfindung. Aber exakt so hat es sich zugetragen.

Der lebende Bruder hat die Familie beherrscht, ohne daß er es wollte. Der tote hat sie tyrannisiert, wieder ohne daß er es wollte. Seine Tragik bestand darin, daß ihn die Natur mit einem großen Geist und mit Talenten, fast möchte ich sagen zu vielen, ausgestattet hatte, ihn dann aber in einen zu engen Kreis warf, aus dem auszubrechen er sich vergeblich mühte. Und es gab niemanden, der ihm einen Weg aus dem beklemmenden Gefängnis zeigte. Verlieren können ist eine Begabung, die besaß er nicht.

Genug.

X

Der Oberschlesier, wie er von vielen gedacht wird, ist eine Legende. Antek und Franzek: ›Was is, was da scheint? Is Sonne oder Mond?‹ Und der Landser Kaczmarek, der auf die Franzosen losgeht mit dem Schlachtruf: ›Pieronnie, ley mu‹ – was ins schöne Deutsch übertragen etwa heißt: ›Haut das Donnerwetter.‹ Und als die Franzosen jenseits des Rheins die furchterregenden Laute hörten, glaubten sie, die kaiserlich Deutschen setzten Kolonialtruppen aus Kamerun ein, und liefen und liefen. Und wenn sie nicht aufgehört haben zu laufen, dann laufen sie noch heute. Bloß weil Kaczmarek sich so gebrüllt hat. Und danach hat der Pierron gesoffen, was einmal da mehr.

Man glaubt ihn zu kennen, den oberschlesischen Exoten, wenn man ›Pierronnie bei Gleiwitz‹ sagt, und das ›Pierronnie‹ dieser Leute klingt abscheulich falsch. Es sind letztendlich Alpenjäger, die in den oberschlesischen Halden Gletscher vermuten. Horst Drescher, der in einer verfallenden Wohnung der verfallenden Leipziger Oststraße seine Existenz fristet, schrieb mir: ›Die heitere Frechheit der ehemaligen Oberschlesier, davon erzählen alle Kriegsromane aus zwei Weltkriegen; das schleppt Ihr nun also auch noch in den sogenannten Frieden.‹

Aeneas trug seinen alten Vater auf den Schultern aus den Trümmern von Troja, wir tragen unsere Legende in den Trümmern des Jahrhunderts. Es gibt noch ein wenig den Bayern, den Sachsen, den Ostfriesen, den Berliner. Der Oberschlesier, wie er vorgestellt wird, ist tot. So sterben Schmetterlinge, Maikäfer, Fische und Blumen. Der ›Wasserpolacke‹, zu dessen Gattung ich letztendlich gehöre, geht in seinem Tod den anderen lediglich voraus. Ich sage es nicht ohne Trauer und nicht ohne Ironie, denn mir ist die Anstrengung begegnet, den Oberschlesier zum ›eigentlichen‹ Europäer zu stilisieren. ›Oberschlesien hat eine Rasse, die als dinarisch-nordisch bezeichnet werden kann. Vorherrschend ist die Rundköpfigkeit, unübersehbar aber ein ‚dinarischer Einschlag': steiles bis flaches Hinterhaupt.‹ Nachzulesen in ›Oberschlesien im Bild‹ vom 17. Mai 1934.

›Im Herzen Europas ist der Oberschlesier der Europäer. Ein

neuer Mensch stammlicher Vielfalt. Er ist sozusagen mehrdimensional: Tiefe des Geistes, Lebendigkeit des religiösen Gedankens und Gefühlshinwendung zur metaphysischen Welt. Ein Diener Gottes und der Menschen ... Man hat Oberschlesien das Land mittelalterlichen mystischen Betens genannt, von dem die religiöse Erneuerung ganz Deutschlands ausgehen könnte, ein lebendiges Gottvertrauen in bedrohlichen Situationen.‹ (›Oberschlesischer Kurier‹, 25. November 1985, Seite 104).

›Heilig Vaterland, in Gefahren deine Söhne sich um dich scharen. Korfanty kam geritten auf einem Ziegenbock.‹ Wer also könnte geeigneter sein als Stützpfeiler für ein zu bauendes europäisches Haus, wenn nicht der Oberschlesier, in dem sich Östliches und Westliches, Nördliches und Südliches durchströmt haben. Bewies doch schon der Oppelner Herzog Johannes, Sohn Balkos III., wegen seines Haarschopfes Kropidlo – Weihwedel – genannt, Anfang des 15. Jahrhunderts grenzensprengenden Geist. Was dem Krakauer Woytila recht ist, war ihm lange billig. Nur, die Zeit damals zeigte sich nicht reif für einen oberschlesischen Papst. Kropidlo scheiterte, die italienischen Päpste trieben weiterhin Unzucht, und Luther stand auf als Ketzer. Ohne Zweifel hätte Johannes Kropidlo, Sohn Balkos III., der Weltgeschichte einen anderen Schub versetzt. Und Johannes Paul II. müßte heute nicht von Kontinent zu Kontinent eilen und in seinem Glaskäfig die hungernden Phillipinos, Indios, Afrikanos dem Schutz des allgütigen Gottes anempfehlen.

Vor Jahren begegnete ich in Sibirien dem ungarischen Schriftsteller Ferenc Karinty. Wir fuhren mit einem kleinen Motorschiff den Ob hinunter nach Chante-Mansisk, und er war ganz aufgeregt, denn, so erklärte er mir, die Chante-Mansen sind nichts anderes als ehemalige Magyaren. Auf dem großen Zug sind sie da oben hängengeblieben. Und er bewies es mir in einem schier unglaublichen Test. Er suchte drei Wörter aus, die er für die Essenz jeglicher menschlicher Existenz hielt: Herz, Blut und die Zahl drei. Dann forderte er unseren Dolmetscher auf, irgendeine alte Frau

auf der Straße zu fragen, ob sie Chante-Mansin sei. Als diese mit dem Kopf nickte, bat Karinty, sie möge jene drei Vokabeln in ihrer Sprache sagen: Herz, Blut, drei. Sie tat es, und Karintys Augen leuchteten auf. Er wiederholte dieselben Wörter in Ungarisch, und siehe, es war, als träfe ein Neuhochdeutscher auf Hiltibrant enti Hadubrant untar herion tuem, lid zu gelidden, sose gelimeda sin. Ich fand das Ganze so frappierend, daß ich unsinnigerweise lachte. Da sah mich Karinty plötzlich sehr ernst an und sagte: »Ihr Deutschen seid ein großes Volk. Aber wir suchen überall unsere Brüder.« Er konnte nicht wissen, daß ich Zabrzeraner bin und als solcher Oberschlesier, und denen geht es nicht anders als den Bewohnern des schmalen Ungarn. Außerdem haben die Gorny Śląsker zwei Erkennungsmerkmale: den Katholizismus und einen sentimentalen Zug zum Weltbürgertum. So ist ihr Leben ein immerwährendes Fortlaufen, ohne daß sie fähig sind, die Nabelschnur zu zerschneiden. Auch wer meint, dem Katholizismus entlaufen zu sein, ist in einem Winkel seiner Seele Katholik. Und wer Makoschau entläuft und Trynek und Zaborze-Poremba, hört den Gesang der Sprache auch in New York heraus und im Elsaß und in Australien. Und dann leuchten seine Augen wie bei dem Ungarn Karinty in Chantimansik. Und er geht auf den fremden Vertrauten zu, vergißt sein Englisch, sein Französisch, sein Bühnendeutsch und sagt: ›Mensch, das gib's nich, hier in Australien.‹ Und der andere antwortet: ›Sag bloß, Mensch, wo bis du här?‹
Ein Wasserpolacke in Leipzig, das klingt weniger kosmopolitisch als ›ein Amerikaner in Paris‹. Die Begegnung mit Paris hat Gershwin zu einer schönen Musik inspiriert. Was immer ich versuche, meine Bewußtseins-Ingredienzien wollen sich zu nichts anderem zusammenfügen als zu Espenhainer Schwefeldioxyd-Wolken, die als saurer Regen auf mich fallen.

Es gibt manche Version um die Herkunft des Wortes ›Wasserpolnisch‹. Von 1640 bis 1645 lebte ein Pfarrer namens Adam Gdacjusz. Einmal soll er auf die fromme Art gepredigt haben: ›Ihr aufgeblasenen Wasserpolacken, leset zuerst mit Lust polnische Autoren. Euer Bellen hat für mich keine Bedeutung.‹

Oder der Ursprung des Wortes liegt bei den Weichselflößern.
Oder die niederschlesischen Deutschen hörten das, was Pfarrer Adam Gdacjusz ›Bellen‹ heißt, aus dem Mund der die Oder abwärts fahrenden Flößer und nannten es ›Wasserpolnisch‹.
Oder Studierte sahen in dieser Sprache ein verdorbenes, verwässertes Polnisch.
Aquatico-polonium, da haben wir's, zu lesen in einer Wittenberger Dissertation aus dem Jahre 1715. Dank also der Wissenschaft, sie macht meine vandalische Herkunft hoffähig. Denn was im guten alten Latein so gelehrt auf den Begriff gebracht wird, hörte sich in Zaborze B einmal so an: ›Konie sie chcieli rettowae, ale imer tiefer sinkowali.‹ Zu deutsch: Die Pferde wollten sich retten, dabei sind sie aber immer tiefer eingesunken. In Zabrze/Hindenburg war die Sprache schon gehobener als in Zaborze B. So etwa habe ich als Kind zu anderen Kindern gesprochen: ›Und da haben sie sich gehaut, und ich hab auch was in die Fresse gekriegt und hab auf ihn gehakt, und dann hab ich schnell zowsche gemacht.‹
Ich fragte einen Polonisten der Martin-Luther-Universität zu Halle, was ›teta‹ heißt. Er wußte es nicht, und ich hielt ihn in seinem Fach für unzureichend gebildet. Ich bitte ihn nachträglich um Vergebung, denn als polnische Verlage begannen, meine Bücher herauszubringen, wollten die Übersetzer von mir meine oberschlesischen Kindheitswörter erklärt haben, von denen ich bislang gemeint hatte, sie seien klassisches Polnisch.
In Sachsen lebend, überlasse ich die Fahnenkorrekturen meiner Frau aus Böhmen. Denn die Melodie po-schlonsku höre ich mit den dahingehenden Jahren ›was einmal da lauter‹. Möglich, daß meine älteren Brüder daran Schuld tragen, weil sie auf mich aufpassen mußten und ich ihnen allewiel an der Hose hing, ob sie nun auf die Kartoffelfelder liefen, zum Sauerkrautfaß im Keller oder zu Pat-und-Patachon-Filmen. Sie konnten sich nur befreien, indem sie mir den brüllenden Mund auf die gleiche Weise stopften, wie man es schon vor etlichen hundert Jahren mit den Säuglingen tat, als in Oberschlesien die Pest mörderisch umging: ein Kanten hartes Brot, durchtränkt mit Bier und Hafergrütze, wenn möglich ein Pinkerle Wein darauf, das ganze in Zucker gestaucht

und dem Schreier ins Maul gesteckt. Schon lutscht er und ist still. Zugleich jedoch ist er verdammt, Zeit seines Lebens an Utopietz zu glauben, an die Mora, an Skarbnik und die Schutzengel, kurz ein Gorny Slasker zu sein und zwar in einer Weise, wie Fritz Selbmann, einmal stellvertretender Ministerpräsident und dann bei Ulbricht in Ungnade gefallen, ihn charakterisiert.
Es sind gut zwanzig Jahre her, wir saßen nachts in einem Münchener Pensionszimmer, und er erzählte, wie und warum er an den Rand des politischen Einflusses gedrängt worden war, obwohl er doch im Juni dreiundfünfzig, dem Siebzehnten, den die einen Deutschen als Tag der Einheit in Erinnerung halten, die anderen als Sieg über die Konterrevolution, obwohl er doch damals einer der wenigen ranghohen Parteimänner war, die sich nicht hinter den Toren ihrer Ämter, sondern vor ihnen den aufgebrachten Bauarbeitern der Stalinallee gestellt hatten. Als Selbmann hörte, ich sei in Hindenburg geboren und aufgewachsen, lachte er sein satanisches Altkommunisten-Lachen, jedoch die Augen verklärten sich wie bei jedem, der durch das Panoptikum seiner Jugendjahre läuft. »Zabrze«, sagte er, »Gleiwitz, dahin hat mich Thälmann als Parteisekretär verbannt.« Selbmann war inzwischen Schriftsteller geworden. Und denen kann man für gewöhnlich ihre Geschichten ebensowenig glauben wie den Politikern, Schauspielern und sonstigen die Autobiographien. Aber was Selbmann in seinem Buch ›Alternative, Bilanz, Credo‹ über die Oberschlesier schreibt, ist von einer frappierenden Treffsicherheit, obwohl er nur ein knappes Jahr im südöstlichen Zipfel Deutschlands zugebracht hat.
Ich schlage nach und lese:

›Als parteiangestellter Berufsrevolutionär zur Arbeit nach Oberschlesien kommandiert zu werden, dem entsprach in der alten preußischen Militärkastenwirtschaft etwa die Versetzung eines jungen Offiziers von einem feudalen Berliner Garderegiment zu einem Linientruppenteil in Gumbinnen.‹

(Und de Gaulle nennt Zabrze die ›polnischste aller polnischen Städte‹. Welche Diffamierung des rotweißen Adlers. Die Polen

haben es nur nicht gemerkt, als sie dem selbstbewußten Franzosen diesen Satz besonders hoch anrechneten.)
Aber weiter zu Selbmann:

›Der Bezirk Oberschlesien der KPD war eine der schwierigsten und in mancher Hinsicht rückständigsten Gegenden der ganzen Partei im deutschen Reich ... Ein politisches Spezifikum bot diese von der wirtschaftlichen Seite her schon ausreichend problembeladene Grenzprovinz in der eigenartigen und beinahe einzigartigen Resistenz ihrer Menschen, auch insbesondere der Arbeiter in den großen Industriebetrieben, gegen alle Formen der Organisiertheit und Bindung an eine Partei, soweit diese über den Rahmen der spontanen Pro- und Kontra-Entscheidung hinausgehen sollte. Dieses Land hat eine einzige umfassende Organisation, die katholische Kirche ... Der oberschlesische Kumpel war fast immer bereit zu kämpfen. Er wäre beinahe zu jeder Zeit und für jeden Zweck auf die Barrikaden gegangen, aber er hatte allezeit einen unüberwindbaren Horror vor jeder Art von Organisation und ihren Attributen: Mitgliedsbüchern und Beitragsmarken, Sitzungsrituals und Verbandsdisziplin.‹

Als ich diese Zeilen zum erstenmal las, fühle ich mich wie von einem Psychoanalytiker aufgeklappt.
Worin der Atheist Selbmann sich weniger gut auskennen konnte, war der Funktionsmechanismus: Rosenkranzandacht, Maiandacht, Kreuzwegandacht, Erstkommunion, Firmung, Hochamt, stille Messe, Mitternachtsmesse, Beten vor dem Essen, Beten nach dem Essen, Beten vor dem Schlafengehen, Beten nach dem Wachwerden, Kreuzschlagen beim Passieren einer Kirche, sündiges Gewissen nach dem Beischlaf, Beichte, Freisprechung, erneuter Beischlaf, wieder sündiges Gewissen. Der Pfarrer besaß Gewalt über die Frauen, die Frauen über die Männer, die Männer über die Kinder, aber nur insoweit es die Mütter zuließen. Der Vater schlug mit dem Bat, dem Siebenriemen, die Mutter mit dem nassen Hader. Höhepunkt aber war die Männerwallfahrt zum Annaberg. So wie der Hauptbahnhof in Hindenburg an

einem solchen Wochenende im Juni aussah, so etwa muß er auch im August 1914 ausgesehen haben, als es nach Verdun ging und Skagerak. ›Der Kaiser ist ein lieber Mann‹ und ›Großer Gott wir loben dich‹ – so oder so, die Männer fühlten sich auf eine außergewöhnliche Art frei. Man könnte es Flucht nennen aus einer Welt, in die sie ohne ihr Zutun hineingeworfen worden waren und in die sie trotz allem immer wieder zurückkehrten, sich ergebend mit Herz und mit Hand.
Der tiefste Grund des oberschlesischen Cholerikers ist Verzweiflung.

XI

Gott – esse in se.
Auf bedrängende Art erinnerte mich diese Formel an Lessings Patriarchen, dessen Geist zu dem Satz erstarrt war: ›Nichts da, der Jude wird verbrannt.‹ Denn auch das ist Hindenburg: Neben dem ›leben und leben lassen‹, meiner Großmutter und meines Vaters, dem Erbarmen Pfarrer Thomeczeks, dem Reformstreben meines Bruders, ein bornierter Katholizismus, der sich seiner Scheinheiligkeit oft gar nicht bewußt ist, weil das Reflektieren darüber fehlt.
›Der Gesichtsausdruck und die ganze äußere Haltung des Volkes skythisch frech‹. So schreibt der Polyhistor Lucas Holstenius noch 1630 über die Menschen, die ihm begegnet sind, nachdem er Mähren verlassen hatte und Oberschlesien betrat. Das trifft sich über Jahrhunderte hinweg mit Selbmanns Beobachtung einer ›einzigartigen Resistenz‹ der Bewohner dort ›gegen alle Formen der Organisiertheit und Bindung‹.
Die ›skythische Frechheit‹ allerdings hat sich schon lange mit unnachgiebigem Traditionalismus gepaart, die ›einzigartige Resistenz‹ mit Intoleranz bis zum Fanatismus hin. Von Solingen aus rief mich Herr T. zur Räson, in Leipzig tat es Herr M., seines Amtes stellvertretender medizinischer Direktor einer Poliklinik, Zabrzeraner wie Herr T. und ich.
Es war in der Pause während einer Veranstaltung im überfüllten Raum eines Jugendklubhauses. Der katholische Studentenpfarrer,

Jesuit, und eine für Leipziger Verhältnisse renommierte Journalistin des SED-Bezirksblattes, Mitglied des gerade gegründeten Freidenker-Ausschusses, legten ihre Standpunkte dar. Auch ich gehörte zur Podiumsrunde und sagte unter anderem, daß ich nicht wüßte, was ›Gott‹ ist. Wo immer ich mit einem Theologen zusammengetroffen wäre, gleich ob katholischer oder reformatorischer Konfession, hätte ich meinen Gesprächspartner gebeten, mir zu erklären, was ›Gott‹ sei. Jeder habe mir eine andere, ganz und gar subjektive Antwort gegeben. Nun ist das nicht verwunderlich, denn ›Gott‹ wäre nicht ›Gott‹, ließe er sich von menschlichem Wissen her ergründen. Und da eben, ich möchte schon sagen, befahl mich Herr M. zu sich und hielt mir jenes ›Gott – esse in se‹ entgegen. Für ihn eine unwiderstreitbare Definition, eineindeutig. Ich sah weder Grund noch Veranlassung zu widersprechen, fühlte mich lediglich ebenso hilflos wie seinerzeit jenem Schulrat gegenüber, der von seinen Schulamtsanwärtern wissen wollte, was Marxismus sei, und weil niemand zufriedenstellend zu antworten vermochte, gab er, über soviel Unbildung künftiger Lehrer entsetzt, selbst die Erklärung: ›Marxismus ist die Lehre von Marx.‹ Gott – esse in se. So einfach ist das.
Abstraktion auf die Spitze getrieben, macht aus jedem Dissens einen scheinbaren Konsens, fehlt nur die humane Gemeinsamkeit. Aus Sinn wird Nicht-Sinn. Und am Ende ist die Feindschaft um so größer. Jeder sieht im anderen den Juden und ist bereit, ihn zu verbrennen.

Ökumene, das Wort habe ich in Hindenburg niemals gehört. Katholisches, Evangelisches, Jüdisches – es war alles fein säuberlich getrennt. Selbst die Toten durften nicht zueinanderkommen. Evangelischer Friedhof, jüdischer Friedhof, ein gemeinsamer Bestattungsplatz hinter einer unansehnlichen Steinmauer am Rande der Sandkolonie, abgedrängt von den eigentlich Heimischen und, obwohl vereint ausgestoßen, doch auch wieder voneinander isoliert: vorn die einen, hinten die anderen wie in den katholischen Kirchen, links die Frauen, rechts die Männer.
Nicht daß mir irgend jemand verboten hätte, mit andersgläubigen Kindern zu spielen. Es war eben so. Jeder blieb in seinem Kreis.

Die Kindergärten konfessionell getrennt, die Volksschulen, die Friedhöfe, und wenn auch im Gymnasium dies nicht so zur Geltung kam, dann wiederum doch, wenn Religionsunterricht angezeigt war: die guten ins Töpfchen, die schlechten ins Kröpfchen. Das konnte am Königin-Luisen-Gymnasium auch Oberstudiendirektor Schustalla nicht verhindern und der Lateinlehrer Tenzler nicht, der denunziert wurde, weil er die Leistung Alexanders, der mit Elefanten bis nach Indien vorgestoßen war, höher wertete als den Vormarsch der deutschen Panzer in Frankreich und Nordafrika und Rußland. Und Caramba, der aus Bolivien herkam und dessen wirklichen Namen ich nicht mehr weiß und der den Katholiken anhing wie Tenzler, konnte es auch nicht. Bis zum 15. Juli 1935 standen die Juden Deutsch-Oberschlesiens unter dem Minoritätenschutz des Völkerbundes, nach Ablauf der Schutzbestimmungen vergingen dann 10 Tage, da kam es zu ersten Gewalttaten. Die Reife an einen jüdischen Oberprimaner wurde zum letzten Mal im Frühjahr 1937 vergeben. Er besuchte die gleiche Klasse wie mein Bruder, der ein halbes Jahr später tot war. Der letzte jüdische Lehrer am Luisen-Gymnasium war ein Studienassessor, bei dem ich, gleichfalls 1937, noch einige Wochen Englischunterricht erhielt. Daß mit ihm etwas anders war als gewohnt, fiel mir dadurch auf, daß er zum Stundenbeginn ›Heil‹ sagte und wir ›Hitler‹ riefen. Ich fand es merkwürdig. Dann plötzlich war er fort. Es hieß, nach England ausgewandert. Es gab noch andere Varianten, aber als Sextaner wußte ich das nicht.
Am 9. November 1938 brannte in Hindenburg, nicht weit vom Scheche-Platz, die Synagoge.

Die Erinnerung an das Böse ist für gewöhnlich stärker als die Erfahrung mit dem Guten. In der Friedhofsschule, in der Friedhofstraße, unterhalb des jüdischen und evangelischen Friedhofs, begegneten mir mit Pfarrer Thomeczek und meinem Klassenlehrer Wissolek, ich glaube seinen Namen richtig behalten zu haben, jene zwei Prinzipien, die allen Heilslehren, ob religiösen oder weltlichen, eigen sind. Wenn erzählt wird, Pfarrer Thomeczek sei beim Einmarsch der Russen umgebracht worden, so ist das falsch. Seine kleine Hl.-Geist-Kirche brannte, er aber, der den Katholi-

zismus nicht als Ideologie nahm, sondern als Aufforderung, körperliches und seelisches Leiden wenn nicht zu heilen, so doch zu mildern, stand der Armengemeinde weiter vor. Und man dankte es ihm, indem man die schmale Straße oberhalb des neuerbauten Kirchleins heute Thomeczek ulica heißt.
Über Wissolek etwas hinzuschreiben, bin ich gehemmt, nicht weil mich die erforderliche ›Scham‹ eines Schriftstellers hindert, sondern der Gedanke an die vielfach praktizierte platte Typisierung des prügelnden Schulmeisters. Jeder Schablone jedoch liegt ein Urmuster zugrunde, und ein solches war mein Klassenlehrer Wissolek. Ob er Faschist war, kann ich nicht sagen. Auf alle Fälle war er Katholik. So wie der jüdische Studienassessor seine Stunde mit einem ›Heil‹ begann, eröffnete Wissolek den morgendlichen Unterricht mit einem Gebet. Zu diesem Zweck mußten wir neben der Bank stehen, den Körper gerade aufgerichtet, die Hände vor der Brust gehalten, und die geforderten heiligen Worte im Rhythmus sprechen. Holperte der Chor, wurde das Gebet wiederholt, so lange, bis es dem neurotischen Mann genug schien. Es geschah nicht selten, daß er während unseres miserablen Betens den Stuhl faßte, ihn hochstreckte und derart fluchte, daß wir vor Angst gar nichts mehr sagten. Das jedoch wäre zu ertragen gewesen. Weit bedrohlicher war die Rückgabe der Diktate. Ich sagte, daß ich trotz Germanistikstudiums die Fahnenkorrekturen meiner böhmischen Frau überlasse. Die deutsche Rechtschreibung ist für den Oberschlesier etwa das, was für den Karl-Marx-Städter oder Saarländer das Bühnendeutsch. Ich erinnere ein Mädchen, sie kam barfuß zur Schule, die Haare verfilzt. Nahm Wissolek ihr Heft und rief ihren Namen, erhob die Genannte ein Gebrüll, lief, ohne aufgefordert zu sein, nach vorn, streckte die Handflächen hin, zog sie zurück, wenn der Stock sauste, so daß der Hieb daneben ging, und brachte den Mann derart in Rage, daß die Szene zum Komischen eskalierte.
Bei allem Schrecken, den Sadismus in Kindern hervorruft, ist er wiederum nicht ohne Faszination. Der unfertige Geist weiß es nicht besser. Lehrer Wissolek hatte einen Sohn. So derb und brutal der Vater, so weich und sensibel der Junge. Wir begegneten ihm auf der Oberschule. Alles, was uns der Schuldige angetan

hatte, zahlten wir dem Unschuldigen heim. Wir fragten z. B. nach dem jeweiligen Datum. War es der achtzehnte eines Monats, rissen wir dem in panischer Existenznot lebenden Jungen achtzehn Haare aus. Noch heute erschreckt es micht, wie reich unsere Phantasie war, wenn es darum ging, den aus der Gemeinschaft Gestoßenen zu quälen.

Frage ich mich, was bewirkt haben mochte, daß ich von dem Tage an, da ich das elterliche Haus verließ und als Luftwaffenhelfer eine Baracke auf dem Rudaer Berg bezog, mich zugleich vom Katholizismus abwandte, fallen mir zwei Namen ein: Wissolek und Tante A. Gegen sie kam Pfarrer Thomeczek nicht an. Von Peking bis Berlin, von Rom bis Colombo bleiben den Thomeczeks die Straßennamen, den Wissoleks die Menschen, denen sie auftragen, im Chor Gebete zu sprechen. Es bleiben die Bergpredigten, und es bleibt die Resignation. Die tröstende Utopie bleibt und der Kollaps, wenn man aus den Träumen aussteigt. Die Lügen der Hoffnung und die Lügen der Inquisition.

XII

Die Geschichte von Tante A., Herrn B. und dem Sohn Isaak

Tante A. war eine schöne Frau, und es hieß, sie sei fromm. Sie heiratete einen leicht verwachsenen Mann, von dem man sagte, daß er noch frömmer sei. Er betete zu ihr, wie man für gewöhnlich nur zur heiligen Maria betet. Trotzdem hinderte es ihn nicht, sich von Tante A. vier Kinder schenken zu lassen. Drei Mädchen und als jüngstes einen Sohn.
Tante A. liebte Onkel L. nicht, denn er war um etliches zu klein, und wie ich sagte, leicht verwachsen. Bei den Franziskanern in Falkenhain hätte er einen guten und glücklichen Bruder abgegeben, aber er betrieb in Dorotheendorf eine gutgehende Schusterwerkstatt und besaß in der Gartenstraße ein großes Eckhaus, wo auch ich eine Zeitlang wohnte. Dann hatte Onkel L. noch in Rokkitnitz ein Schuhgeschäft, das er aber wieder abstieß, weil er in der Kronprinzenstraße den Juden zwei Geschäfte abkaufte, als

diese ihre Möbel, Teppiche und Häuser zu herabgesetzten Preisen feilboten. Onkel L. war ein guter Mann, ich kann es nicht anders sagen. Und Tante A. hatte einen Liebhaber, Herrn B. Er war Lehrer, während des Krieges Zahlmeister und wohnte zur Untermiete im großen Haus in der Gartenstraße. Auch er war fromm und ging jeden Sonntag mit Tante A. und Onkel L. und den Kindern in die Anna-Kirche zum Hochamt.
Herr B. liebte es, wenn ihm jemand die Fußsohlen krabbelte, da lag er still, und da war er auch ein guter Mann. So lebten sie in einer vorweggenommenen Kommune – obwohl sie wie nahezu alle in Hindenburg/Zabrze Kommunisten nicht mochten –, denn eine Scheidung hätte ihnen die Exkommunikation gebracht und war überhaupt in mehrerlei Hinsicht nicht passend.
Als die älteste Tochter vom Kind zur Frau heranwuchs, bot es sich an, sie mit Herrn B. zu verheiraten. Da stürzte sie vom Turngerät, war gelähmt und zwei Jahre später tot. Zwischendurch aber lag sie in der Wohnung im großen Haus in der Gartenstraße und sah und hörte, was sie nicht sehen und hören sollte und woran Onkel L. bis zu seinem Ende nicht glauben wollte. Und die Kranke erzählte alles meinem Bruder Maxel, der das Foto der Toten in sein Tagebuch klebte und dazuschrieb: ›Erlöst von ihrem schmerzlichen Leiden am 23. November 1933 im blühenden Alter von 18 Jahren. Aus einem lebensfrohen Mädchen entwickelte sich eine schwermütige Jungfrau ... einsam und unverstanden. Ihre eigene Mutter trägt einen großen Teil der schweren Verantwortung.‹ Und er schrieb nicht hin, daß Tante A. und Onkel L. mit der Tochter in die Hoffnungsstadt Trier gewallfahrt waren, wo die dem Tode Nahe am 23. August 1933 zwischen 5 und 6 Uhr morgens den heiligen Rock Christi berühren durfte in Erwartung eines Wunders.
Und sie starb, und alle weinten, und so weinte ich auch, obwohl ich nichts von den Dingen verstand. Denn so wie man mir nicht erzählte, daß der ›ungeratene‹ Sohn von Tante C. sich in Spanien auf der anderen Seite geschlagen hatte, anschließend ins KZ kam und dort ›verstarb‹, so erzählte man mir nichts von der, die nun begraben wurde. Es war ein langer Totenzug, und wieder weinten alle, und auch Herr B. weinte. Und er blieb im großen Haus in

der Gartenstraße wohnen. Und als die zweite Tochter herangewachsen war und sie sich die Frage nach einem Mann stellte und zu dem Schluß kam, niemand wolle sie, weil ein großes Mal im Gesicht sie weniger begehrenswert machte als andere Mädchen, glaubte sie ihrer Mutter, daß es das gescheiteste wäre, Herrn B. zu heiraten, der als Lehrer Beamter war, während des Krieges Zahlmeister, demzufolge mit großer Wahrscheinlichkeit heil nach Haus käme und also eine gesicherte Zukunft böte. So kam es, daß Herr B. mit der Tochter schlief und ihr Kinder machte und mit der Mutter schlief und ihr keine Kinder machte. Und Onkel L. verkaufte derweil in seinen Geschäften auf der Kronprinzenstraße Rohleder und Schuhe.
Und da war noch ein Sohn, für den Tante A. nicht weniger Sorge trug wie für die eine Tochter und die andere. Ich sagte, sie war fromm und hatte in der Bibel die Geschichte von Abraham gelesen:

> Es geschah, da prüfte Gott Abraham und sprach zu ihm: »Abraham, Abraham!«
> Er antwortete: »Hier bin ich!«
> Da sprach Er: »Nimm deinen Sohn, deinen einzigen, den du lieb hast, den Isaak, und gehe in das Land Morija und bringe ihn dort auf einem der Berge, den ich dir sagen werde, als Brandopfer dar.«
> Darauf nahm Abraham das Holz zum Brandopfer und lud es seinem Sohn Isaak auf; er aber nahm das Feuer und das Messer in seine Hand. So gingen sie beide miteinander.
> Da sprach Isaak zu Abraham, seinem Vater: »Mein Vater!«
> Er antwortete: »Ja, mein Sohn!«
> Der sagte: »Siehe, da ist das Feuer und das Holz, wo ist denn das Lamm zum Brandopfer?«
> Abraham erwiderte: »Gott wird sich das Lamm zum Brandopfer schon ersehen, mein Sohn.«
> So gingen sie beide miteinander.

Und weil Tante A. am Ende des großen Krieges von Zabrze nicht nach dem Land Morija ziehen konnte, zog sie von den Hütten

und Gruben Ost ins Land der Hütten und Gruben West. Und es begleiteten sie Onkel L. und Herr B. und die zwei Töchter und der Sohn Isaak. Als sie an den Ort kamen, den Gott ihr gesagt hatte, baute sie den Altar, schichtete das Holz auf, band ihren Sohn und legte ihn auf den Altar, oben auf das Holz. Dann nahm sie das Messer und streckt die Hand aus. Da rief der Engel Jahwes vom Himmel her zu ihr: »Strecke deine Hand nicht nach dem Jungen aus und tu ihm nichts zuleide. Denn nun weiß ich, daß du Gott fürchtest und mir deinen einzigen Sohn nicht vorenthalten hast.«
Das ist die Geschichte von Tante A., Herrn B. und dem Sohn Isaak, den Tante A. hat Priester werden lassen, damit er das Tor öffne für sie. Denn wer jung ist, bedenkt den Leib, wer aber alt, bedenkt die Seele.
Und es ist die Geschichte meines Erschreckens vor den Hirten, die sich selbst weiden.

XIII

Also za brzegiem – hinter dem Ufer. So nannten ehemals die Bewohner des Bischofsdorfes Biskupitz die Wiesen auf der anderen Seite des Flusses, der einmal Iser hieß, später Beuthener Wasser und heute Bytomka. Das Gründungsbuch des Bistums Breslau, geschrieben um 1305, kennt die dürftige Siedlung ›Sadbre sive Cunczindorf‹.
Da die Welt nun mal so eingerichtet ist, daß die Revolution ihre Kinder frißt wie Kronos die seinen, fraß auch ›za brzegiem‹ 1927 das ältere Biskupitz und zwang ihm den Namen Hindenburg Nordost auf. Wie jedoch der Katholizismus sich in Zabrze durch Beständigkeit auszeichnet, so tut es gleichfalls der Sprachgebrauch. Biskupitz blieb Biskupitz, auch wenn die Ämter anderes verfügten.

Den Zabrzeranern wird ein gewisser Hang zur Ungenügsamkeit nachgesagt. Sie hätten etwas unverschämt Maßloses, heißt es. Zum Beweis führt man an, daß sie nicht nur Biskupitz gefressen, sondern, einmal beim Schlucken, hätten sie gleich noch Mathesdorf und Mikultschütz in sich hineingestopft, und das in einer Zeit, die, zwischen zwei Weltkriegen dahergehend, eigentlich eine friedliche hätte sein sollen. Den Anklägern gebe ich allerdings zu bedenken, daß auch Ortschaften ihre Empfindlichkeiten haben. Immerzu ›größtes Dorf Deutschlands‹ genannt zu werden, ist in der Tat lästig, ja in gewisser Weise demütigend. So entschloß man sich kurzerhand zu jenem Weg, den ein halbes Jahrhundert später ganze Länder unter der Losung ›Überholen ohne einzuholen‹ gehen wollten. Aber Epigonentum zahlt sich nicht aus. Quod licet, Iovis, non licet bovis. Der große Sprung gelang nur Hindenburg. Innerhalb von fünf Jahren wurde aus dem ›größten Dorf Deutschlands‹ die größte Stadt Deutsch-Oberschlesiens. Auch wenn da wieder ein Makel blieb, der Oberbürgermeister Dr. Lukaschek im Oktober 1928 zu den aufmunternden Worten bewegte: ›Freilich, wir sind die ärmste Stadt in Deutschland, freilich wir stellen die Rekordzahlen für soziales Elend und völkische Not ...‹ Die Fortsetzung ist ein ›aber‹, und dieses kleine Wort gibt Zuversicht:

1927 Eröffnung des Admiralspalastes
1928 Besuch des Reichspräsidenten von Hindenburg
1928 Fürstbischof von Breslau, Kardinal Bertram, besucht das staatliche Oberlyzeum und spendet 244 Schülerinnen in der Aula das Sakrament der Firmung
1928–1937 gebaut und eingeweiht: Kamilluskirche, Hl. Geist-Kirche, Josephskirche, St. Antonius-Kirche, St. Hedwigs-Kirche, Himmelfahrtskirche, St. Mathias-Kirche ...

Eine Kirche ist zuviel. Die Synagoge. Sie wird 1938 niedergebrannt. Dafür aber gibt es das neue Stadthaus, die Adolf-Hitler-Kampfbahn, die Fischläden Ostsee und Nordsee. Und dennoch, neben Beuthen und Gleiwitz bleibt Hindenburg das häßliche Entlein. Es mußte erst ein Krieg von Deutschland verloren, von Polen und seinen Verbündeten gewonnen werden, bevor ein französischer General den Namen Zabrze über den der bislang auf den Landkarten bevorzugten heben durfte. Beuthen galt als das Kleinberlin Oberschlesiens, sein Landestheater ›bespielte‹ – was für ein herabsetzendes Wort – Hindenburg. Ich erinnere den

›Obersteiger‹ von Carl Zeller. Gleiwitz wiederum gewann den Wettstreit dieser drei Brüder um die Errichtung einer Rundfunkstation – wie sollte Hindenburg mithalten können mit seinen drei Millionen Reichsmark Defizit im Stadthaushalt – und errang endgültig historischen Weltruf durch jenen bekannt berüchtigten ›Überfall auf den Sender Gleiwitz‹, den die Faschisten für ihren Krieg inszenierten. Der Fußball von ›Beuthen 09‹ und ›Vorwärts Rasensport Gleiwitz‹ hatte einen besseren Ruf als der von ›Preußen Hindenburg‹. Auch das hat sich geändert. Zabrze, der Duppa lela, der Klippa, der Tetka zwischen Klein-Berlin und der in allen Geschichtsbüchern namentlich hervorgehobenen Stadt Gleiwitz/Gliwice, der Haderlock mit seiner Wohnungsnot und Säuglingssterblichkeit hat nachgezogen, nicht nur historisch als ›polnischste aller polnischen‹ Städte, auch im Fußball. ›Die Herren von Gornik Zabrze‹, so kritzeln es die Fans an Häusermauern und Zäune. Was Liverpool für England, Milano für Italien, ist Gornik Zabrze für Polen.

Ich ruhe zufrieden im kleinen Restaurant zwischen Bahnhof und Peter-Paul-Platz aus, den kaum jemand noch unter diesem Namen, dafür als ›Platz des 24. Januar‹ kennt, und ich bestelle für Bogda und für mich Bigus. Und während wir den Eintopf löffeln, denke ich an Leipzig und daran, daß meine Frau fragen wird, wie es in Zabrze war, und ich werde antworten: ›No, da wer ich dir sagen, wie war.‹ Und weil Vergangenheit und Zukunft sich in der Gegenwart mengen wie beim Bigus Kraut, Kartoffeln und geräuchertes Fleisch, spreche ich den Po-schlonsku Satz laut vor mich hin, und Bogda meint, ich wolle mich über ihr polnisch eingefärbtes Deutsch lustig machen, aber ich sage: »Jetzt, da wir alle am gemeinsamen Haus Europa bauen, werden wir uns auch für eine gemeinsame Sprache entscheiden müssen. Und natürlich ist Esperanto ebensowenig geeignet wie Russisch oder Englisch. Die evangelische Akademie hat mich zu einem Vortrag eingeladen, und Straßburg ruft europäische Schriftsteller zu einem Treffen. Ich werde hier wie dort zu bedenken geben, daß Wasserpolnisch nicht das Mechanistische des Esperanto hat und sich gegenüber dem Englischen und Russischen durch seine Bescheidenheit hervorhebt. Und wenn es Streit gibt im europäischen Parlament um

ein Gesamtdeutschland, die Berliner Mauer und die Auslegung des Potsdamer Abkommens, und die Gemüter erhitzen sich, dann wird der Vertreter Oberschlesiens, das nun auch nicht mehr geteilt ist in Oberschlesien Ost und West und Hultschiner Ländchen, aufstehen und in der protokollarisch festgeschriebenen europäischen Sprache sagen: ›Potsdam laufen, ganzer Geld versaufen.‹ Und schon ist der Friede, für den alle Generalstäbe ihre Manöver zu Lande, zu Wasser, in der Luft exerzieren, garantiert, weil, wer sein Geld versäuft, keines mehr hat für Minen, Stacheldraht und ein ABC-Arsenal der Waffen. Das ist der historische Endzweck derer, die Pfarrer Adam Gdacjusz in Verkennung göttlicher Weisheit ›bellende Wasserpolacken‹ geheißen hat.«
Bogda sieht von ihrem Teller Bigus auf und sagt: »Der Tag hat dich ganz schön mitgenommen. Wir müssen zurück nach Krakau, ich muß außerdem tanken, und das hat Probleme.«
Ach Bogda, denke ich, laß mich schwatzen, Ironie ist ein Mantel, mit dem wir unsere Wunden zudecken. Er wärmt ein wenig, wenn wir frieren. Weißt du, wie ich mich fühle, wie jener Bergmann, der nicht an den Skarbnik glauben wollte und dann, als er einmal allein im frischen Stollen war, und die Luft fegte kalt durch die Schächte, stand plötzlich ein kleines Männchen vor ihm und sagte: ›Komm mit mir, Hauer!‹ Und dem wurde das Gesicht weiß unter dem Kohlenstaub. Aber er folgte dem kleinen Männchen. Und das pochte an einen Felsen, und der öffnete sich einen Spalt, und sie kamen in eine Halle. Dort war ein goldener Thron, und in der Ferne erklang liebliche Musik. Der Skarbnik setzte sich auf den Thron, und seine Diener kamen und reichten ihm in die rechte Hand einen goldenen Hammer, in die linke eine bläulich brennende Grubenlampe. Der Bergmann aber stand da und schaute und schaute.
›Nun geh‹, sagte der Skarbnik, und dem Bergmann war, als erwache er aus einem tiefen Schlaf. Als er wieder nach oben kam, begegneten ihm Menschen, die er nicht kannte, und auch ihre Sprache verstand er nicht. Und er ging in den Waschraum, um sich zu waschen, und als er in den Spiegel sah, blickte ihm ein alter Mann entgegen mit weißem Kopfhaar. Noch standen die Häuser, wo sie immer gestanden hatten, die Bäume trugen grüne Blätter,

und die Blumen blühten in den Vorgärten. Aber als der Bergmann an die Tür seines Hauses klopfte, öffneten ihm fremde Menschen. Seine Mutter war gestorben, und auch seine Frau war gestorben. Die Kinder waren fortgezogen und niemand wußte wohin. Und als er zum Friedhof ging, um das Grab seiner Mutter zu suchen und das seiner Frau, fand er einen Stein, in den war sein Name geschlagen, und es war zu lesen, daß er in den Schacht gefahren war, vor vielen vielen Jahren und nicht mehr heimkehrte.
»Also gehen wir«, sagte Bogda.
»Gehen wir.«

Juni 1989

Der ›Kleine Oktober‹

Angesichts dessen, daß die DDR nicht nur in ihrem geographischen Ausmaß um ein Vielfaches kleiner ist als Rußland, der Oktober 1989 in Leipzig und Berlin die Länder Europas berührte, aber keineswegs ›die Welt erschütterte‹ wie der ›Große Oktober‹ 1917 in Leningrad und Moskau, angesichts dessen und einer mir zweckmäßig scheinenden Zurückhaltung, die mich vor Euphorie ebenso bewahren soll wie vor neuer Angst und Depression, nenne ich den ungewöhnlichen Monat mit seinem ungewöhnlich milden spätsommerlichen Wetter, den Friedensgebeten in der Leipziger Nikolaikirche, den Mahnwachen in der Berliner Gethsemane-Kirche, den schlaflosen Nächten von Politbüro-Mitgliedern und Vertretern des ›Neuen Forums‹, jungen Leuten aus Menschenrechtsgruppen und alten Männern der Staatssicherheit, Verhaftern und Verhafteten, Prügelnden und Geprügelten, Jagenden und Gejagten, die Freiheit Suchenden in Botschaften und Flüssen, angesichts dessen und des von Leipzig ausgehenden Rufes ›Wir sind das Volk!‹ – der bald schon das ganze Land erfaßte und von den arrogant Mächtigen nicht mehr unterdrückt werden konnte – nenne ich die uns alle erregenden Tage: den ›Kleinen Oktober‹.

Jeder hat seinen ihm gemäßen ›Kleinen Oktober‹, oder wie es im offiziell festgelegten Sprachgebrauch heute heißt: seine ›unumkehrbare Wende‹. Und schon fürchte ich, daß dieses Wort ebenso abgewirtschaftet werden könnte wie die Wörter Frieden, Sozialismus, Menschenrechte. Lustseuche hieß man in früherer Zeit die Syphilis. Von eben einer solchen Lustseuche sind die Inhalte dieser Wörter zerfressen. Sie sind, um es einmal so grob zu sagen, ›auf den Hund gekommen‹ wie der ›Große Oktober‹ unter Stalin und Berija und der ›Lange Marsch‹ auf dem Pekinger Platz des Himmlischen Friedens. Was wir als ›Abteilung DDR‹ in der ›Familie der Bruderländer‹ nicht alles an Sozialismus und seinen jeweiligen Erscheinungsformen schon erstritten und erlitten ha-

ben, ist so beängstigend viel, daß man sich wendend windet und windend wendet, blickt man zurück auf den ›Kleinen Oktober‹, denn natürlich hat er dem Sozialismus neue Attribute gebracht: attraktiver Sozialismus, sauberer Sozialismus, schönerer Sozialismus.
Oh, wie gut, daß niemand weiß, daß ich Sozialismus heiß.
Das alles hat sich in vier Jahrzehnten DDR gewendet und gewunden: antifaschistisch-demokratische Ordnung, Errichtung der Grundlagen des Sozialismus, entwickelte sozialistische Gesellschaft mit den dazu gehörenden zehn Geboten der sozialistischen Moral, sozialistische Menschengemeinschaft, Literaturgesellschaft, die dazu beitragen sollte, den krisengeschüttelten Kapitalismus zu überholen, ohne ihn einzuholen, schließlich, als die Ideale und Träume dahintropften und es in unserem Land kalt wurde wie in finsteren Höhlen, in denen Stalagmiten und Stalaktiten wachsen – der ›real existierende Sozialismus‹. Links, wo das Herz schlagen sollte, schlug nichts mehr, es sei denn Sentimentalität, Nostalgie, Sklerose, Korruption, Machtverlangen.
›Bau auf, bau auf, freie deutsche Jugend bau auf‹ und Fähnchen schwingen und Faust geballt und ›Tanz mit der Jule, walz mit der Jule‹ und Hurra, Hurra auf immer und ewig – den kranken Hirnen einer dahinsiechenden Politbüro-Schickeria gaben sich brennende Kerzen als Schwefeldämpfe der Konterrevolution, der Zug Hunderttausender als ein Schwarm Wanderratten, die ihnen ihr goldenes Gespinst zernagten. Dem Wahn einer Doktrin verfallen, die sie Friedenssicherung nannten und Schutz der Errungenschaften, ließen Groß- und Kleininquisitoren Leipzigs dahinfaulende Häuser von anrollenden Panzern umsorgen, aber väterlich bekümmert zugleich Blutkonserven bereitstellen und Pferdeboxen für die zu erwartenden verlorenen Töchter und Söhne.
Am 9. Oktober 1989, zwei Tage nach dem vierzigsten Gründungstag der Deutschen Demokratischen Republik, des ersten Arbeiter-und-Bauern-Staates auf deutschem Boden, probte der ›real existierende Sozialismus‹ den Holocaust seiner Jugend. Wem immer es gelungen ist, das zu verhindern – denn schon rangeln sich die Retter um einen ihnen zukommenden Platz –, wem es gelungen ist, den mag Gott segnen. Er mag es auch dann tun, wenn die

Absicht bei dem und jenem so lauter nicht gewesen sein sollte, wie sie sich in späterer Legendenbildung wird darzustellen suchen.

Ich weiß nicht, wann mein ›Kleiner Oktober‹ begann: Vielleicht an einem 17. Juni in Merseburg oder 1956 in Budapest, vor einer Augustmauer in Berlin oder nach einem ›Prager Frühling‹, während eines nächtlichen Gesprächs im Gemeindehaus der Lukaskirche mit Menschenrechtlern, die alle so jung waren und so rührend hilflos in ihrer Anstrengung, dem unlösbar scheinenden Widerspruch zwischen Staatssozialismus und ihren Träumen von einer humanen Welt zu begegnen. Sicherlich gehört auch ein sonniger Septembertag in Kattowitz dazu, als eine alte Frau auf dem Markt dort zu mir den schier unglaublichen Satz sprach: »Ihr in der DDR habt's gut, wenn der Honecker weg ist, werdet ihr wieder Deutsche.« Und keineswegs vergessen kann ich den Spaziergang in Straßburg am Ufer der Ill, als mein Freund Bernard Genton plötzlich stehenblieb, mich ansah und ausrief: »Wenn ich mir vorstelle, 80 Millionen Deutsche wieder zusammen. Schrecklich!« Und er reizte mich zu der Entgegnung: »Aber warum, mein lieber Bernard, warum soll ich wegen deiner Angst zeitlebens an die stinkende Pleiße gefesselt sein.«
Ich will nicht weiter über einen Anfang spekulieren, den ich doch nicht ausmachen kann. Also beginne ich mit dem montäglichen Friedensgebet in der Nikolaikirche und den anschließenden Zuführungen durch die Bereitschaftspolizei. Dieser sich wöchentlich wiederholende Vorgang war zum Geheimtip der Leipziger geworden. ›Kleines Kriegsrecht‹ hießen diese spätnachmittäglichen Stunden bald in informierten Kreisen. Und es darf nicht verschwiegen werden, daß viele von den Hunderttausenden, die heute den vier Kilometer langen Ring singend, rufend, schweigend durchlaufen, vor gar nicht so entfernter Zeit als Spektakel nahmen, was anfänglich kleine Gruppen, nicht frei von Angst, Montag für Montag durchlebten. Leipzigs monotones Leben hatte plötzlich sein Theater. Die Nikolaikirche als Schaubühne, die betoneingefaßten Blumenrabatten und Steinstufen auf der kurzen Strecke der Grimmaischen Straße zwischen Universitäts-

buchhandlung und Karl-Marx-Platz als Theaterrang. Verhaftungen live, das ist doch was!
Um 17 Uhr läuten die Turmglocken. Um 17.30 Uhr sind alle Zugangswege zum Nikolaikirchhof durch Polizeiketten abgesperrt. ›Nichts geht mehr‹, ruft der Croupier im Spielcasino. Und so ist es auch hier. Genau so. Auch wer gar nicht beten will, bleibt ausgegrenzt.
Ich weiß nicht, wie ich es nennen soll, was sich da Woche für Woche bei zunehmender Gereiztheit in Leipzigs Innenstadt vollzog. Marxistisch-leninistisches Parteilehrjahr: Die Macht geben wir nicht mehr aus den Händen. Apostelsprüche: Wo ist unter euch ein Mann, der seinen Sohn, wenn er ihn um Brot bittet, einen Stein gibt? Oder der ihm, wenn er um einen Fisch bittet, eine Schlange gibt. Hütet euch vor den falschen Propheten, die kommen zu euch in Schaffellen, inwendig aber sind sie reißende Wölfe. (Später wird die Menge skandieren: Wenn Egon von Reformen spricht, vergeßt die sieben Geißlein nicht.)
Ich sage, ich weiß es nicht. Ich versuche nur einen Zustand zu beschreiben, der mir unheimlich war: das Schweigen der zuschauenden Menge, der leere Platz vor der Kirche und dazwischen der Polizeikordon, Schulter an Schulter, gleichfalls stumm. Man könnte meinen, da geschah nichts in dieser Unbeweglichkeit und dem Schweigen. Und doch, so möchte ich glauben, formte sich in dieser Stunde der Sprachlosigkeit jener Ruf, der zuerst einigen Hunderten, dann Tausenden und zuletzt Millionen verlorene Mündigkeit zurückbrachte: Wir sind das Volk!
Wenn um 18 Uhr wieder die Glocken läuteten, das Ende des Gebets anzeigend, öffnete sich die Mauer aus Polizeileibern zu einem schmalen Tor, die aus der Kirche Kommenden in eine gewünschte Richtung weisend: Nicht stehenbleiben, Bürger! Gehen Sie weiter, Bürger! Nein, nicht zum Markt, Bürger!
Auf keinen Fall zum Markt. Dort gibt es Zusammenrottungen, und das Zerbrechliche wird noch zerbrechlicher.

Mitteilung der Arbeitsgruppe Menschenrechte zur Situation:
›*Eine Stunde nach dem Friedensgebet vom 26. Juni 1989 versuchten etwa 250 Personen mit einem Schweigemarsch die Verwirklichung des Rechtes*

auf Freizügigkeit einzufordern. Der Zug wurde von zivilen und uniformierten Sicherheitskräften gestoppt und aufgelöst. Vier Personen wurden vorläufig festgenommen, dabei wurde wiederum gegen einzelne Demonstranten brutal vorgegangen. Sven Kulow wurde dabei am Auge, der Nase und an der Hand verletzt / vermutlich Nasenbeinbruch mit erheblichem Blutverlust.
Während drei Festgenomme am darauffolgenden Tag mit Ordnungsstrafen zwischen 300,– und 500,– Mark entlassen wurden, befindet sich Sven Kulow in Untersuchungshaft. Gegen ihn läuft ein Ermittlungsverfahren nach den §§ 217 Abs. 2 / Zusammenrottung, 212 Abs. 1 / Widerstand gegen staatliche Organe, 137 / Beleidigung, 139 Abs. 3 / Beleidigung und Verleumdung staatlicher Organe in der Öffentlichkeit.
Alle von uns befragten Zeugen sagen hingegen aus, daß Sven Kulow nur von Bereitschaftspolizei mit dem Kopf nach unten unter Tritten und Schlägen über die Straße geschleift und anschließend auf einen Polizei-LKW geworfen wurde. Keiner der von uns befragten Zeugen hat beobachtet, daß Sven Kulow ›Widerstand gegen die staatlichen Organe übte oder ein staatliches Organ in der Öffentlichkeit beleidigte oder verleumdete.‹

Erinnere ich mich recht, geschah es am 25. September, daß zum ersten Mal in dieser von Haß und Zorn geprägten Zeit der Nikolaikirchhof nicht von Sicherheitskräften abgeriegelt wurde. Kirchgänger, Oppositionelle und Schaulustige füllten den Platz, irgendwer fing an zu singen: ›We shall overcome‹, und bald sangen es alle dort, und Kerzen wurden angezündet und mit Händen umschlossen, damit der abendliche Wind die Flamme nicht ausbläst.

Am 2. Oktober dann stand ich im Zimmer des Superintendenten Magirius, und für mich selbst überraschend, fühlte ich mich plötzlich unsicher und bedroht. Dabei war ich doch recht unbefangen hergekommen, denn während meines Wegs vom Brühl durch die Ritterstraße zur Wohnung gegenüber der Kirche hatte ich nicht mehr Uniformierte wahrgenommen als an anderen Montagen auch. Und nun dieser Zustand einer durch die Vernunft nicht zu steuernden existentiellen Angst. Das Ausgeliefert-

sein an etwas Ungewisses, von dem man wünscht, es wäre vorbei, kannte ich vom Krieg her.
Der Vergleich ist gewiß hochgetrieben. Aber auch Täuschungen haben ihre reale Auswirkung. Das Fieber der Übersensibilisierung griff um sich, warum sollte da ausgerechnet ich immun bleiben.

Sehe ich heute als Chronist auf die Stunde vor dem Friedensgebet am 2. Oktober zurück, so erkenne ich nichts Bedeutungsvolles. Da war der zunehmende Andrang auf dem Platz, das mit Blumen geschmückte Kirchenfenster – Ausdruck der Verbundenheit mit den von der Staatssicherheit Inhaftierten –, das flackernde Licht der Kerzen darunter. Ich notiere das leise Gespräch zwischen dem Superintendenten und dem Stadtjugendpfarrer. Aus Erfurt ist Geld geschickt worden, es soll denen helfen, die mit Ordnungsstrafen belegt wurden.
»Wir bezahlen die Strafen für die, die hierbleiben. Richtig?« Magirius sieht mich an, mehr herausfordernd als fragend.
»Ja, natürlich«, sage ich.
Ich weiß um den noch nicht gänzlich bewältigten Streit zwischen Kirchenleitung und Basisgruppen: Antragsteller auf Übersiedlung in die BRD ausgrenzen oder nicht.
Gebt Gott, was Gott gehört, und dem Staat, was des Staates ist. Wer will dem sibyllinischen Spruch zum Recht aller interpretieren? Ich notiere weiter das fortwährende Klingeln an der Wohnungstür. Man kommt, man geht, man bleibt. Dann ist etwas im Zimmer, was nicht hineinzupassen scheint. Wahrscheinlich empfinde nur ich es so, weil in mir trotz allem Atheismus noch der oberschlesische Katholizismus meiner Kindheit fortlebt, die Mutter Anna vom Wallfahrtsberg, die schwarze Madonna von Czenstochau und das aufs sauberste Getrenntsein in Katholisches, Evangelisches, Jüdisches und Kommunistisches. Kurz, der Dominikaner – weißer Rock, schwarzer Mantel – inmitten des reformierten Klerus überrascht mich, zumal mir ein auf solche Art Uniformierter in Leipzigs Straßen mehr als ein Jahrzehnt nicht begegnet ist. Pater Bernhard aus Leipzig/Wahren. Magirius scheint erleichtert, nennt ihn Bruder und hofft, daß die Menge vor dem Haus in ökumenischer Gemeinsamkeit durch ein zusätz-

liches Friedensgebet – in der Reformierten Kirche – aufgeteilt werden könnte (später sollten es sechs sein). Bruder Bernhard ist sehr jung und von einer heiteren Gelassenheit, die sich zeitweilig auf die anderen im Zimmer überträgt. Er zeigt belustigt auf seine Kutte und bittet um ein Auto, denn vor einem Zug junger Frauen und Männer herzulaufen wie weiland Tetzel hält er für unpassend, um nicht zu sagen für albern. Er bekommt sein Auto. Tausend verlassen den Nikolaikirchhof, zweitausend drängen nach.
›Wer friedlich vorm Altare singt, die Stasi nicht in Rage bringt.‹ Heilige Einfalt. Der Befehl ›Knüppel aus dem Sack‹ ist längst ausgegeben.

›Wir sind alle geschädigt.‹
Dieser Satz behält Gültigkeit trotz Parteienvielfalt, dem Wort vom Augenmaß und der Beschwörung: Alles soll menschlicher werden in einem menschlichen Sozialismus. Und man sagt nicht mehr Klassenfeind, sondern ›Kohlköpfe‹ und erhält zur Antwort ›rote Sau‹. Es schlägt schon wieder aufeinander, und am Ende wird es auf neue Art kommen wie gehabt. SED – das tut weh! CDU – blinde Kuh! FDJ – so ein Schrott! Auch DA – nur blah, blah! Abzählreime des Kleinen Oktober.
›Wir sind alle geschädigt.‹
Diesen Satz sagt am 30. September Frau Wonneberger aus der Lukasgemeinde zu mir am Telefon. Ich hatte im Pfarrhaus angerufen, wohl wissend, daß ich ohne Amtshilfe zum Friedensgebet in die Nikolaikirche nicht hineinkäme. Wer hätte das je für möglich gehalten. Protektion auch hier. Du mußt einen Bischof zum Onkel haben, einen Parteisekretär zum Freund, eine Ärztin zur Freundin, einen Kfz-Schlosser zum Kumpel. Der Homo aequivalentus: Biete Udo Lindenberg, suche Platz beim Friedensgebet. So schwindelt's sich hin in der ethischsten aller ethischen Gesellschaften. Selbstverschuldete Unmündigkeit, gewiß. Der Pfad, den wir zu gehen hatten, war schmal, links der Abgrund des moralischen Masochismus, rechts die Tiefe des Opportunismus. ›Was tun‹ – es bedurfte nicht Lenins, um sich diese Frage zu stellen. Aber es gibt jetzt, da das Ministerium für Staatssicherheit aufge-

löst, das einstige Politbüro einer Partei, die immer recht hatte, nahezu in Gänze aus eben dieser Partei ausgeschlossen ist – welches Kuriosum, jedoch die auf den Strich geschickte Dialektik macht's möglich – es gibt jetzt so viele ›Aufbrüchler‹ und ›Reformler‹, daß ich mich schon wieder in die ärmlichen Räume der Lukaskirche zurücksehne, wo im Juli noch der ›Statt Kirchentag‹ ausgerufen wurde, ein trotziger Akt der Selbstbehauptung von Basisgruppen gegenüber einer Hierarchie, die an Stelle staatlicher Zensur eine kirchlich institutionelle setzen wollte. Ich verfalle der Nostalgie, ähnlich jenen Altkommunisten, die einmal in die Gefängnisse und Konzentrationslager gegangen sind und sich heute die grausige Frage stellen: Wofür? Und weil sie ihr Leben zu Ende leben müssen, mit einem Rest an Würde, summen sie in einsamen Stunden weiterhin das Lied:

›Die Partei, die Partei,
die hat immer recht,
und Genossen, wir bleiben dabei ...

Spaniens Himmel und Venceremos; Urchristentum und Urkommunismus, so der Traum. Das Erwachen ist Inquisition, Stalinismus und Ceauşescu.
So sind wir zuletzt alle Geschädigte und möchten wie die Pfarrersfrau ›am liebsten sämtliche Telefonstecker herausziehen‹. Das war ihr zweiter Satz. Noch bevor die ›unumkehrbare Wende‹ den in maßloser Selbstgefälligkeit Regierenden abgepreßt wurde, zählte die Frau zu den stillen Opfern, von denen die lauthalse Geschichte lebt. Gehetzt von ZDF, ARD, Deutschlandfunk, BBC, gehetzt auch von den vielen Ratlosen in einem ratlosen Land, das durchstreut war von Metastasen der Hoffnungslosigkeit, des Zweifels, der Wut, fand sie sich in Wogen geworfen, die über ihr zusammenschlugen. Und das ganz Private blieb außerdem: das drei Monate alte Kind, die Renovierung der verrotteten Amtswohnung im verrotteten Osten Leipzigs.
Ich fühlte mich beschämt, sagte es, und die Frau entschuldigte sich ihrerseits. Woraufhin ich mich dafür entschuldigte, daß ich sie genötigt hatte, sich zu entschuldigen. Komik in der Bitternis. Nein, ich habe nicht um 19.00 Uhr ein zweites Mal angerufen, wie

sie mir empfahl, da nämlich sollte Pfarrer Wonneberger von der Andacht, die er gerade hielt, wieder zurück sein.
Jetzt bedaure ich meine Rücksichtnahme, denn noch während des Kleinen Oktober erlitt der kleine Mann, den die jungen Leute, die er um sich geschart hatte, Christoph nannten, einen Hirnschlag, und ich weiß nicht, wie es weitergeht mit ihm, weiß nur, daß er zeitweilig außer Landes ist und demzufolge uninteressant geworden für ZDF, ARD, Deutschlandfunk, BBC und auch für viele von den ehemals Ratlosen, denen er, selbst ohne Rat, Ratender zu sein versuchte.

›Wer gibt, dem soll gegeben werden.‹ Dieses Wort gilt für eine andere Welt als die unsere. Auf den Rummelplätzen der Parteitage stürmen bereits neue Recken die Mikrophone.
Alle zehn Jahre ein großer Mann.
Wer bezahlt die Spesen?

Also ich bat nicht Christoph Wonneberger um Hilfe, sondern Friedrich Magirius, neben Gewandhauskapellmeister Kurt Masur einer derjenigen, den die Geschichte auswählt, Geschichte zu machen, ob es ihm genehm ist oder nicht. Am 2. Oktober wußte weder der eine noch der andere, daß bald schon Parteisekretäre, hochrangige Offiziere der Staatssicherheit, Bezirks- und Stadträte sie bitten würden, ihre gewaltlose Gewalt über die Straße geltend zu machen, damit die ›Heldenstadt Leipzig‹ nicht zur Totenstadt würde. Ein Stadtpfeifer und ein Pfaffe, merkwürdiger ist die Geschichte des ›real existierenden Sozialismus‹ nicht zu schreiben.
Neben eben diesem ›Pfaffen‹ stehe ich am 2. Oktober, wenige Minuten vor siebzehn Uhr, und ich weiß, er hat Angst wie alle im Zimmer, und er verschränkt die Hände vor der Brust, und er senkt den Kopf, und er betet: »Sie haben sich versammelt in dieser Stadt. Schaue herab, o Herr, und verleihe uns Kraft. Strecke deine Hand aus, daß Heilung geschehe. Und bewahre uns vor dem Übel. Amen.« Katakombenstimmung. Ich hatte geglaubt, so etwas gäbe es nicht mehr in Mitteleuropa am Ende des zwanzigsten Jahrhunderts. Aber Sisyphos schleppt weiter am Stein.
Nach dem Amen beginnt eine sonderbare Hetz. Magirius läuft

aus dem Zimmer, die anderen laufen hinter ihm drein. Und ehe ich begreife, was da für ein Rennen, Drängen und Schieben angeht, habe ich die Kette abreißen lassen. Nur den Superintendenten der Thomaskirche habe ich noch im Blick. Er schuftet sich durch die Menge auf dem Platz, anders kann ich es nicht nennen. Ich arbeite mit den Armen wie er und rufe irgendwelche dummen Satzfetzen, aber sie zeigen Wirkung.
»Ohne dich geht's da drin wohl nicht los?« fragt jemand.
Das ist die erlösende Formel.
»Nein, ohne mich geht's da drin nicht los«, sage ich und bekomme als Lohn für die Lüge die Gasse zugestanden, die ich brauche, um den Kapelleneingang zu erreichen.

Wenn ich aufgefordert würde zu nennen, was mir bemerkenswert scheint für das Friedensgebet am 2. Oktober in der Nikolaikirche, dann würde ich ohne nachzudenken sagen: das Schweigen. Vielleicht war es für mich nur deshalb so groß und so ungewöhnlich, weil ich kurz zuvor die Turbulenz auf dem Kirchenvorplatz durchlaufen hatte. Nun ging ich am Altar vorbei ins Mittelschiff ohne jede äußere Bedrängnis und doch wiederum viel zu sehr erregt, um einzelne Gesichter ausmachen zu können. Zweitausend oder dreitausend, ich weiß es nicht, füllten die Empore, die Bänke, die Gänge: Entschlossene und Unentschlossene, Gläubige und Ungläubige, Staatsmachtsichernde und Staatsmachtanfeindende. Männer und Frauen, Greise und Säuglinge – selbst die waren einbezogen in den Bann der Stille. Es war nicht mehr das Schweigen einer gaffenden Menge auf der Grimmaischen Straße. Nicht das Schweigen der Demut, des Gehorsams. Es war das Schweigen des Aufruhrs, und ich bin sicher, auch die allzu vielen ›Frommen‹ von der Bereitschaft – oder wie es im Volk heißt: die von der runden Ecke – wußten dieses angestaute Schweigen wohl zu deuten.
Als nächstes würde ich etwas ganz Banales nennen, das wiederum so banal nicht ist, weil es zu dem, was in und vor der Kirche geschah, hinzugehört. Der Superintendent hat keinen freien Platz im Gestühl gefunden, er hockt seitlich auf den Stufen des Altars, neben ihm einige von den Veranstaltern des Friedensgebets. Jede

Woche ist eine andere Basisgruppe verantwortlich. Diesmal sind es die Umweltschützer. Das ist es wohl, was die Macht des seit 1983 stattfindenden Friedensgebets zunehmend ausmacht: Es gibt nur noch Gleiche unter Gleichen, nicht mal mehr einen primus inter pares.

Als drittes bleibt ein Märchen. Es wird von einem Mädchen der lauschenden Menge erzählt. Ich kenne nicht den Namen des Urhebers. Er mag mir also verzeihen, daß er ungenannt bleibt.

›Es kam eine Zeit, da wurde auf der Erde so viel gestorben, daß nicht nur dem Himmel die Plätze ausgingen, sondern auch der Hölle. So schloß der Teufel die Tore und ließ bekanntmachen, daß er nur noch einen einzigen bei sich aufnehmen könne. Es müßte der Schlechteste aller Schlechten sein. Kaum hatte sich das herumgesprochen, ging das Feilschen an.

,Ich habe meinen Bruder gemordet', rief der eine.

,Ich meinen Vater. Ich meine Mutter', hielten andere dagegen.

Der Teufel winkte gelangweilt ab. Davon hatte er genug. Präsidenten meldeten sich, Parteisekretäre, Säufer, Hurenböcke, Generale, Volksbetrüger.

,Nein', sagte der Teufel, ,ihr seid alle nicht schlecht genug für den einen Platz, den ich noch habe.'

Schließlich, der Teufel richtete sich schon darauf ein, weitere hundert Jahre verstreichen zu lassen, um den Schlechtesten aller Schlechten ausfindig zu machen, entdeckte er einen Mann, der abseits stand.

,Was hast du gemacht?' fragte der Teufel.

,Gar nichts', antwortete der Mann.

,Warum stehst du dann hier?'

,Ich dachte, es gibt Bananen.'

,Es gibt keine Bananen und keine Autos und keine Farbfernseher', sagte der Teufel, ,nur einen Platz für den Schlechtesten aller Schlechten. Was also hast du gemacht, bevor du hierher kamst?'

,Gar nichts.'

,Das gibt es nicht', erwiderte der Teufel, ,wenn du gelebt hast, mußt du etwas getan haben.'

‚Es ist aber so.'
Das konnte der Teufel nicht glauben. ‚Wo du herkommst, hat der Präsident, der jetzt den einen Platz in der Hölle will, das Volk ausgeraubt. Warst du bei den Räubern oder bei den Bestohlenen?'
‚Ich war bei keinem.'
‚Der General hat auf die Demonstrierenden schießen lassen. Wo warst du?'
‚Ich saß vorm Fernseher und habe Bier getrunken.'
‚Der Richter hat dort einen ehrlichen Mann böswillig verurteilt. Hast du das nicht gewußt?'
‚Ich habe das Protokoll geschrieben.'
‚Dein Sohn ist aus dem Land gejagt worden. Bist du nicht gegangen, um ihn zu suchen?'
‚Nein, es war nicht erlaubt.'
Da ließ der Teufel das Tor zur Hölle öffnen und sagte: ‚Der Platz gehört dir.'
Und als der Mann durch die Pforte ging, drückte sich der Teufel eng an die Mauer, um nicht von ihm berührt zu werden.‹

Leipziger Volkszeitung, Organ der Bezirksleitung der Sozialistischen Einheitspartei Deutschlands, Montag, 9. Oktober 1989:
›*Wie oft noch sollen sich diese Störungen der Ordnung und Sicherheit wiederholen? Weshalb bringt man diese Handlanger, die von der BRD aufgefordert werden, die innere Ruhe zu stören, nicht hinter Gitter, denn dort gehören sie hin?*
Unsere 40jährige stolze Republik hat diese Machenschaften nicht verdient. Wenn diese Elemente, denn anders kann man diese Leute nicht bezeichnen, nicht begreifen wollen, wessen Brot sie essen, dann muß man es ihnen beibringen.‹ (Ursula Marschner, 7010 Leipzig)
Am 2. Oktober kannte der Teufel diesen ›spontanen‹ Leserbrief noch nicht, vielleicht hätte er den einen Platz in der Hölle sonst anderweitig vergeben. Ich kannte ihn auch nicht, wußte überhaupt herzlich wenig von den anonymen Anrufen bei St. Nikolai, wo jemand sich hatte einfallen lassen, ein Schild zu malen mit dem lapidaren Text: NIKOLAIKIRCHE – OFFEN FÜR ALLE.
›Noch ein Friedensgebet, und die Kirche steht in Flammen.‹ Das

war deutlich, ebenso deutlich wie die ›besorgte‹ Leserzuschrift in der SED-Zeitung. Ich war die Wochen zuvor nicht in Leipzig gewesen, sondern in Polen. In Zabrze, das einmal Hindenburg hieß, hatte ich meiner Frau den Platz gezeigt, wo 1938 die Synagoge brannte. Nichts in der Geschichte wiederholt sich, es sei denn in einer Art, wie Marx es im ›Achtzehnten Brumaire‹ sagt: ›Hegel bemerkt irgendwo, daß alle großen weltgeschichtlichen Tatsachen und Personen sich sozusagen zweimal ereignen. Er hat vergessen hinzuzufügen, das eine Mal als Tragödie, das andere Mal als Farce.‹
Was wie eine Abschweifung aussieht, ist keine. Ich schreibe es, um zu erklären, daß meine Verärgerung über den Stadtjugendpfarrer Kaden der Unkenntnis über die tatsächlichen Gegebenheiten in Leipzig entsprang. Ich weiß nicht mehr im einzelnen, was er während des Friedensgebetes am 2. Oktober zu den vielen in der Kirche sprach. Ich weiß nur, daß mich seine Predigt – oder soll ich sagen politisch-moralische Analyse – stark bewegte. Alles stimmte, alles war richtig. Die Kanzel wird zum Tribunal. Die Logik seiner Rede drängte zu dem Satz: Geht auf die Straße, aber geht ohne Gewalt! Kaden jedoch sagte: »Darum halte ich Demonstrationen in der jetzigen Form zur Zeit als Mittel zur Verbesserung des politischen Klimas in unserem Land für wenig sinnvoll.« Das brach nicht nur stilistisch aus einem schlichten Ganzen. Es war ein Stück auseinanderfallender Dramaturgie, wie ich es vom Theater her kannte oder von Fernsehspielen. Autor und Regisseur bekommen plötzlich Angst vor der eigenen Courage. Ein Liebesspiel, bei dem ich den Partner heiß mache, und wenn er heiß ist, wende ich mich um und sage: ›Schlaf gut.‹
Die Angst, schuldig zu werden am Tode der ihnen anvertrauten jungen Menschen und die zu allen Zeiten umstrittene Frage nach dem eigentlichen Auftrag der Kirche, stürzte viele Priester in Zweifel und Verwirrung. Die Straße jedoch war bereit, wie sollte da die Mahnung angenommen werden können: Geht brav in eure Nischen, wie es eine DDR-Securitate befiehlt oder bestellte Leserbriefe es fordern.

Leipziger Volkszeitung, Organ der Bezirksleitung der Sozialistischen Einheitspartei Deutschlands, Montag, 9. Oktober 1989:
›... *Um so mehr sind wir aber besorgt, auch empört über die nun schon seit Wochen andauernden Zusammenrottungen: Provokationen gegen uns und unseren Staat, sie stören vorsätzlich den Straßenverkehr, die Ordnung und Sicherheit in der Stadt Leipzig ...*
Wir Bewohner des Zentrums der Stadt sind unseren Sicherheitskräften dankbar, daß sie durch ihr Handeln die Ordnung und Sicherheit wiederherstellten.‹ *(50 Mitglieder der DFD-Gruppe ›Anna Schumann‹)*

Die ›Zusammenrottung‹ vom 2. Oktober stellte sich mir so dar: Als ich nach 18 Uhr die Nikolaikirche verließ, war ich überrascht, wie dunkel es inzwischen draußen geworden war. Ich fühlte mich sehr allein inmitten der vielen tausend Menschen auf dem Platz, nirgendwo sah ich ein mir bekanntes Gesicht. So wollte ich nach Haus, wie Pfarrer Kaden es angeraten hatte. Meine Neugier – ich muß es der Ehrlichkeit halber offen aussprechen – war befriedigt. Keiner wußte so recht, was eigentlich geschehen sollte, hinwiederum verließ auch niemand den Nikolaikirchhof. Vereinzelt wurden Kerzen angezündet. Nicht solche attraktiven Bismarcklichter, wie Demonstranten sie zum Buß- und Bettag in Schwäbisch-Gmünd tragen, wenn sie nach Mutlangen marschieren, um gegen die dort gelagerten Pershing-Raketen zu protestieren. Unsere Planwirtschaft ist auf derartige Marktbedürfnisse noch nicht eingestellt. Die Leipziger schützen ihre Kerzenflammen mit weißen Senfbechern oder Plastebehältern, aus denen sie zuvor die Margarine gekratzt haben. Noch ist die ›Wende‹ keusch, und spätere Geschichtsschreiber werden einmal den Leipzigern eine durch und durch mangelhafte Organisation nachsagen, wenn sie die Montagsdemonstrationen aus gehörigem Abstand darstellen. So etwas wie eine geplante Kundgebung vollzog sich in dieser Stadt zum erstenmal am 6. November. Sie war nicht vom Klassenfeind gelenkt, sondern von Jochen Pommert, zu dieser Zeit noch der alte und schon wieder neue Sekretär der SED-Bezirksleitung für Agitation und Propaganda, oder wie das neue Sekretariat die Position benannte, ›für Ideologie‹. Aber über das Chaos an jenem kalten und regnerischen Abend wird später zu berichten sein.

Jetzt ist der 2. Oktober, zehn Minuten nach 18.00 Uhr, ich habe Mühe, mich in Richtung Grimmaische Straße durch die Menge zu drängen. Unvermutet treffe ich Freunde: Ursula und Wolfgang Mattheuer, Heinz Czechowski. Sie wissen ebensowenig wie alle anderen, was die Tausende noch bei der Nikolaikirche hält. Die Revolution palavert.
»Was wird denn nun eigentlich?«
»Weiß ich nicht.«
»Woll'n wir gehen?«
»Warte noch. Budjet.«

Also warten wir wie Becketts Vagabunden auf Godot: zwei Bildermacher, ein Poet, den psychosomatische Störungen plagen, und ein erboster Prosaschreiber. Der Dichter nämlich hat ihn Schlitzohr geheißen, und zwar deswegen, weil er sich mit Hilfe des Superintendenten durch den Seiteneingang in die Nikolaikirche geschlichen hat. Auge um Auge, Zahn um Zahn. Inmitten so gewaltiger Demokratieeruptionen Osteuropas überfällt mich eine niederträchtige Lust zu diffamieren: »Mit dir kann man weder eine Revolution noch eine Konterrevolution machen«, entgegne ich, und die Beschimpfung befreit mich ungemein. Ich bilde mir etwas ein auf mein Bonmot, auch wenn der, für den ich mich anstrenge, meinen Esprit gar nicht zur Kenntnis nimmt. Er hat gerade einen seiner euphorischen Augenblicke. »Neues Forum zulassen!« schreit er, und andere schreien dasselbe.
Ob es eine weitere viertel oder halbe Stunde dauerte, bis schließlich doch etwas geschah, weiß ich nicht. Wer den Anfang gemacht hat, weiß ich auch nicht. Ein Teil der Menge jedenfalls fing an zu gehen. Zuerst war es kein Gehen, weit eher ein Schieben und Geschobenwerden. Aber wir waren dennoch froh. Die Gasse war schmal, die Zahl der Zuschauer rechts und links größer als der Zug der Marschierer, unter die ich geraten war, ohne es überhaupt beabsichtigt zu haben.
›Schließt Euch an!‹
Dieser Ruf ist heute in Leipzigs Straßen nicht mehr zu hören. Er stand für den Anfang wie das trotzig-drohende ›Wir bleiben hier!‹. Zwei Tage zuvor hatte Genscher Tausenden auf dem Prager Bot-

schaftsgelände das Ende ihres Wartens verkündet. Der Satz war untergegangen im Jubelschrei. ARD und ZDF ließen sich eine solche Szene nicht entgehen, strahlten sie immer und immer wieder aus.

›Wir wollen raus!‹ – ›Wir bleiben hier!‹ Ein Antagonismus aus demselben Schoß geboren. ›Gorbi hilf uns!‹ Auch das hörte ich rufen, und ich dachte, mein Gott, sie schreien wie Kranke nach Jesus. Der eine ist im Himmel, der andere in Moskau. Und wenn dieser die Kreuzigung hinter sich hat, steht sie dem anderen noch bevor.

Zwischen Opernplatz und Gewandhaus wird die Straße breit. Der Zug konnte sich dehnen und unbedrängt den Bogen zum Georgiring schlagen. Dabei geschah etwas Unerhörtes: Wir lachten. Was viele heute in Unkenntnis wirklicher Revolutionen ›Revolution‹ nennen, begann neben Angst, Haß, Ekel mit einem Lachen, das soll gesagt sein und darf nicht vergessen werden. Die Menschen entdeckten, es war möglich, durch die Innenstadt Leipzigs zu laufen, Losungen zu singen und zu skandieren, die gegen alle staatliche Raison verstießen, und niemand verweigerte es ihnen. Der Seeweg nach Indien war gefunden.

Czechowski hatten wir irgendwo unterwegs verloren. Mattheuers und ich rannten immer wieder auf den Bürgersteig, um zurückblicken zu können auf das Gewoge hinter uns. Wir riefen uns Zahlen zu wie bei der Börse: zehntausend, zwanzigtausend, dreißigtausend. Zum erstenmal in meinem sechzigjährigen Leben erfuhr ich den Rausch einer Menge, die nach den Sümpfen der Lethargie und Trostlosigkeit das Licht der Hoffnung vor sich sah, und niemand wollte jetzt darüber philosophieren, ob es nicht wieder nur ein Irrlicht wäre. ›Wacht auf, Verdammte dieser Erde.‹ Die Internationale, nicht auf einem Parteitag gesungen, sondern von Provokateuren, Rowdies, konterrevolutionären Elementen, sie war mir ein neues TE DEUM.

Das Hochgefühl endete dort, wo der Georgiring einbiegt zum Platz der Republik. Eine Woche zuvor hatten Demonstranten die Bahnhofshalle besetzt. Das zu verhindern, hatte man diesmal einen Sperriegel von jungen Polizisten quer über die Straße gezogen. Möglicherweise waren sie aus Cottbus oder Frankfurt hergefahren worden. So fremd und dörfisch und ängstlich nämlich sahen sie aus, ohne Schlagstöcke und weiße Schilde wie die Securitate-Einheiten vor dem grauen Gebäude der Staatssicherheit. So opfert man eine Vorhut. Die Kerlchen in ihren grünen Uniformen taten mir leid, sie standen herum und machten erst gar keine Anstalten, einem Befehl zu gehorchen, dem nicht zu gehorchen war.

›Augenzeugenbericht‹ von Achim Schöbel und Andreas Kurtz über den 2. Oktober in Leipzig. Junge Welt, Dienstag, 10. Oktober 1989:
›... *trampelt man sie nieder – unter dem Gesang der Internationale fliegen grüne Schirmmützen über den Asphalt. Unsere Genossen müssen sich übel beschimpfen lassen. Für Tritte und Faustschläge, die sie selber einstecken mußten.*‹

Ich weiß nicht, an welcher Stelle des Zuges sich diese Frontberichterstatter aufhielten. Tatsache ist, daß auf dem Tröndlinring in Höhe der Löhrstraße ein bedrohlicher Stau entstand, der seine Auswirkungen zeigte bis zum Hauptbahnhof, und daß durch eben diesen Stau der Damm zu brechen drohte. Die Metamorphose von Lust zur Massenhysterie. Am Ende weiß niemand, wer den ersten Schlag getan und den ersten Tritt getreten hat.
Mattheuer fürchtete um seine Frau, hielt sie an der Hand wie Philomen seine Baucis, und alle drei hatten wir Angst, gegen die Eisengitter gedrängt zu werden, die den Fußgängerweg von der Autostraße abgrenzen. Ursache für diesen alle gefährdenden Zustand waren Lastkraftwagen der Bereitschaftspolizei, quergestellt und in die Tiefe gestaffelt. Davor, breitbeinig, die Arme ineinandergehakt, stand die eigentliche Auffanglinie. Und die war von anderer Art als jene Bürschchen in der Kurve vom Georgiring zum Platz der Republik, die zum lieben Heiland beteten oder zu Gorbi, daß er sie beschütze. Nach vorn also war der Weg gesperrt, nach links über die Richard-Wagner-Straße zur Innenstadt gleichfalls. Blieb die Öffnung nach rechts zum Rosental. Was aber wollten wir dort? Es war inzwischen spät geworden, uns war

kalt, und wir wollten auf dem kürzesten Weg nach Haus. Schon allein aus dem Grund, weil selbst ein ›Revolutionär‹ den banalen Gesetzen des Stoffwechsels unterliegt.
Das gebe ich den guten Frauen der DFD-Gruppe ›Anna Schumann‹ zu bedenken, damit sie nicht noch einmal derart unüberlegte Worte in die Leipziger Volkszeitung setzen: Wir haben kein Verständnis dafür, daß man seinen Willen ›Wir bleiben hier!‹ auf diese Weise zum Ausdruck bringt. Falls alle vernünftigen Leipziger so ihren Willen bekunden würden, daß wir ›hier bleiben‹ – wären alle Grünanlagen aus Platzmangel am Ende restlos zertrampelt. Wir lehnen diese Art ›Demokratie‹ ab.

Vielleicht könnten sie an einem ihrer DFD-Abende Büchner lesen. Er ist ein Vorläufer des sozialistischen Realismus.
Doktor: Ich hab's gesehn, Woyzeck; er hat auf die Straße gepißt, an die Wand gepißt wie ein Hund!
Woyzeck: Aber, Herr Doktor, wenn einem die Natur kommt.
Doktor: Die Natur kommt, die Natur kommt! Die Natur. Hab ich nicht nachgewiesen, daß der Musculus constrictor vesicae dem Willen unterworfen ist. Woyzeck, der Mensch ist frei.

Am Abend des 2. Oktober 1989 habe ich unmißverständlich die Erfahrung gemacht, daß jegliche Philosophie über die angebliche Freiheit des Menschen, gesellschaftlicher und individueller Art, purer Unfug ist. Dem Leutnant, der auf der Richard-Wagner-Straße eine Abteilung des Sperriegels zur Innenstadt befehligte, waren meine Nöte ebensowenig erklärlich zu machen wie dem Doktor der Drang des geplagten Woyzeck. Also zertrampelte ich zum Ärger unserer lieben Frauen von der DFD-Gruppe ›Anna Schumann‹ ein Plätzchen Grün, pißte, obwohl Kunstpreisträger der Stadt Leipzig, gegen einen Baum wie ein Hund. Und schrie dabei: »Wir bleiben hier!«
Mag sein, daß diese meine Menschlichkeit wiederum die Menschlichkeit eines Hauptmanns anrührte, jedenfalls gab er dem Leutnant den Befehl, die intellektuellen alten Spinner, die zu allem Überfluß auch noch anfingen, mit den aufgereihten Polizisten

über idiotische Befehle zu diskutieren – eigentlich waren es Monologe, die wir gegen eine stumme Mauer aus Leibern warfen –, uns Richtung Innenstadt passieren zu lassen. Kette auf, Kette zu. Schon wieder Privilegierte.

Eine halbe Stunde später ging die Prügelei los.

Elegie des Vergehens

I.

Die DDR haben wir ja nun mehr oder weniger glücklich hinter uns. Während ich diesen Satz hinschreibe, entdecke ich in mir eine merkwürdige Gespaltenheit der Gefühle. Ich habe das vom sauren Regen und so manchem anderen zerfressene kleine Gerne-Groß-Land zum Teufel gewünscht, und jetzt, wo es beim Teufel ist, fehlt mir plötzlich etwas. Vielleicht ist es eine Art Gulag-Wehmut. Man hat sich auf lebenslänglich verurteilt eingerichtet, nun geht man fort in ein Ungewisses und schaut zurück auf die Baracken in der Taiga, dorthin, wo die Gräber der Freunde liegen.
Vielleicht irritiert mich auch nur die Erkenntnis, die ja keineswegs neu ist, daß nichts Bestand hat, das Gute nicht und nicht das Böse. Als die Weimarer Republik starb, war ich ein Kind. Als das Tausendjährige Reich starb, war ich ein Jüngling. Als der Sozialismus starb, war ich ein Mann. Und wenn das nun Kommende stirbt, werde ich schon nicht mehr sein. So etwas nennt man Lebensbilanz oder die Elegie des Vergehens.
Wenn Politiker zu allen Zeiten in allen Ländern den Menschen Optimismus predigen, so weiß ich, es gehört zu ihrer Profession, und ich habe aufgehört, mich darüber zu echauffieren. Ich sage nicht, daß die nun in Deutschland-Ost Regierenden Schlechtes wollen, ich sage nur, auch den aus dem Dunkel ins Licht Gehobenen schmeckt das Privileg der Macht, sie wissen es nur noch nicht, und wenn sie es wissen, geben sie es nicht zu. Die Diener des Volkes waren am Ende immer seine Herren, ihre weisen Worte, so sie denn welche fanden, waren der Nachwelt geschuldet.
Ein Übermaß an Irrtümern und Verfehlungen liegt hinter uns, und neue Schuld wartet darauf, daß wir in ihre Fallen gehen.
Als die Mauer brach, stürzten Millionen Eingepferchter in die Freiheit oder dorthin, wo sie die Freiheit glaubten. Es war der Rausch von Verdurstenden, denen sich eine Quelle zeigt. Aber

eben diesen Rausch nahmen Dichter der Menge übel, ja, sie ließen sich hinreißen, die so unerwartet in Freiheit Geworfenen zu pädagogisieren und die Unbelehrbaren zu verspotten. Das Volk jedoch rächte sich bitter. Es verkippte die Bücher derer, denen es vor gar nicht so langer Zeit in Kirchen und Sälen und Stuben gelauscht hatte. Hosianna und kreuzige ihn. Dieses Bild trifft hier nicht zu. Eher: Auge um Auge, Zahn um Zahn. Das aber sei gesagt: Mißachtet ein Dichter sein Volk, wird er bestraft. Mißachtet ein Volk seine Dichter, wird es auf Dauer nicht glücklich.
Über Jahrzehnte hin schwankte Dichtung im jetzt nicht mehr Leseland DDR zwischen Schamanentum und plattem Journalismus. Das eben konnte auf Dauer nicht gut gehen. Es log den einen jenes Priestertum vor, daß ihnen nicht zukam, aber mehr und mehr von ihnen als angenehm empfunden wurde. Geben wir es nur ruhig zu, ein solcher Status schmeichelte und machte am Ende selbst die eitel und arrogant, die sich gegen eine solche Schwäche wehrten. Den anderen hinwiederum log es Widerstand gegen ein zunehmend verwerfliches Regime vor. Sie empfanden es nahezu als lüstern aufrührerisch, zuhören zu dürfen, den staatlich zugelassenen Frechen und Aufmüpfigen zu applaudieren. Man ballte die Faust in der Tasche und diskutierte anschließend bei einem Glas Bier oppositionell. Auf diese Weise wird ein bedrohlich seelischer Stau gelöst. Mielke nicht, aber Mischa Wolf sehe ich grinsen.
Wer sich jetzt anschickt, heilige Kühe zu schlachten, sollte bedenken, daß auch heilige Kühe nur Kühe sind und nicht anders reagieren wie Rechtsanwälte, Pfarrer und sonstige ehrenwerte Leute, denen unvermutet Mandate und Diäten gegeben sind. Einstmals heilige Kühe aber, im Reflektieren perfektioniert, sollten ihre Kunst des Meditierens nutzen, über die Eitelkeit des Marktes nachzudenken, die sie vom Erfolgswahn berauschten Machthabern als Mahnung zu bedenken gaben, selbst jedoch mit zerfurchter Stirn dem Hochmut und dem Blendwerk erlagen.
Schopenhauer teilte die Schriftsteller ein in Meteoriten, Planeten und Fixsterne. Natürlich möchte jeder ein Fixstern sein, aber er möchte auch in der kurzen Nacht seines Lebens aufglühen und

bestaunt werden, nicht erst auf einen Entdecker warten müssen, der sein Licht nach hundert Lichtjahren vermeldet. Und beides eben geht nur in den wenigsten Fällen zusammen.
Damit soll es mit den Dichtern genug sein.

II.

Trauerarbeit. Ich höre das Wort jetzt des öfteren. Von Mitscherlich in tieferer Bedeutung gedacht, wird es aus seinem eigentlichen Kontext gerissen und hüben wie drüben leicht dahergeschwatzt, obwohl es doch von denen, die es gebrauchen, nicht ohne Gewichtigkeit ausgesprochen wird. Aber eins schließt das andere nicht aus. Phrasen ist es nun mal gegeben, nicht zu gehen, sondern zu schreiten. So wie ich Zeit meines Lebens an dreckigen Flüssen zugebracht habe, so habe ich mir Zeit meines Lebens verlogene Reden, Empfehlungen und Gebote anhören müssen. (Die wenigen, die aufrichtig zu mir waren, bitte ich, mir zu verzeihen, wenn ich sie gegen das Pauschale nicht abhebe.) Einer solcher dummen Sätze war: ›Wenn du mit uns gehst, bist du auf der Seite der Sieger.‹ Ich weiß nicht, welcher Satan seine Hand im Spiel hatte, ich war immer auf der Seite der Verlierer. Als ich aus russischer Gefangenschaft entlassen wurde, schwor ich mir, die nächste Schlacht auf der Seite der Russen zu schlagen, dann nämlich wäre die Chance gegeben, in amerikanische Gefangenschaft zu geraten. Nun habe ich mich fünfundvierzig Jahre umsonst herumgequält. Statt in amerikanischer Gefangenschaft befinde ich mich in gesamtdeutscher Freiheit und werde vom Finanzamt mit Formularen überschüttet, als da sind: Umsatzsteuer, Unfallumlage, Kleinunternehmer, Rentenversicherung, Krankenversicherung, und die Ministerpräsident-Kandidatin aus Hamburg ruft mir zu: ›Sachsen ist lernbar‹, und ein noch höherer Amtsträger spricht mir von landsmannschaftlicher Identität, aber ich bin weder Sachse noch Thüringer, sondern Oberschlesier, das jedoch heißt jetzt Gorny Śląsk, und Schlesien habe ich gefälligst sein zu lassen, wenn ich nicht den Reps zugeschlagen werden will oder Czaja, und das will ich ja nun wirklich nicht. Was tun? rief Lenin, aber mit dem ist auch kein Staat mehr zu machen. Und da ich Sachsen

und Thüringen nicht lernen kann, bin ich ein vaterlandsloser Geselle. Was ich lerne, ist die Erkenntnis, nicht diese oder jene Ordnung, in die ich gerate, macht mich zum Sieger oder zum Besiegten, allein der Zufall bestimmt es und der Charakter, der etwas mit dem Zufall anzufangen weiß. Jener Mann, der vor etlichen Jahren glaubte, mir den Rat geben zu müssen, mich auf seine Seite zu stellen, war ein hochdotierter Würdenträger der Staatspartei, er ist heute ein hochdotierter Abgeordneter der Volkskammer, und ich wette mein ganzes bisheriges Leben, er wird in Kürze sein Amt im Bundestag haben, höher dotiert als je zuvor. Und jetzt komme mir nicht einer und sage, das ist ein Übel sozialistischer Mißwirtschaft. Jener Edelmann, in München oder Hamburg groß geworden, hätte seinen Stuhl in Bonn genauso gefunden, nur einige Jahre früher.
Das nicht zu gestatten wäre die eigentliche Trauerarbeit. Aber aufgefordert sie zu leisten werden die Verkehrten. Welche Fehlleistung des Denkens. Welches Versagen jeglichen Anstands, den hundertfach Gebeutelten auch noch die Last der Trauerarbeit allein aufzubürden. Zwei zogen in den Krieg, und sie verloren ihn. Der eine kam schon wenig später nach Haus. Den anderen steckte man in ein Lager, und er brauchte ein halbes Jahrhundert, um zurückzufinden. Jetzt steht er draußen vor der Tür, und er sieht elendiglich verschlissen aus an Körper und Seele.
›In dieser oder jener Weise sind hier viele schuldig geworden. Es kann uns jedoch nicht vergeben werden, und in unseren Seelen kann nicht Frieden herrschen, solange wir unsere Schuld nicht zumindest eingestehen. Das Eingeständnis befreit.‹
Václav Havel sagte diese Sätze nicht zu den Tschechen, nicht zu den Slowaken, nicht zu den Böhmen, er sagte sie für sich und für das ganze Land, dem er als Präsident vorsteht. Die Fähigkeit und die rigorose Kraft zu trauern, um über den dornigen Weg der Aufrichtigkeit zur Freiheit zu finden, so verstehe ich Mitscherlich. Und das steht uns Deutschen hüben wie drüben an, ohne jede Lamoryanz. Wann, wenn nicht jetzt.
Aber dem Menschen ist es eigen, unliebsame Gegebenheiten vergessen zu wollen. Und damit bin ich beim gesamtdeutschen Knoten, oder wie Politiker beider Parlamente in einhelliger Überein-

stimmung quer durch Parteien, Fraktionen und Geschlechter es präzisieren: beim Knackpunkt, der in einem wohldurchdachten Procedere und mit Augenmaß, ohne daß es jemandem schlechter geht als eh schon, geknackt werden muß.

III.

Ich gestehe, ich weiß nicht, ob ›Deutschland einig Vaterland‹ sich mehr Zeit hätte gönnen sollen oder müssen oder können. Jedes ›wenn‹ in der Geschichte ist im Nachhinein nicht mehr zu beweisen. Ich erfahre nur eine täglich zunehmende Neurotisierung der Menschen um mich, und ich will hoffen, daß es eine vorübergehende Krankheit ist, aus der wir als Geheilte hervorgehen. Ich erfahre eine Atomisierung menschlicher Beziehungen, und ich erfahre ein häufigeres Sterben um mich. Und das tut weh. Denn es sterben nicht nur Ungerechte wie in Sodom und Gomorha, sondern auch Gerechte. Ich erfahre die Noch-Unfähigkeit der Deutschen Ost und der Deutschen West, einander zu begreifen. Ich rede hier nur von denen, die aufrichtig darum bemüht sind. Und das sind auf beiden Seiten so viele nicht. Während einer Tagung in Leipzig gebrauchte Peter Glotz, den ich zu den Aufrichtigen zähle, ein Bild, das er wohl nicht ganz bedacht hatte. Aber immerhin verrät es eben in seiner Unbedachtheit etwas von dem, was ich die Noch-Unfähigkeit des Miteinanders nenne. Er sprach von einem Planeten und einem Meteoriten, die aufeinander zustürzten. Ohne Zweifel war mit dem Planeten die Bundesrepublik gemeint, die ihre Bahn zieht, und mit dem Meteoriten wir, die wir verglühen und im besten Falle als ein Stückchen Gestein auf den Planeten schlagen. Zu diesem Kontext paßt der Rat anderer, Sachsen, Mecklenburger, Thüringer sollten sich auf ihre ›landsmannschaftliche Identität‹ besinnen, nach so viel aufgepfropftem Zentralismus endlich ihr Regionales entdecken, sie hätten wieder eine Heimat. Ich höre es aus dem Munde derselben Leute, die uns vor gar nicht so langer Zeit noch Provinzialismus und geistige Enge vorhielten, und das gar nicht einmal zu unrecht. Eben diesen empfehle ich die schöne Geschichte von Janosch zu lesen. Ein kleiner Tiger und ein kleiner Bär sehnen sich nach dem wunderbunten Land Panama, und sie verlassen das kleine Fleckchen Erde, wo sie bisher lebten, um Panama zu suchen. Sie gelangen nie hin, sondern kommen nach langer Wanderung an den Ort zurück, von dem sie weggegangen sind. Und siehe, er ist ihnen plötzlich Panama. Wer die Angst nicht kennt, weiß nicht, was Mut ist. Und wer die Welt nicht kennt, weiß nicht, was Heimat ist. Zu leicht erteilt man Ratschläge mit dem Blick auf sich selbst. Man will Gutes und bewirkt Schlechtes. Also lassen wir unsere jungen Leute Panama suchen. Und wenn die Zeit gekommen ist, werden sie Thüringen finden und mit Thüringen Europa.

Was ich habe, will ich nicht verlieren, aber
wo ich bin, will ich nicht bleiben, aber
die ich liebe, will ich nicht verlassen, aber
die ich kenne, will ich nicht mehr sehen, aber
wo ich lebe, da will ich nicht sterben, aber
wo ich sterbe, da will ich nicht hin:
Bleiben will ich, wo ich nie gewesen bin.

Das sind Verse von Thomas Brasch, und sie sind sehr schön. Wenn ich anfangs sagte, die DDR haben wir mehr oder weniger glücklich hinter uns, so weiß ich am Ende nicht zu sagen, was wir vor uns haben. Zu viele Kämpfe sind auf den verkehrten Schlachtfeldern gefochten worden. Diese Irrtümer liegen keineswegs hinter uns. Wir befinden uns noch mitten darin.

Zu den Texten

Bitterfelder Tagebuch

ABI: Arbeiter- und Bauerninspektion.
BGL: Betriebsgewerkschaftsleitung.
Bi 58: Betrieb im Kombinat, Bi = Bitterfeld, 58 bezeichnet das Kalenderjahr, in dem die Produktion des Pflanzenschutzmittels aufgenommen wurde.
CKB: Chemisches Kombinat Bitterfeld.
DSF: Gesellschaft für Deutsch-Sowjetische Freundschaft.
Ex-Fenster: Explosionsfenster.
FDGB: Freier Deutscher Gewerkschaftsbund.
ND: Neues Deutschland, Zentralorgan der Sozialistischen Einheitspartei Deutschlands (SED).
NPT: Nationalpreisträger.
VEB: Volkseigener Betrieb.

Abusch, Alexander: Stellvertretender und Minister für Kultur, Stellvertreter des Vorsitzenden des Ministerrates der DDR.
Aussetzer nehmen: eine Schicht aussetzen, Urlaub nehmen.
Höpcke-Ministerium: Höpcke, Klaus; Kulturredakteur beim ›Neuen Deutschland‹, dann Stellvertretender Minister für Kultur und Leiter der Hauptverwaltung Verlage und Buchhandel.
Mamai: Name jener Brigade, von der die Kampagne ›Sozialistisch arbeiten, leben und lernen‹ ausging. In der Kampagne wurde um die Titel ›Brigade der sozialistischen Arbeit‹ und ›Kollektiv der sozialistischen Arbeit‹ gekämpft.
Warnke, Herbert: Vorsitzender des FDGB; seine Nachfolge trat Harry Tisch an.

Briefe an D.

Suche-Bator: 1893–1923, mongolischer Nationalheld, Mitbegründer der Mongolischen Revolutionären Volkspartei, Sekretär des Zentralkomitees.

Dund-gol: mongolischer Fluß.
Tuul-gol: mongolischer Fluß.
Archy: mongol., Anisschnaps.
RGW: Rat für Gegenseitige Wirtschaftshilfe.
Very Important Person (VIP): engl., sehr wichtige Person, Status für privilegierte Gäste.
Němec: tschech., Deutscher.
Pivo: tschech., Bier.
Nascha marka: russ., unsere Marke.
Pijani wischni: bulg., wörtl.: betrunkene Kirschen, Konfekt.
U NAS NE KURJAT: russ., Bei uns wird nicht geraucht.
Stoletow: bulg., Berg des Balkangebirges, Gedenkstätte der Bulgaren zur Erinnerung an den Befreiungskampf gegen die Türken.
Stara Planina: bulg., wörtl.: Altes Gebirge, Bezeichnung für das Balkangebirge.
Oberoi: Name eines Nobelhotels in Kalkutta.
Deel: mongol., Nationalkleidung, Mantel.
Oroo: mongol., Begrüßungswort.
Tugrik: mongol., Währungseinheit.
Soman: mongol., Kreisgebiet.
Aimak: mongol., Bezirk.
Shurnal eto ...: russ., Zeitung ist Zeitung, Literatur ist Literatur.
Kak partisan: russ., Wie ein Partisan.
Bogdachan: mongol., Kaiser, Herrscher.
Kisselo mljako: bulg., saure Milch, entspricht dem Joghurt.
kak tschelowek: russ., wie ein Mensch.
Nemsko wreme ili ...: bulg., deutsche Zeit oder bulgarische Zeit, ironische Bemerkung.
Aaruul: mongol., eine Käseart.
Urch: mongol., Zelttuch am Jurteneingang.
Namdaam: mongol., Nationalfest der Mongolen am 11. Juli, es finden Wettkämpfe in den drei Nationalsportarten statt: im Reiten, Ringen und Bogenschießen.
Uugra: mongol., Fanggerät mit Lassoschlinge.
Argal: mongol., getrockneter Kuhmist.

Buudlyn darga: mongol., Hoteldirektor.
Owoo: mongol., großer Steinhaufen auf einem Hügel, Kultstätte zu Ehren der Erdgötter.
Bituu-tsai: mongol., Milchtee mit Salz und Butter.
bolen stomach: bulg., kranker Magen.

ISBN 3-378-00453-3

Gustav Kiepenheuer Verlag Leipzig und Weimar
Alle Rechte vorbehalten
© 1991 Gustav Kiepenheuer Verlag Leipzig und Weimar
Erste Auflage 1991
Umschlaggestaltung: Helgard Reckziegel
Schrift: Baskerville mager
Lichtsatz: Interdruck Leipzig GmbH
Druck und Einband: Offizin Andersen Nexö Leipzig GmbH,
Graphischer Großbetrieb
Printed in Germany